Reisehandbuch Polen

Wir danken folgenden Personen und Institutionen, die uns freundlicherweise beim *Reisehandbuch Polen* unterstützt haben:

Titelbild: Polorbis (Malbork/Marienburg)

Landkarten und Stadtpläne:
Todd Pierce, Fiona Boyes, Ralph Roob und Peter Flavelle

Ferner:
Tara Botries und Richard Baker

Hinweis:
Die Leserinnen und Leser sind herzlich eingeladen, Farbfotos, Dias oder Schwarz-Weiß-Fotos einzusenden. Finden diese dann in der nächsten Auflage des *Reisehandbuchs Polen* Verwendung, erhält die Einsenderin oder der Einsender ein Freiexemplar der neuen Ausgabe. Für eingesandte Fotos u. ä. kann keine Haftung übernommen werden.

DAVID STANLEY

Reisehandbuch Polen

VERLAG GISELA E. WALTHER
BREMEN

Titel der englischsprachigen Originalausgabe:
EASTERN EUROPE ON A SHOESTRING by David Stanley,
erschienen im Verlag Lonely Planet Publications, Hawthorn, Victoria 3122, Australien

Übersetzung:
Felicitas Menz

Deutsche Bearbeitung:
Udo Schwark

Satz und Druck: Schintz Druck, Bremen
Printed in Germany

ISBN 3-923550-24-3

INHALTSVERZEICHNIS

VORWORT

Polen, das mit Abstand größte Land Osteuropas, blickt auf eine bewegte Geschichte zurück. Die historisch bedeutendsten Städte sind Kraków (Krakau), im 16. Jahrhundert Hauptstadt eines Königreiches, Gdańsk (Danzig), die Hansestadt, in der der Zweite Weltkrieg begann, Oświecim (Auschwitz), ein Mahnmal zur Erinnerung an die Tiefen, in die Menschen hinabsteigen können, sowie das wiederaufgebaute Warszawa (Warschau), das Symbol des unzerstörbaren polnischen Geistes. 1939 zeigten die Polen großen Mut, als sie als erste „Nein" zu Hitler sagten. Ein halbes Jahrhundert später wendeten sie wiederum den Lauf der Geschichte und befreiten sich als erste Osteuropäer vom Kommunismus.

1944 meinte Stalin, daß die Einführung des Kommunismus in Polen mit dem Auflegen eines Sattels auf eine Kuh vergleichbar sei. Jetzt, da der Sattel wieder entfernt wurde, schreiten die politischen und wirtschaftlichen Veränderungen hier schneller voran als irgendwo sonst in Osteuropa. Die Polen versuchen verzweifelt, ihr Land mit eigener Hilfe aus der Misere zu ziehen. Auch wenn der Gewinn der Veränderungen noch in weiter Ferne liegt, hat doch schon ein neues Leben in Polen begonnen. In den Geschäften gibt es wieder etwas zu kaufen, und auch auf den Straßen breiten neuerdings kleine polnische Geschäftsleute ihre Waren aus. Psychologisch ist dieser Wandel von großer Bedeutung. Außer den historischen und kulturellen Seiten dieses Landes, symbolisiert durch Chopin und Kopernikus, hat Polen auch die sanfte Schönheit der Ostseestrände, die ruhigen Seen und Wälder im Nordosten und die majestätischen Berge im Süden zu bieten. Man benötigt jedoch Zeit, um dies alles wirklich schätzen zu lernen. Denn jede einzelne Region in Polen hat ihren eigenen Reiz: Mazowsze (Masowien), das Gebiet um Warszawa (Warschau) herum, Malopolska (Kleinpolen) im Südosten, Ślask (Schlesien) im Südwesten, Wielkopolska (Großpolen) im Westen, Pomorze (Pommern) im Nordwesten und Mazury (Masuren) im Nordosten. Zwischen diesen Regionen, die einst entweder von Österreich, Deutschland oder Rußland beherrscht wurden, sind auch heute noch eindeutige Unterschiede festzustellen. Durch den Katholizismus, die Sprache, die Nationalität und die gemeinsamen Erfahrungen verbunden, hat sich in Polen dennoch eine Einheit entwickelt, wie sie nur in wenigen anderen Staaten der Region zu finden ist.

VORWORT

Polen ist heute für Touristen ein friedliches und sicheres Land. Wer erst einmal die Einreiseformalitäten hinter sich gebracht hat, den erwarten kaum noch Mühen. Es ist eine aufregende Zeit für eine Reise nach Polen und für die Besucher, die über harte Währungen verfügen, jetzt der richtige Augenblick. Die Polen sind darauf erpicht, Fremde kennenzulernen und mit ihnen Freud und Leid des täglichen Lebens zu teilen. Das ist eine Erfahrung, die Besucher nicht so leicht vergessen werden.

IST DIESES BUCH NOCH AKTUELL?

Überall, wo Menschen zusammenleben, herrschen Wandel und Bewegung, insbesondere dort, wo die „Zivilisation" das Zusammenleben bestimmt. Die ständige Veränderung hat auch Polen erfaßt. Deshalb sind unseren Bemühungen, dieses Buch so genau wie möglich zu gestalten, Grenzen gesetzt. Denn laufend verändern sich Daten und Fakten, die zwar auf den ersten Blick als Details erscheinen, für den geplanten Reiseverlauf aber doch von großer Bedeutung sind.

Daher möchten wir Sie bitten, uns Veränderungen, die Sie vor oder während Ihrer Reise durch Polen bemerken, mitzuteilen. Das werden in erster Linie gestiegene Preise, können aber auch Naturereignisse und Baudenkmäler sein, die in diesem Buch unerwähnt blieben, sowie Einrichtungen, die nicht mehr bestehen oder für Reisende an Wert verloren haben, und Situationen, die insbesondere von weiblichen Reisenden Aufmerksamkeit erfordern. In jedem Fall sind wir für Ihren Hinweis dankbar.

Unser Interesse liegt außerdem bei den Landkarten. Wir waren bemüht, sie so genau wie möglich zu halten. Dennoch können Sie bei ihrem Gebrauch auf Ungenauigkeiten stoßen oder bestimmte Angaben vermissen; dann sind Ihre Ergänzungen für uns von großer Bedeutung. Dies gilt auch für den Fall, daß Ihrer Meinung nach weitere Karten in das Buch aufgenommen werden sollten, worum wir dann bei der folgenden Auflage bemüht sein werden.

Ihre Briefe aus Polen sind uns sehr willkommen, auch Ihre persönlichen Eindrücke und Erlebnisse. Sie können uns auch Fotografien und Dias senden; sollten wir für sie Verwendung finden, werden wir Sie benachrichtigen. Sie helfen uns sehr, wenn Sie Ihre Angaben genau und ausführlich niederschreiben. Tun Sie dies am besten gleich vor Ort, denn schon bei der Aufzeichnung erinnern Sie sich unter der Flut von Eindrücken nur noch ungenau. Am einfachsten verfahren Sie, wenn Sie sich alles sofort in Ihrem *Reisehand-*

buch Polen notieren und uns später eine Zusammenfassung zusenden.
Da dieses Buch so oft wie möglich überarbeitet und neu aufgelegt wird, kommen Ihre Beiträge in kurzer Zeit vielen Reisenden wieder zugute. Denn so, wie dieses Buch Ihnen - hoffentlich - eine Hilfe war, soll es auch weiterhin eine Unterstützung für die Individualreisenden sein, die zu annehmbaren Preisen reisen und über ihr Gastland über das Übliche hinaus Aufschluß gewinnen möchten.

Wenn Sie Wesentliches zur Ergänzung beitragen, werden Sie von der Neuauflage, in der Sie namentlich genannt sein werden, ein Freiexemplar erhalten.

Ihre Briefe richten Sie bitte an:

Verlag Gisela E. Walther
Oppenheimerstr. 26
D-2800 Bremen 44

WIR WÜNSCHEN IHNEN EINE GUTE REISE UND EINE GESUNDE HEIMKEHR!

EINFÜHRUNG

GESCHICHTE

Im 6. und 7. Jahrhundert n. Chr. stießen Slawen nach Norden und Westen vor und besetzten den größten Teil des heutigen Polen. Unter der Vorherrschaft der Polanen schlossen sie sich im 10. Jahrhundert in Westpolen mit anderen slawischen Stämmen zusammen. Im Jahre 966 n. Chr. trat Mieszko I. zum Christentum über, was gleichzeitig zur Bildung des ersten polnischen Staates führte. Im Jahre 1000 n. Chr. wurde das Erzbistum Gniezno (Gnesen) gegründet. 1025 n. Chr. ließ sich Boleslaw der Tapfere zum König krönen, dessen Abkömmling Boleslaw der Kühne die Herrschaft der Piasten-Dynastie über ein Territorium festigen konnte, das sich über ein Gebiet etwa in den Grenzen des heutigen polnischen Staates erstreckte.

Der Vorstoß der Germanen nach Pomorze (Pommern) und Ślask (Schlesien) führte zu einem konstanten Druck aus dem Westen, so daß man die Hauptstadt im Jahre 1039 aus Sicherheitsgründen von Poznań (Posen) nach Kraków (Krakau) verlegte. In der Mitte des 12. Jahrhunderts wurde das Land in vier Fürstentümer geteilt, was zur Folge hatte, daß das geschwächte Polen bald zur leichten Beute von Invasoren wurde. 1226 kamen die Deutschen Ritter, ein militärischer und religiöser Orden, auf einen Hilferuf von Herzog Konrad von Masowien nach Polen, um die unruhestiftenden Pruzzen im Nordosten zu schlagen. Nach der Unterwerfung der baltischen Stämme richteten sie ihre Aufmerksamkeit auf Polen. Der Orden gründete einen Staat an der unteren Weichsel östlich von Gdańsk (Danzig) und Toruń (Thorn), der von Malbork (Marienburg) aus regiert wurde. Die Tataren verwüsteten bei ihren Einfällen in den Jahren 1241 und 1259 das südliche Polen. Auch wenn das Land im Jahre 1320 wieder geeint wurde, konnten sich die Deutschen Ritter in Pommern und Preußen noch halten.

Vom 14. bis zum 17. Jahrhundert war Polen eine Großmacht. Wie Chronisten berichten, habe Kazimierz III. Wielki (Kasimir III., der Große), der letzte Herrscher der Piasten-Dynastie, im 14. Jahrhundert „ein Polen aus Holz vorgefunden und eines aus Marmor hinterlassen”. Seine Verwaltungsreformen führten zu einer zunehmenden Bedeutung der Städte wie Kraków (Krakau), Lublin und Poznań (Posen). Als Kasimir, ohne einen Thronfolger hinterlassen zu haben, starb, fiel der Thron an die Tochter des Königs von Ungarn, Prinzessin Jadwiga, die 1386 den Großfürsten von Litauen heiratete, womit die beiden Länder unter der Jagiellonen-Dynastie vereint wurden.

1410 schlugen die vereinigten Streitkräfte Polens, Litauens und der Ukraine unter Ladislaus Jagiello die Deutschen Ritter in Grunwald (Tannenberg), südlich von Olsztyn (Allenstein). Nach dem 13jährigen Krieg (1454-1466) zerfiel der Deutsche Orden. 1525 wurde das weltliche Herzogtum Preußen zum Lehen der polnischen Krone. 1490 bestieg König Kasimir IV. von Polen auch den Thron von Ungarn.

Sigismund I. (der Alte) brachte im frühen 16. Jahrhundert die Renaissance nach Polen. 1543 veröffentlicht Nikolaus Kopernikus seine unvergeßliche Abhandlung *De Revoltuinibus Orbium Coelestium* („Über die Umdrehungen der Himmelskörper"). Zu dieser Zeit, in der ein Großteil Europas von Religionskriegen und Verfolgungen zerrissen war, herrschten in Polen relative Ruhe und Toleranz. Litauen und Polen wurden im Jahre 1569 formal zu einem Staatswesen vereint, um sich der russischen Expansion entgegenzustellen. Diese polnisch-litauische Union bildete das größte Land im Europa dieser Zeit und erstreckte sich vom Schwarzen Meer bis zur Ostsee.

Mit dem Tod von Sigismund Augustus im Jahre 1572 erlosch die Jagiellonen-Dynastie. Daraufhin entschloß sich der Sejm (das Parlament), ein Wahlkönigtum einzurichten und die Herrscher von der gesamten Gentry (dem niederen Adel und den Angehörigen der Stände) wählen zu lassen, die ca. 10 Prozent der Gesamtbevölkerung ausmachten. Durch dieses System dehnte der Adel seine Macht stark aus. Im frühen 17. Jahrhundert verlegte Sigismund II., ein Wahlkönig der schwedischen Vasa-Dynastie, die Hauptstadt von Kraków (Krakau) nach Warszawa (Warschau). Er verwickelte Polen aber auch in die schwedischen Dynastiekriege, infolge derer, selbst wenn Polen die angreifenden Schweden und Russen eine Zeit lang abwehren konnte, bei einer schwedischen Invasion im Jahre 1655 (der „Sintflut") die polnischen Städte verwüstet wurden. 1683 eilte König Jan III. Sobieski, der den Wilanow-Palast in Warszawa (Warschau) hatte erbauen lassen, dem österreichischen Kaiser in einem Kreuzzug gegen die Türken zur Hilfe und schlug die Osmanen bei Wien.

Eine schwache Führung, permanente Kriege und die Herrschaft des Adels über die Mittelklasse verursachten im 18. Jahrhundert den Niedergang Polens. Der letzte König des Landes, Stanislaus Poniatowski, versuchte die Situation durch Reformen zu wenden, aber die mächtigen Magnaten setzen sich dem mit Macht entgegen. Es kam zum Bürgerkrieg, der einer ausländischen Invasion als Vorwand diente. Bei der ersten Teilung Polens im Jahre 1771 fielen Rußland, Preußen und Österreich 29 % des nationalen Territoriums zu. 1791 gab der König Polen eine demokratische Verfassung (die zweite dieser Art in der Welt), aber wiederum führten Aufstände der Magnaten im Jahre 1793 zu einer Teilung. Ein Jahr später führte Tadeusz Kosciuszko, ein Veteran der amerikanischen Revolution, einen Unabhängigkeitskrieg gegen die Invasoren an, wurde jedoch 1795 geschlagen. Die folgende dritte Teilung im gleichen Jahr führte zur vollständigen Löschung Polens von der Landkarte bis zum Jahre 1918.

1797 stellten die unterdrückten Polen Truppen auf und unterstützten Napoleon in Italien im Kampf gegen Österreich. Der gründete 1807 ein Herzogtum Polen und führte seine Armee 1812 von dort nach Moskau. Dieses Jahr markierte den Beginn besonderer franko-polnischer Beziehungen, die bis zum heutigen Tag andauern. Nach 1815 fiel Polen zu großen Teilen wieder unter die Herrschaft des zaristischen Rußland, gegen die es sich in den Jahren 1830-1831, 1848 und 1863-1864 ohne Erfolg erhob, wobei sich seine Lage jeweils noch verschlechterte. In den von fremden Mächten beherrschten Gebieten wurde in dieser Zeit eine Politik der Russifizierung und Germanisierung betrieben. Nur im von Österreich besetzten Teil um Kraków (Krakau) gewährte man den Polen von 1859 an stufenweise die Erlaubnis, lokale Angelegenheiten selbst zu regeln, und damit die Möglichkeit, ihre eigene Identität zu bewahren.

Das 20. Jahrhundert: Im Ersten Weltkrieg wurde Polen von den Deutschen vollständig eingenommen. Durch den Friedensvertrag von Versailles entstand jedoch 1919 erneut ein polnischer Staat. Im Kampf um die Grenzen des neuen Staates stießen polnische Soldaten nach Osten bis Kiew vor und eroberten vom geschwächten Rußland große Gebiete von Litauen, Weißrußland und der Ukraine. Die sowjetische Gegenoffensive konnte kurz vor Warszawa (Warschau) gestoppt werden. Im Friedensvertrag von Riga wurden Polen 1921 große litauische, ukrainische und weißrussische Gebiete zugesprochen und damit die neue Ostgrenze Polens festgelegt. 1926 putschte sich Marschall Józef Pilsudski, der ehemalige Kommandant der Polnischen Legion, die im Ersten Weltkrieg an der Seite Österreichs gekämpft hatte, in einem Staatsstreich an die Macht. Polen gewann unter Pilsudski trotz erheblicher Einschränkungen der Rechte des polnischen Parlaments zwar ein gewisses Maß an Wohlstand, aber mit seinem Tod im Jahre 1935 war es durch die Wirtschaftsdepression ruiniert und sollte bald zum Opfer Hitlers werden.

Der Zweite Weltkrieg begann in Gdańsk (Danzig), zu dieser Zeit Freie Stadt Danzig, wo 182 Polen auf der Westerplatte eine Woche lang dem Kriegsschiff *Schleswig-Holstein,* den Stuka-Bombern und Tausenden von deutschen Soldaten Widerstand leisteten. Im Westen verteidigte sich eine polnische Brigade mit berittener Kavallerie gegen die Panzer von General Guderian. In einem letzten, selbstmörderischen Kampf standen sich dort mittelalterliche Lanzen und moderne Waffen

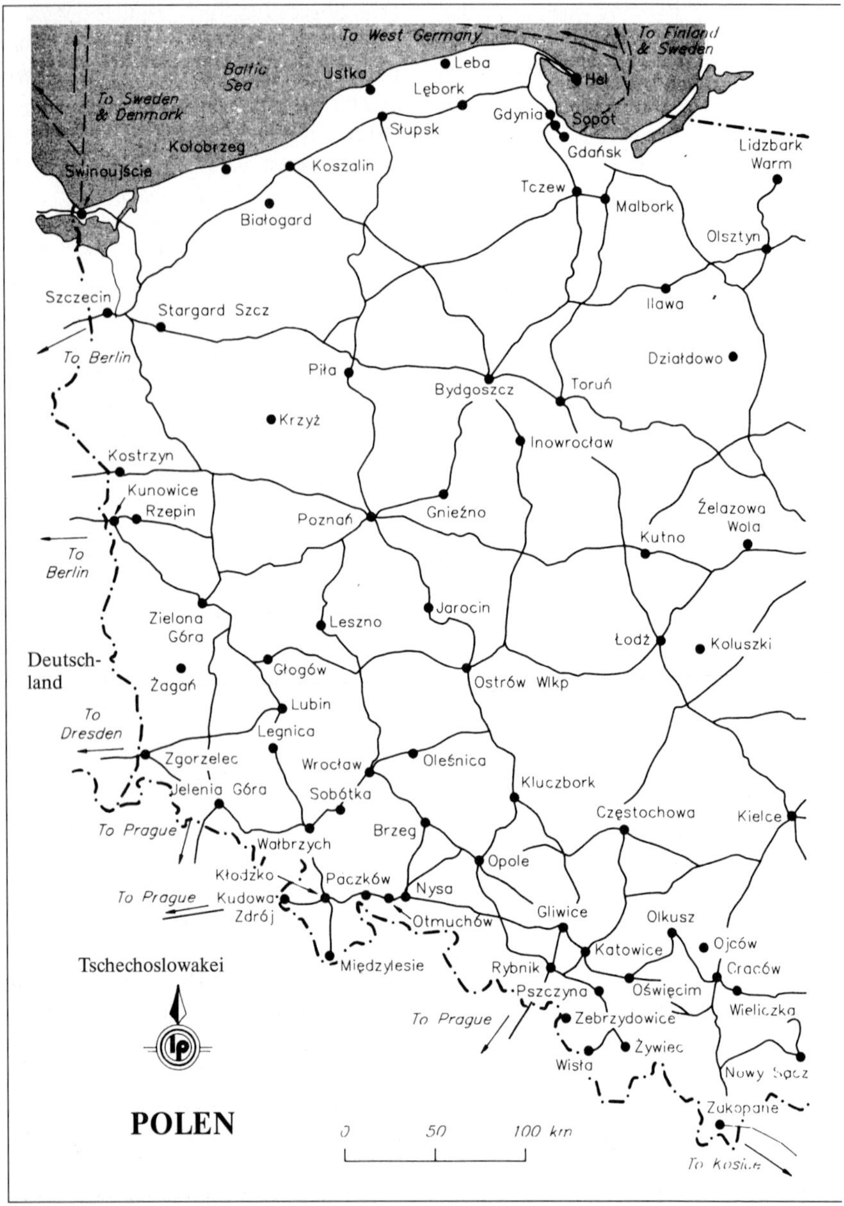
To West Germany
To Finland & Sweden
Baltic Sea
To Sweden & Denmark
Ustka
Leba
Hel
Lębork
Gdynia
Sopot
Słupsk
Gdańsk
Kołobrzeg
Świnoujście
Koszalin
Lidzbark Warm
Tczew
Malbork
Białogard
Olsztyn
Szczecin
Stargard Szcz
Iława
To Berlin
Działdowo
Piła
Bydgoszcz
Toruń
Krzyż
Inowrocław
Kostrzyn
Kunowice
Rzepin
Poznań
Gniezno
Żelazowa Wola
Kutno
To Berlin
Zielona Góra
Leszno
Jarocin
Łodż
Koluszki
Deutschland
Żagań
Głogów
Ostrów Wlkp
Lubin
To Dresden
Legnica
Zgorzelec
Wrocław
Oleśnica
Jelenia Góra
Sobótka
Kluczbork
To Prague
Wałbrzych
Brzeg
Częstochowa
Kielce
Kłodzko
Paczków
Opole
To Prague
Kudowa Zdrój
Nysa
Otmuchów
Gliwice
Olkusz
Katowice
Ojców
Tschechoslowakei
Międzylesie
Rybnik
Cracow
Oświęcim
Pszczyna
Wieliczka
To Prague
Zebrzydowice
Żywiec
Wisła
Nowy Sącz
Zakopane
POLEN
0
50
100 km
To Kosice

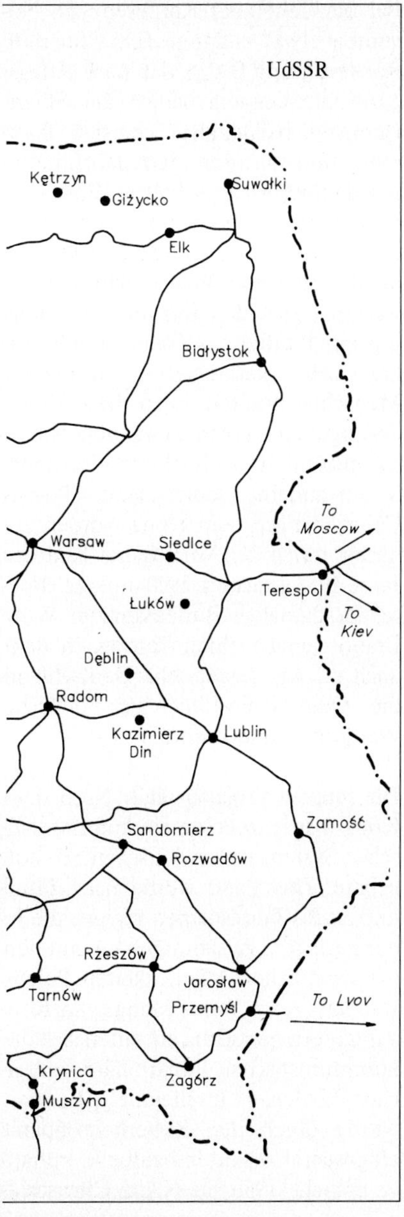

gegenüber. Der polnische Widerstand dauerte noch ca. einen Monat an. Die deutschen Verluste während des Feldzuges gegen Polen waren genauso hoch wie die bei den folgenden Invasionen in Westeuropa in den Jahren 1940 und 1941 sowie auf dem Balkan und in Nordafrika. Währenddessen marschierten Soldaten der Sowjetunion im Osten ein und eroberten die im polnisch-russischen Krieg von 1919 bis 1921 verlorenen Gebiete wieder zurück. Polen wurde zum vierten Mal geteilt.

Während des Zweiten Weltkriegs war Polen das einzige Land in Europa, dessen Einwohner nie mit den Besetzern kollaboriert haben. Während die Regionen Polens, die jemals zu Preußen gehört hatten, in das Deutsche Reich eingegliedert wurden, faßten die Nazis die übrigen Gebiete zu einem „Generalgouvernement" zusammen, über das der berüchtigte General Hans Frank herrschte. Polen, die in den von den Deutschen besetzten Gebieten wohnten, deportierte man in den Osten. Zwei Widerstandsgruppen, die von der Exilregierung in London aus dirigierte *Armina Krajowa* (Heimatarmee) und die kommunistische *Gwardia Ludow* (Volksgarde, später Volksarmee), kämpften innerhalb des Landes. Im Juni 1944 befreite die Rote Armee Lublin und setzte eine provisorische, von Kommunisten geführte Übergangsregierung ein.

Sechs Millionen Polen starben während der Zeit des Nazi-Terrors, die Hälfte von ihnen Juden, ein Fünftel der Bevölkerung. Beim Aufstand im Warschauer

Ghetto 1943 hielten ca. 70.000 schlecht bewaffnete, vom Hunger gezeichnete Juden unter der Führung von Mordechai Anielewicz 27 Tage dem Druck der Nazi-Armee stand. Am 1. August 1944, als sich die sowjetischen Streitkräfte bereits dem rechten Ufer der Weichsel genähert hatten, löste der Kommandeur der Heimatarmee den Warschauer Aufstand aus. Der zielte darauf ab, einerseits die schon im Rückzug begriffenen Deutschen aus Warszawa (Warschau) zu vertreiben und andererseits eine nichtkommunistische Regierung einzusetzen, die die sowjetische Armee begrüssen sollte. Der Zeitpunkt war jedoch verfrüht. Die Nazis brachten Reserven auf, um die Rote Armee in Praga auf der anderen Seite des Flusses zu halten, und verwikkelten dann die 50.000 polnischen Partisanen in blutige Kämpfe von Haus zu Haus.

Am 5. Oktober, als sich die verbliebenen Partisanen ergeben mußten, hatten ca. 250.000 Polen den Tod gefunden, viele von ihnen Zivilisten, die von SS-Truppen niedergemetzelt worden waren. Nun wurden die letzten Einwohner aus der Stadt vertrieben und Warszawa (Warschau) Straße um Straße dem Erdboden gleichgemacht. Die Sowjetarmee, die drei Monate später in die Stadt einmarschierte, fand nur noch Ruinen vor. Dadurch hatten die Deutschen aber auch den Boden für das kommunistische Nachkriegspolen bereitet, indem sie den nichtkommunistischen Widerstand im Land physisch ausgelöscht hatten.

Bei der Teheraner Konferenz im November 1943 einigten sich Churchill, Roosevelt und Stalin, daß nach Kriegsende alle Gebiete östlich der Flüsse Oder und Neiße, also Schlesien, Pommern und Masuren, nach Jahrhunderten deutscher Herrschaft an Polen zurückgegeben werden sollten. Gleichzeitig wurde vereinbart, daß die Sowjetunion die östlichen Teile erhalten sollte, wodurch sich das Territorium Polens um ein Fünftel des Gebietes der Vorkriegszeit verkleinerte. Millionen Menschen mußten durch diese Veränderungen, die Polen so schufen, wie es 8 Jahrhunderte vorher bestanden hatte, in ein anderes Gebiet ziehen. Polens Grenzen nach dem Krieg wurden zunächst durch den Warschauer Pakt des Jahre 1955 gesichert. 1970 unterzeichnete der damalige Bundeskanzler Willy Brandt jedoch einen Vertrag, in dem auch die Bundesrepublik Deutschland die Oder-Neiße-Linie als polnische Westgrenze anerkannte.

Die jüngere Vergangenheit: Nach dem Krieg wurde in Polen ein kommunistisches System im sowjetischen Stil aufgebaut. Das Land wurde nach Fünf- und Sechs-Jahresplänen regiert, die in nur geringem Zusammenhang mit den wirtschaftlichen Möglichkeiten Polens standen. Auch wenn Mangel an Konsumgütern herrschte, erfreuten sich die kommunistischen Funktionäre zahlreicher Privilegien. Intellektuelle Freiheit wurde durch den Sicherheitsapparat eingeschränkt und individuelle Initiative erstickt. 1956, als Nikita Chruschstschow Stalin auf dem 20. Parteitag der sowjetischen KP öffentlich angriff, starb Boleslaw Bierut, der Chef der stalinistischen Partei in Polen, an einem Herzanfall!

Im Juni 1956 revoltierten Arbeiter in Poznań (Posen) in großem Umfang, was zur Folge hatte, daß im Oktober der ehemalige politische Gefangene Wladyslaw Gomulka das Amt des Ersten Parteisekretärs übernahm. Gomulka veranlaßte eine Reihe von wenig erfolgreichen Reformen zur Verminderung des sowjetischen Einflusses und ließ politische Gefangene der Stalin-Ära auf freien Fuß setzen. Das grundlegende System blieb jedoch unverändert. Nach dem arabisch-israelischen Krieg von 1967 benutzten die Befürworter einer harten Parteilinie die „anti-zionistische" Säuberung, um die Disziplin zu stärken, aber im Dezember 1970 hatten die Lebensbedingungen einen derartigen Tiefpunkt erreicht, daß die Arbeiter im nördlichen Polen gegen die Erhöhung der Lebensmittelpreise streikten. Als 300 von ihnen während einer Demonstration niedergeschossen wurden, trat Edward Gierek an die Stelle von Gomulka als Parteiführer und überzeugte die Streikenden davon, das es besser sei, die Arbeit wieder aufzunehmen, indem er ihnen weitreichende Veränderungen versprach.

Gierek begann in Polen ein rücksichtsloses Programm zur industriellen Expansion, um Waren für den Export zu produzieren, die auf dem Weltmarkt verkauft werden sollten. Das Geld für die Finanzierung seiner Pläne wurde von 17 westlichen Ländern und 501 Banken bereitgestellt. 1981 beliefen sich die Auslandsschulden des Landes in harten Währungen auf 27 Milliarden US $. Zahlreiche der fragwürdigen Projekte auf dem Gebiet der Schwerindustrie scheiterten, als eine Rezession im Westen Ende der siebziger Jahre die Märkte für die polnischen Exporte schrumpfen ließ.

Dieses Jahrzehnt des Mißmanagements hinterließ ein bankrottes Polen. Der Lebensstandard fiel dramatisch, als Polen sich gezwungen sah, Güter, die für den Inlandsverbrauch bestimmt waren, zu exportieren, um Devisen für die Schuldentilgung einzunehmen. Die Wahl eines Polen zum Papst im Jahre 1979 änderte die Atmosphäre in dem Land, in dem die Partei die „führende Rolle" spielen sollte. 1980 zwang eine Streikwelle gegen erhebliche Preiserhöhungen Gierek zum Rücktritt. In dieser Zeit entstand auch die Gewerkschaft Solidarität unter Führung von Lech Walesa, die bald 10 Millionen Mitglieder zählte (eine Million von ihnen gehörte auch der kommunistischen Partei an). Die Vertreter von Solidarität erklärten, alles, was sie wollten, sei die Selbstverwaltung der Betriebe anstelle einer Planwirtschaft. Die polnische Regierung verhielt sich anfangs besänftigend, erkannte die Solidarität im August 1980 an und stimmte einer Fünf-Tage-Woche zu. Im September 1981 kam man vielen Forderungen der Solidarität nach einer Einschränkung der zentralen Planung und mehr Einfluß der Arbeiter in den Betrieben nach.

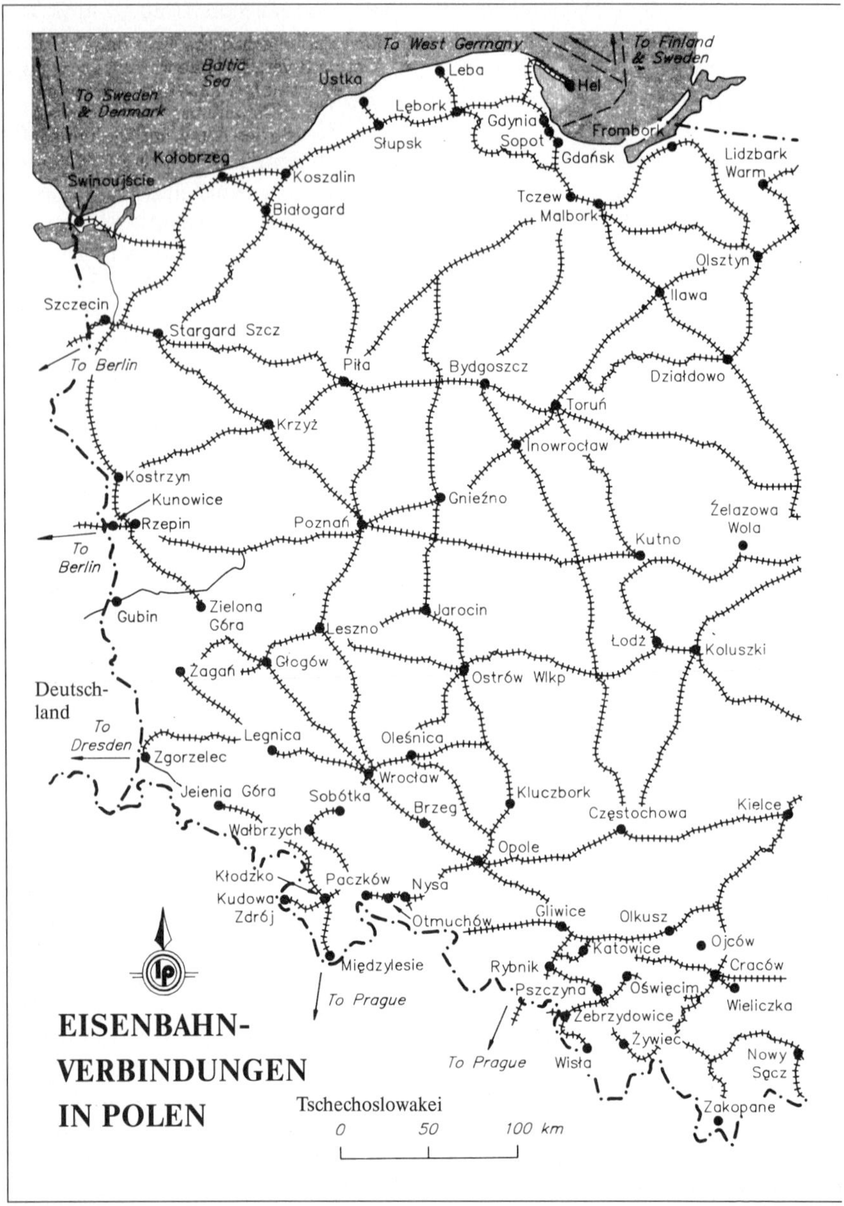

EISENBAHN-
VERBINDUNGEN
IN POLEN

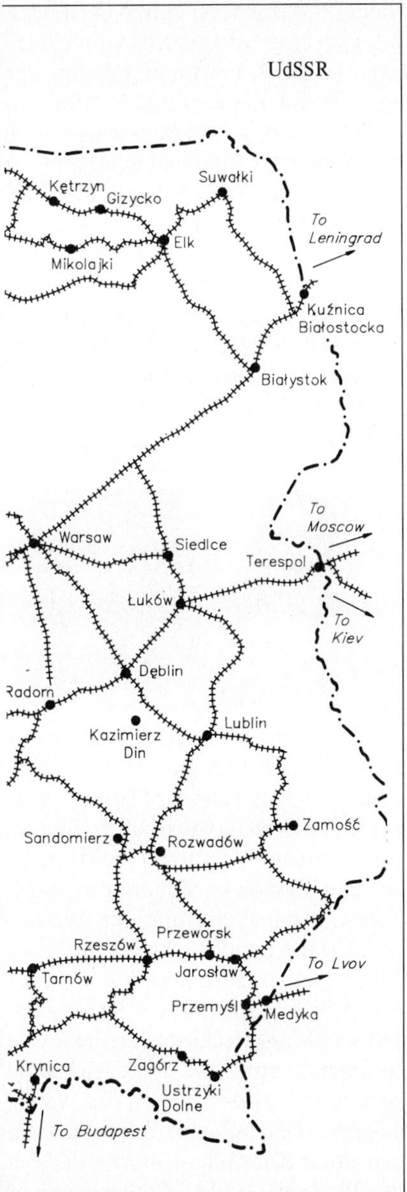

Die Ereignisse gerieten jedoch bald außer Kontrolle, als militante Mitglieder der Gewerkschaft Regierungsgewalt forderten. Streiks und Blockaden drohten zu einem Zusammenbruch der polnischen Wirtschaft sowie einer militärischen Invasion der Sowjets zu führen, die möglicherweise einen blutigen Bürgerkrieg zur Folge gehabt hätte. Am 13. Dezember 1981 rief General Wojciech Jaruzelski, der im Februar 1981 Ministerpräsident geworden war, das Kriegsrecht aus. Daraufhin wurden Tausende von Menschen verhaftet und die Gewerkschaft verboten. Im Oktober 1982 wurde die Solidarität per Gerichtsbeschluß für aufgelöst erklärt, aber erst im Juli 1983 wurde das Kriegsrecht aufgehoben und eine Amnestie erlassen.

Ein Jahr nach der Ausrufung des Kriegsrechts führte General Jaruzelski selbst wirtschaftliche Reformen durch, die eine größere Autonomie der staatlichen Betriebe zum Ziel hatten. Im April 1986 begann die Regierung mit dem „zweiten Abschnitt" der Reformen, die eine Dezentralisierung, die Kontrolle der Arbeiter über die Betriebe, einen größeren Wettbewerb, Leistungsabhängigkeit des Lohnes, Marktwirtschaft und einen gewissen politischen Pluralismus zum Inhalt hatten. Dieser Initiative mangelte es jedoch an der Unterstützung der Öffentlichkeit, was darin zum Ausdruck kam, daß im November 1987 die Polen bei einem Referendum dem regierenden kommunistischen Regierungsapparat ihr Mißtrauen aussprachen.

Währenddessen hatte die Solidarität im Untergrund gewartet, bis ihre Zeit gekommen war. 1988 folgten Versuchen der Regierung, die Nahrungsmittelsubventionen abzuschaffen, wiederum Streiks. Die umfangreichen Lohnerhöhungen, die von den Streikenden erreicht wurden, zeigten offen die Schwäche der Regierung. Die Funktionäre stimmten nun einem Treffen mit Vertretern der Solidarität zu, um über Reformen zu sprechen - in dem Bewußtsein, daß Polen ohne einen Kompromiß förmlich explodieren würde.

Im April 1989 endeten die über neun Wochen geführten Gespräche am „runden Tisch" zwischen der Solidarität und den Kommunisten in einem Abkommen, durch das die Solidarität und die anderen Oppositionsgruppen legalisiert wurden. Man vereinbarte, einen aus 100 Mitgliedern bestehenden Rat einzurichten, mit dem es in Polen zum ersten Mal seit 1946 wieder ein Parlament mit zwei Kammern geben würde. Sowohl der Senat als auch der neue Präsident sollten im 460 Mitglieder zählenden Sejm (Parlament) das Veto-Recht besitzen, auch wenn ein solches Veto mit einer Zweidrittel-Mehrheit des Unterhauses überstimmt werden konnte. Der Polnischen Vereinigten Arbeiterpartei und den mit ihr verbündeten Parteien wurden 65 % der Sitze im Unterhaus zugesichert, während die anderen 35 % der Sitze im Sejm und der gesamte Senat in freien und geheimen Wahlen zu wählen waren.

Der klare Sieg der Solidarität bei den Wahlen im Juni 1989 führte zum Auseinanderbrechen der kommunistischen Koalition, und im August 1989 wurde Tadeusz Mazowiecki zum Ministerpräsidenten einer von der Solidarität geleiteten Koalition bestimmt. Er sollte der erste nichtkommunistische Ministerpräsident eines osteuropäischen Landes nach über vier Jahrzehnten sein. Auch wenn General Jaruzelski im Juni 1989 vom Parlament als Übergangsprädident gewählt wurde, war die kommunistische Ära in Polen doch zu einem Ende gekommen. Delegierte der zwei Millionen Mitglieder der Polnischen Vereinigten Arbeiterpartei lösten diese bei ihrem Kongreß im Februar 1990 selbst auf!

Die Regierung Mazowiecki begann mit einer „Schock-Therapie" für die Wirtschaft, um Polen aus der Planwirtschaft in eine freie Marktwirtschaft zu führen. Am 1. Januar 1990 wurden Preiskontrollen und Wechselkursbindungen aufgehoben, damit Preise und der Wechselkurs für die Landeswährung ihr reales Niveau finden konnten. Während der ersten fünf Monate in der Regierungszeit von Mazowiecki stiegen die Preise sprunghaft um 79 % an. Gleichzeitig stieg jedoch plötzlich auch das Warenangebot. Die Inflation wurde schließlich unter Kontrolle gebracht, als sich der Wechselkurs des Zloty gegenüber den westlichen Währungen stabilisierte. Die Löhne verloren allerdings 30 % ihrer Kaufkraft, und die industrielle Produktion fiel um 45 %. Die Regierung Mazowiecki bereitete die Privatisierung auch mit einer Beschneidung der Subventionen für die ineffiziente staatliche Industrie vor, was die Arbeitslosenrate im Jahre 1990 auf 7,5 % ansteigen ließ. Auch wenn das von Mazowiecki in nur wenig mehr als einem Jahr Erreichte beachtlich war, gingen die Reformen Lech Walesa (der an den Gesprächen am „runden Tisch" teilgenommen hatte und noch immer die Solidarität führte) nicht schnell genug. Er wollte dies als Präsident selbst ändern. Im September 1990 bot General Jaruzelski an, als Präsident zurückzutreten, auch wenn erst das zweite Jahr seiner sechsjährigen Amtsperiode angebrochen war. Daraufhin fanden Wahlen statt, bei denen im Dezember 1990 der Danziger Elektriker zum Präsidenten gewählt wurde. Während des Wahlkampfes bildeten sich aus der alten Solidarität allerdings zwei politische Parteien: die populistische Zentrumsallianz unter Walesa und die eher moderate Demokratische Union unter Mazowiecki.

DAS LAND

Polen, das sich von Norden nach Süden über 650 km und von Osten nach Westen über 690 km auf einer Fläche von insgesamt 312.683 qkm erstreckt, ist die siebentgrößte Nation Europas und in etwa so groß wie Ostdeutschland, die Tschechoslowakei und Ungarn zusammen. Das Land ist überwiegend flach mit einigen Gebirgen im Süden. Die Sudeten im Süden von Jelenia Góra (Hirschberg) in Śląsk (Schlesien) sind ca. 280 km lang und 50 km breit mit einer mittleren Höhe von 1.200 m über dem Meeresspiegel und erreichen mit dem Gipfel der Sniezka (Schneekoppe) auf 1.605 m Höhe die höchste Erhebung. Die Beskiden in den westlichen Karpaten ziehen sich entlang der slowakischen Grenze im Norden der Tatra. Die Beskiden in den östlichen Karpaten weisen mit Gras bewachsene Gipfel auf, die mit dem Tarnica eine Höhe von 1.346 m erreichen.

Die höchste Gebirgskette in Polen ist die felsige Tatra, ein Gebiet der Karpaten, die sich Polen mit der Slowakei teilt. Die polnische Tatra (150 qkm) ist ca. 50 km lang und erreicht mit dem Rysy (2.499 m) ihren höchsten Punkt, während die slowakische Tatra (600 qkm) im Gerlach gipfelt (2.654 m). Der tiefste Punkt Polens befindet sich im Weichsel-Delta und liegt 1,8 m unter dem Meeresspiegel.

Beim überwiegenden Teil Zentralpolens handelt es sich um eine Tiefebene, eine Landschaft mit breiten, nach Norden fließenden Flüssen wie der Wisla (Weichsel), der Odra (Oder), der Warta (Warthe) und dem Bug. Das gesamte

Einzugsgebiet der 1.047 km langen Wisla (Weichsel), des „Mutterstromes" von Polen, liegt innerhalb der Landesgrenzen, der überwiegende Teil der übrigen Regionen in dem der Odra (Oder). Polen hat nach Finnland mehr Seen zu bieten als jeder andere Staat Europas. Westlich der Wisla (Weichsel) erstreckt sich die Pommersche Seenplatte, östlich des Flusses die Masurische Seenplatte. Die Ebene an der 524 km langen Ostseeküste mit breiten Sandstränden ist von Sanddünen, Buchten und Seen unterbrochen, die vom Meer durch schmale Sandbänke getrennt werden.

WIRTSCHAFT

Nach dem Zweiten Weltkrieg bestand Polen ökonomisch aus einem Mosaik mit kleinen Bauernhöfen. 38 % der Wirtschaft lag in Trümmern. Beim Wiederaufbau wurde der Schwerpunkt auf die Schwerindustrie gelegt, was zu einer ernsten Verknappung von Konsumgütern führte. Industrie, Dienstleistungen und Landwirtschaft tragen heute jeweils ein Drittel zum Bruttosozialprodukt der Nation bei. Polens rund 20 Millionen Arbeitskräfte sind vorwiegend in der Industrie und im Handel (44 %), in der Landwirtschaft (30 %), auf dem Dienstleistungssektor (11 %) und im öffentlichen Dienst (8 %) beschäftigt. Mit der Privatisierung wird auf dem Gebiet der Dienstleistungen ein deutlicher Anstieg der Zahl der Beschäftigten erwartet, da die Industrie immer weniger konkurrenzfähig ist.

Die Schwerindustrie umfaßt Stahlwerke (in Warszawa/Warschau, Kraków/Krakau und Katowice/Kattowitz), Werften (in Gdańsk/Danzig) sowie Fabriken in den Zweigen Bergbaumaschinen und Chemie. Zur Leichtindustrie gehören Textilfabriken (in Lódź), die Nahrungsmittelverarbeitung sowie die Papier-, Holz- und Glasindustrie. 1986 wurden 17,1 Millionen Tonnen Rohstahl erzeugt. Polen ist zudem der viertgrößte Steinkohleproduzent der Welt, wovon der überwiegende Teil aus Ślask (Schlesien) stammt. Braunkohle wird zur Energieerzeugung verbrannt. Außerdem werden im südlichen Polen Schwefel und Kupfer gewonnen.

Daraus resultieren enorme Umweltprobleme des Landes. Ungeklärte Abwässer und industrielle Abfälle werden einfach in die Wisla (Weichsel) geleitet, die sie in die Danziger Bucht transportiert. Die sieben Länder, die an die Ostsee grenzen, pumpen Tausende und Abertausende Tonnen von Schwermetall, Nitrogen, Phosphor, Öl und hochgiftiges PCB in das Wasser, die jedes Jahr zu einem weiteren Rückgang des Fischfangs führen. Im Süden sind die Stahlwerke in Nowa Huta und Katowice (Kattowitz) sowie andere Industriebetriebe in Oberschlesien Verursacher einer Luftverschmutzung großen Ausmaßes, die u. a. zu dem saurem Regen geführt hat, der die mittelalterlichen Denkmäler von Kraków (Krakau) förmlich auflöst. 1990 stoppte Polen den Weiterbau seines ersten Atomkraftwerkes, das in der Nähe von Gdańsk (Danzig) mit veralteter sowjetischer Technologie errichtet worden war.

Polen ist der zweitgrößte Produzent von Roggen auf der Welt. Gerste, Hafer, Ölkeime, Kartoffeln, Zuckerrüben und Weizen sind ebenfalls von Bedeutung. Die Aufschlüsselung der Landnutzung sieht wie folgt aus: 49 % wird als Ackerland für den ständigen Anbau von landwirtschaftlichen Erzeugnissen genutzt, 13 % sind Wiesen und Weideland, 29 % Wald und forstwirtschaftliche Nutzflächen, während 9 % für andere Zwecke vorgesehen sind. Zur Zeit des Kommunismus war Polen das einzige Land in Osteuropa, in dem 83 % des Agrarlandes von privaten Kleinbauern bearbeitet, 15 % als Staatseigentum verwaltet und nur 2 % von Genossenschaften genutzt wurden.

Der Tourismus in Polen wächst schnell, wie an dem 42stöckigen Hotel Marriott mit 521 Zimmern zu erkennen ist, das in Warszawa (Warschau) im Oktober 1989 seine Türen geöffnet hat. Bei dem Hotel handelt es sich um ein Gemeinschaftsunternehmen der polnischen Fluggesellschaft LOT (dem Eigentümer des Gebäudes), der Marriott Corporation (die das Hotel leitet) sowie der Ilbau aus Österreich (die für den Bau verantwortlich war). Die Hotelketten Holiday Inn und Inter-Continental sind ebenfalls mit modernen Häusern in Warszawa (Warschau) vertreten. Hilton, Hyatt und Sheraton scheinen in Kürze zu folgen. Auch am Flughafen von Warszawa (Warschau) ist ein Hotel im Bau.

Bis in die jüngste Vergangenheit wurden Maschinen, Kohle, Transportmittel und Chemikalien in die anderen kommunistischen Staaten exportiert, insbesondere in die UdSSR, die Polen im Gegenzug mit Rohmaterialien wie Metallen und Phosphaten für die Industrie sowie mit 80 % des Rohölbedarfs des Landes belieferte. Die Handelsbeziehungen änderten sich jedoch vom 1. Januar 1991 an rapide, als Polen nur noch harte Währungen und keine Verrechnungsrubel mehr für seine Exporte akzeptierte. Polen orientiert sich angesichts der wirtschaftlichen Schwierigkeiten der Sowjetunion immer mehr nach Westen.

Die Schulden des Landes in harten Währungen belaufen sich auf über 46 Milliarden US $. Und der Schuldenberg wächst. Selbst ohne neue Kreditaufnahme wird sich die Verschuldung Polens in den nächsten sieben Jahren verdoppeln, wobei das Wirtschaftswachstum im besten Fall 50 % erreichen kann. Die zunehmende Verschuldung führt zudem zur Zurückhaltung bei ausländischen Investoren. Einen Erfolg konnte Präsident Walesa jedoch bereits erzielen: Bei seinem ersten Staatsbesuch in den USA im März 1991 erließ die amerikanische Regierung Polen 70 % der aufgelaufenen Schulden.

DIE POLEN

Über die Hälfte der 38 Millionen Einwohner Polens leben in Städten. Die sechs größten urbanen Zentren sind Warszawa (Warschau), Lódź, Kraków (Krakau), Wroclaw (Breslau), Poznań (Posen) und Gdańsk (Danzig). Der Südwesten weist die höchste Bevölkerungsdichte auf, insbesondere die Regionen um Lódź und Katowice (Kattowitz), während sie im Nordosten am niedrigsten ist. Es herrscht ein akuter Wohnungsmangel, der viele junge Familien dazu zwingt, bei einem Elternpaar zu leben. Die Alphabetisierungsquote liegt bei 98 %.

Am Ende des Zweiten Weltkriegs wurden Millionen von Deutschen aus dem damaligen Ostpreußen, Pommern und Schlesien vertrieben. Ihren Platz nahmen Millionen von Polen ein, die die Region von Lwow (Lemberg) in der Ukraine verlassen mußten. Über eine halbe Million Ukrainer, Weißrussen und Litauer wurden in die UdSSR umgesiedelt. Im 18. Jahrhundert lebte ein Drittel der gesamten jüdischen Bevölkerung auf der Welt in Polen, aber nur wenige der früher 3,5 Millionen polnischen Juden überlebten die Nazi-Zeit.

Als Folge der Zwangsumsiedlung und der Auslöschung fast aller Angehörigen eines Volkes beträgt der Anteil der Angehörigen von Minderheiten heute nur 1,5 %, von denen der überwiegende Teil Ukrainer und Weißrussen sind. Auch wenn nur fünf- oder sechstausend Juden den Holocaust überlebten, konnte dies in Polen einige Leute nicht davon abhalten, auch nach dem Zweiten Weltkrieg noch den Antisemitismus als politisches Ziel zu propagieren. 10 Millionen Auslandspolen leben in Nordamerika, der Sowjetunion, Frankreich und Brasilien. Die Polen bezeichnen die polnischen Gemeinden in Übersee als „Polonia" und deren Mitglieder als „Polonianer".

KUNST

Polen ist ein Land mit bemerkenswerten Persönlichkeiten, von denen es so viele gibt, daß Besucher bei den für sie fremdartigen Namen häufig den Überblick verlieren. Abgesehen von Kopernikus und Chopin wird man schnell mit dem Namen Jan Matejko vertraut gemacht (1838-1893), dessen monumentale historische Gemälde Galerien in ganz Polen schmücken. Matejko, der dramatische Bilder der historisch bedeutsamen Augenblicke der polnischen Geschichte malte, inspirierte seine Landsleute in einer Zeit, als Polen sich unter dem Joch der Fremdherrschaft befand.

Ein verwandter Geist war der romantische Dichter Adam Mickiewicz (1798-1855), der in seinen Werken das verlorene Mutterland suchte. Mickiewicz beschäftigte sich in seinen Werken mit den ethischen und moralischen Problemen eines Polen, das von den Russen unterworfen war und das in der Hoffnung auf eine Erlösung wie im christlichen Glauben ausharrte.

Henryk Sienkiewicz (1846-1916) verfaßte historische Romane, die die Polen ermutigten, sich ihrer nationalen Identität zu besinnen. Er gewann sogar den Nobelpreis für Literatur. Sein Buch *Die Ritter des Deutschen Ordens,* das im Jahre 1900 publiziert wurde, ist um so faszinierender zu lesen, wenn man sich den Angriff der Nazis vier Jahrzehnte später vor Augen hält.

Ein Romancier dieses Jahrhunderts, der vormalige sozialistische Realist Tadeusz Konwicki (geb. 1926), bekannte sich anfangs zum Stalinismus, wandte sich jedoch nach der Aufdeckung der Verbrechen Stalins im Jahre 1956 der Beschreibung des polnischen Lebens unter einem ausgehöhlten System zu. Die letzten Werke von Konwicki, wie *Der polnische Komplex* (1982) und *Mondaufgang, Mondaufgang* (1987), haben beide das Thema zum Inhalt, das in der polnischen Nationalhymne aus dem Jahre 1797 so umschrieben wird: *Jeszcze Polska nie zginela poki my zyjemy* (Polen ist, solange wir leben, noch nicht verloren).

MUSIK UND TANZ

Eine polnische Volksmusik gab es schon lange vor den ersten schriftlichen Aufzeichnungen der Mazurka-Rhythmen, die aus der Mitte des 16. Jahrhunderts stammen. Beim Krakowiak z. B. handelt es sich um einen alten Volkstanz aus der Region um Kraków (Krakau), während die Mazurka, ein temperamentvoller, masowischer Volkstanz aus Mittelpolen, der Polka ähnelt. Die Paare tanzen dabei in einem Kreis im Dreiviertel-Takt, wobei der Improvisation viel Raum gelassen wird. Die Mazurka wurde ursprünglich von Dudelsackklängen begleitet.

Die Polonaise, ein würdevoller, zeremonieller Tanz, wurde im 16. Jahrhundert als Gesellschaftstanz entwickelt. Im 17. und im 18. Jahrhundert diente die Polonaise zur Eröffnung von Feierlichkeiten am königlichen Hof. Die Aufstellung richtete sich nach der gesellschaftlichen Bedeutung der Paare, die im Dreiviertel-Takt durch den Ballsall schritten, wobei die Knie bei jedem dritten der gleitenden Schritte ein wenig gebeugt wurden.

Der romantische Komponist Frédérik Chopin (1810-1849) hob die polnische Tanzmusik (Mazurkas, Polonaisen und Walzer) auf das Niveau von Konzertmusik. Seine Werke, die er in einer Zeit verfaßte, als Polen unter russischer Herrschaft stand, spiegeln die Melancholie und die Nostalgie wider, die das Kennzeichen des polnischen Stils werden sollten.

Stanislaw Moniuszko (1819-1872) schnitt im 19. Jahrhundert die italienische Opernmusik durch die Einführung von Gesängen und Tänzen auf der Bühne auf Polen zu. Seine *Halka* (1858) über ein hübsches Mädchen, das von einem jungen Adligen verlassen wird, wurde zur ersten polnischen Oper. Viele der Opernfiguren Moniuszkos gehören heute zur nationalen polnischen Mythologie. Es waren Chopin und Moniuszko, die eine nationale Schule der polnischen Musik begründeten.

Karol Szymanowski (1882-1937), ein Komponist des 20. Jahrhunderts, versuchte die Traditionen der polnischen Musik mit denen anderer Länder Europas zu verbinden. In seinem Ballett *Harnasie,* das seine Grundlage in der Folklore der Goralen hat, den Hochlandbewohnern der Tatra, verwendet er moderne musikalische Kunstgriffe, die man auch bei dem Russen Igor Stravinski findet.

SITTEN UND BRÄUCHE

Die Polen begrüßen einander wesentlich häufiger durch Händeschütteln als Westeuropäer. Im allgemeinen geben die Männer den Frauen die Hand, auch wenn es durchaus Brauch ist, daß eine Frau die Hand zuerst zur Begrüßung reicht. Die Polen stoßen häufig einander an und entschuldigen sich dafür nie. Das ist keine Rauhheit, sondern nur eine Frage der Gewohnheit.

Wenn sich eine polnische Familie mit ausländischen Besuchern befreundet, dann werden sie die ausgeprägte polnische Gastfreundschaft kennenlernen. Als Gast in einer polnischen Familie folgt man am besten den Vorschlägen der Gastgeber und fühlt sich wie zu Hause. Sobald sich die Gelegenheit dazu ergibt, sollten Sie einen Toast auf die Gastgeberin aussprechen. Wenn Sie zu einem Essen bei einer polnischen Familie eingeladen werden, dürfen Sie Blumen und vielleicht eine Süßigkeit für die Dame des Hauses nicht vergessen. Kommen Sie nie zu früh, lieber ein wenig zu spät, und seien Sie darauf vorbereitet, länger zu bleiben, als Sie es geplant hatten. Am Ende des Essens sagt man *dziekuje* (danke), wenn man sich vom Tisch erhebt. Das gilt auch in einem Restaurant, falls Sie mit Fremden am gleichen Tisch gesessen haben.

In diesem streng katholischen Land ist Ostern ein bedeutenderes Fest als Weihnachten. Das wichtigste Ereignis dieses Festes bilden die siebentägigen Passionsspiele in Kalwaria Zebrzydowska, 23 km südwestlich von Kraków (Krakau). Die Darstellung des Einzugs Christi in Jerusalem am Palmsonntag, der Kreuzigung am Karfreitag und der Wiederauferstehung wird von Hunderttausenden verfolgt. Gelegentlich wurde die Menge bei diesen Passionsspielen so erregt, daß sie versuchte, Christus vor den „römischen Soldaten" zu retten! 42 Kapellen, die für die Etappen der Kreuzigung stehen, wurden auf einer Anhöhe in der Nähe eines Klosters des Bernhardinerordens aus dem 17. Jahrhundert errichtet. Von den wenigen Mysterienspielen, die in Europa noch aufgeführt werden, ist dieses das älteste und berühmteste. Sie sollten es nicht versäumen, falls Sie sich um Ostern in der Gegend von Kraków (Krakau) aufhalten.

Am Feiertag Allerseelen (1. November) besuchen die Menschen die Friedhöfe und schmücken die Gräber mit Kerzen und Blumen. In der Mitte des 19. Jahrhunderts wurde die Sitte, einen Weihnachtsbaum aufzustellen, aus Westeuropa nach Polen gebracht. Vor dem Abendessen am Heiligen Abend wird Heu unter die Tischdecke gelegt. Wenn alle Platz genommen haben, zieht jeder einem Halm. Ist er lang, so deutet er auf ein langes Leben hin, ist er kurz, so sieht die Zukunft komplizierter aus. Traditionell wird bei diesem Festessen am Tisch auch ein Platz für einen unerwarteten Gast gedeckt. Dann werden 12 Gänge gereicht, einer für jeden Apostel. Am Heiligabend wird um Mitternacht in allen Kirchen eine besondere Messe gefeiert, während Silvester formelle Bälle gegeben werden.

RELIGION

966 n. Chr. wurde Polen zum östlichsten römisch-katholischen Land in Europa, während die Einwohner von Rußland und dem überwiegenden Teil der Balkanländer damals der orthodoxen Kirche angehörten. Die Erzbischöfe hatten ihren Sitz in Kraków (Krakau), Poznań (Posen), Warszawa (Warschau) und Wroclaw (Breslau). Die Beziehungen der polnischen Kirche zu Rom waren bis zum Jahre 1978 und der Wahl eines Polen zum Papst eher distanziert. Heute zählt die überwiegende Mehrheit der Polen zu den überzeugten Katholiken, was auch daran deutlich wird, daß jeden Sonntag die Kirchen gut besucht bis überfüllt sind. Die Katholische Universität in Lublin (gegründet 1918) und die Akademie für Katholische Theologie in Warszawa (Warschau) sind führende, der Kirche unterstellte Institutionen. Czestochowa (Tschenstochau), wo sich die berühmte „Schwarze Madonna" befindet, gilt als einer der bedeutendsten Pilgerorte in ganz Europa.

Das Verhältnis zwischen Kirche und Staat war in Polen immer schwer zu definieren. Die Leben von zwei katholischen Priestern, Pater Maximilian Kolbe, der 1941 in Auschwitz hingerichtet wurde, und Pater Jerzy Popieluszko, den Geheimpolizisten 1984 ermordeten, symbolisieren die enge Beziehung zwischen Kirche und Volk. Die Kirche ermutigte die Solidarität in den Jahren, als sie verboten war, offen, weiter für die Interessen der Arbeiter zu kämpfen, so daß die Überwindung des Kommunismus in gleichem Maße ein Sieg des Katholizismus wie der Demokratie war. Es ist kein Zufall, daß der katholische Religionsunterricht in den öffentlichen Schulen wieder eingeführt wurde, gleich nachdem die marxistische Ideologie vom Lehrplan abgesetzt worden war. Auch wenn der Besuch des Religionsunterrichts freiwillig ist, müssen die Schüler, die daran nicht teilnehmen wollen, auf dem Flur warten. Die Kirche hat auch einen Feldzug für ein Gesetz gegen die Abtreibung geführt.

SPRACHE

Deutsch wird in Polen häufig verstanden, Englisch gelegentlich. Wer versucht, sich in der Landessprache verständlich zu machen, schreibt des besseren Verständnisses wegen am besten ein passendes Wort auf ein Stück Papier und zeigt es dann dem Gegenüber. Ein deutsch-polnisches Wörterbuch kann sich ebenfalls als praktisch erweisen. Bringen Sie es sich jedoch mit, da solche Wörterbücher in Polen häufig nur schwer zu bekommen sind. *Polnisch für die Reise* von Berlitz ist ein nützlicher Sprachführer. Am besten ist, Sie kaufen sich auch noch eine oder zwei Kassetten mit einem Sprachkurs in Polnisch und hören sich diese mehrmals an, bevor Sie sich auf den Weg nach Polen begeben.

Einige der 32 Buchstaben des polnischen Alphabets werden im Polnischen anders als im Deutschen ausgesprochen. Ganz grob gesagt können Sie von folgenden Abweichungen vom Deutschen ausgehen:

ą – wie nasales o im französischen „on"
c – wie z in „Zug"
ć – weich, stimmlos, etwa wie „tsj"
ch – wie im deutschen „Ach"
ck – getrennte Aussprache (z-k)
cz – tsch wie in „deutsch"
ę – nasales e wie in „Teint"
h – wie im deutschen „Ach"
ł – wie das englische w in „water"
ń – nj wie in französisch „Cognac" oder spanisch „Senõr"
ó – u (z. B. in Kraków – „Krakuf")
rz – stimmhaftes sch wie in „Journal"
s – stimmlos wie in „essen"
sz – wie sch in „Schule"
w – meist wie w in „was", im Auslaut (letzter Buchstabe in einem Wort) immer wie f (z. B. Kraków – „Krakuf")
y – wie i in „bin"
z – stimmhaftes s wie in „reisen"
ż – stimmhaftes sch wie in „Journal"
ź – stimmhaftes Pendant zu s wie in „Sonne"

Die Konsonanten b, d, f, g, j, k, l, m, n, p, r, s und t werden etwa wie im Deutschen ausgesprochen, die Vokale offen und Doppelvokale getrennt, wobei ie wie je klingt.

Die Vokale a, e, i, o und u werden wie im Lateinischen und im Spanischen ausgesprochen, das r wird immer gerollt.

Es gibt noch zahlreiche Verfeinerungen zu den genannten Ausspracheregeln, für deren Darstellung wir allerdings noch mehrere Seiten benötigen würden. Im übrigen liegt bei fast allen polnischen Wörtern die Betonung auf der vorletzen Silbe.

Wer sich die Register von polnischen Büchern oder Landkarten ansieht, wird feststellen, daß die Buchstaben mit Akut, Cedille und Akzenten von den gleichen Buchstaben ohne diese Zusatzzeichen getrennt aufgeführt werden. Falls Sie ein Wort also nicht sofort finden, empfiehlt es sich, weiter unten in der Reihe nachzusehen. Bei diesen neun Buchstaben handelt es sich um a, d, e, l, n, o, s, z und ż.

Die ersten Wörter, die Besucher Polens lernen sollten, sind *prosze* (bitte) und *dziekuje* (danke). Merken Sie sich auch *tak* (ja), *nie* (nein), *dzien dobry* (guten Morgen), *do widzenia* (auf Wiedersehen) und *nieczynne* (geschlossen). Sie werden rasch lernen, daß *Remont* soviel bedeutet wie „Renovierungsarbeiten". Das Wort ist häufig an Museen, Hotels und Restaurants zu sehen, die im größeren Umfang renoviert werden. Ein weiteres verbreitetes Wort ist *nie ma,* das mit „nichts" oder „nicht erhältlich" übersetzt werden kann. Öffentliche Toiletten werden mit einem Kreis für Damen und mit einem Dreieck für Herren gekennzeichnet. Wenn Sie die Finger verwenden, um eine Zahl anzuzeigen, sollten Sie in Polen mit dem Daumen beginnen, sonst bekommen Sie ein Stück mehr als Sie möchten.

KLEINER POLNISCHER SPRACHFÜHRER

GRÜSSE UND HÖFLICHKEITSFORMELN

hallo	cześć
auf Wiedersehen	do widzenia
guten Morgen	dzień dobry
guten Abend	dobry wieczór
bitte	proszę
danke	dziękuję
Es tut mir leid (Verzeihen Sie)	Jest mi bardzo przykro.
Entschuldigung	przepraszam
Das ist sehr nett von Ihnen.	Jest pan bardzo uprzejmy (zu Männern) Jest pani bardzo uprzejma (zu Frauen)
ja	tak
nein	nie

VERSTÄNDIGUNG

Sprechen Sie Deutsch?	Czy mówisz po niemiecki?
Ich verstehe nicht.	Nie rozumiem.
Könnten Sie das aufschreiben?	Czy mógłbyś to zapisać?
Wo wohnen Sie?	Gdzie mieszkasz?
Welchen Beruf haben Sie?	Jaką wykonujesz pracę?
Ich bin Student.	Jestem studentem.
Ich bin sehr glücklich.	Jestem bardzo szczęśliwy.

UNTERKUNFT

Jugendherberge	schronisko młodziezowe
Zeltplatz	kemping
Privatzimmer	kwatera prywatna
Wieviel kostet das?	Ile to kosztuje
Wo gibt es ein preiswerteres Hotel?	Gdzie jest tańszy hotel?
Ist eine Reservierung notwendig?	Czy mam zrobić rezerwację?
Einzelzimmer	pokój jednoosobowy
Doppelzimmer	pokój dwuosobowy
Es ist sehr laut.	Jest bardzo głośny.
Wo ist die Toilette?	Gdzie jest toaleta?

VERKEHRSMITTEL

Wann fährt es ab?	O której odjezdza?
Wann fährt der erste Bus?	O której jest pierwszy autobus?
Wann fährt der letzte Bus?	O której jest ostatni autobus?

Wann fährt der nächste Bus?	O której jest następny autobus?
Das ist zu kurzfristig.	To za wcześnie.
Wann fährt der übernächste?	O której jest następny po nim?
Wie lange dauert die Fahrt?	Jak długo trwa podróz?
Ankunft	przyjazdy
Abfahrt	odjazdy
Fahrplan	rozkład jazdy
Wo ist die Bushaltestelle?	Gdzie jest przystanek autobusowy?
Wo ist der Bahnhof?	Gdzie jest stacja kolejowa?
Wo ist die nächste Taxihaltestelle?	Gdzie jest postój taksówek?
Wo ist die Gepäckaufbewahrung?	Gdzie jest przechowalnia bagazu?

AUFENTHALT IN ORTEN

Einen Augenblick	Chwileczkę
Wo ist . . . ?	Gdzie jest . . . ?
Museum	muzeum
Palast	pałac
Burg	zamek
Konzerthalle	sala konvertowa
Opernhaus	opera
Musiktheater	teatr muzyczny
Fremdenverkehrsamt	informacja turystyczna
Bank	bank
Postamt	poczta
Telefonvermittlung	centrala telfoniczna
Wohin gehen Sie?	Dodąd idziesz?
Ich gehe nach . . .	Idę do . . .
Wo ist es?	Gdzie to jest?
Ich kann es nicht finden.	Nie mogę (tego) znaleźć.
Ist es weit?	Czy to daleko?
Zeigen Sie mir das bitte auf der Landkarte.	Prosze pokazać mi to na mapie.
links	lewo
rechts	prawo
geradeaus	prosto
Ich möchte . . .	Chcę . . .
Benötige ich eine Genehmigung?	Czy potrzebuję zgody?
Darf ich?	Czy wolno mi?

UNTERHALTUNG

Wo wird Live-Musik gespielt?	Gdzie mogę iść na koncert?
Wo kann ich eine Eintrittskarte kaufen?	Gdzie mogę kupić bilet?
Ich möchte eine Eintrittskarte.	Szukam biletu.
Ich möchte diese Eintrittskarte erstattet haben.	Gdzie mogę zwrócić ten bilet.
Ist das ein guter Platz?	Czy to jest dobre miejsce?
vorn	z przodu
Eintrittskarte	bilet

ESSEN

Ich bin hungrig.	Jestem głodny (männlich) Jestem głodna (weiblich)
Ich esse kein Fleisch.	Nie jadam mięsa.
Cafeteria mit Selbstbedienung	samoobsługowy
Lebensmittelladen	sklep warzywniczy
Fisch	ryba
Suppe	zupa

EINFÜHRUNG

Salat	sałatka
frisches Gemüse	świeże warzywa
Milch	mleko
Brot	chleb
Zucker	cukier
Eiscreme	lody
heißer Kaffee	gorąca kawa
Mineralwasser	woda mineralna
Bier	piwo
Wein	wino

EINKÄUFE

Wo kann ich das kaufen?	Gdzie mogę kupić?
Wieviel kostet das?	Ile to kosztuje?
Ist das der Preis pro Person?	Czy to jest cena od osoby?
Ist das der Gesamtpreis?	Czy to jest ostateczna cena?
Kommen da noch Kosten hinzu?	Czy są jakieś dodatkowe opłaty?
Das ist (viel) zu teuer.	To jest zbyt drogie.
Gibt es noch etwas Preiswerteres?	Czy jest coś tańszego?
Kann ich in Landeswährung bezahlen?	Czy mogę płacić w lokalnej walucie?

ZEIT, WOCHENTAGE UND MONATE

heute	dzisiaj
heute abend	dzisiaj wieczorem
morgen	jutro
übermorgen	pojutrze
Montag	poniedziałek
Dienstag	wtorek
Mittwoch	środa
Donnerstag	czwartek
Freitag	piątek
Samstag	sobota
Sonntag	niedziela
Januar	styczeń
Februar	luty
März	marzec
April	kwiecień
Mai	maj
Juni	czerwiec
Juli	lipiec
August	sierpień
September	wrzesień
Oktober	październik
November	listopad
Dezember	grudzień
Wann wird geöffnet?	Od której jest otwarte?
Wann wird geschlossen?	O której jest zamknięte?
geöffnet	otwarty
geschlossen	zamknięty
morgens	rano
abends	wieczorem
täglich	codziennie
um wieviel Uhr?	o której godzinie?
wann?	kiedy?

ZAHLEN

1	jeden
2	dwa
3	trzy
4	cztery
5	pięć
6	sześć
7	siedem
8	osiem
9	dziewięć
10	dziesięć
11	jedenaście
12	dwanaście
13	trzynaście

14	czternaście	23	dwadzieścia trzy
15	piętnaście	30	trzydzieści
16	szesnaście	40	czterdzieści
17	siedemnaście	50	pięćdziesiąt
18	osiemnaście	60	sześćdziesiąt
19	dziewiętnaście	70	siedemdziesiąt
20	dwadzieścia	80	osiemdziesiąt
21	dwadzieścia jeden	90	dziewięćdziesiąt
22	dwadzieścia dwa	100	sto

PRAKTISCHE HINWEISE

EINREISEBESTIMMUNGEN

Um nach Polen einzureisen, benötigen Deutsche für einen Aufenthalt von bis zu 3 Monaten nur noch einen gültigen Reisepaß, Österreicher und Schweizer derzeit einen Reisepaß und ein Visum. Visa werden jedoch nicht an der Grenze ausgestellt, sondern müssen vorher bei einer polnischen Botschaft oder einem polnischen Konsulat beantragt werden. Mit und ohne Visum muß die Gültigkeitsdauer des Reisepasses noch 6 Monate über die vorgesehene Aufenthaltsdauer in Polen hinaus betragen. Staatsbürger anderer Länder sollten sich am besten in einer der polnischen Botschaften oder Konsulate, die nachfolgend aufgeführt sind, oder in einer Vertretung der polnischen Fluggesellschaft LOT nach den für sie geltenden Einreisebestimmungen erkundigen. Es ist übrigens wesentlich leichter, LOT telefonisch zu erreichen als eine polnische Botschaft oder ein polnisches Konsulat. Zudem sind bei der Fluggesellschaft die neuesten Informationen über die geltenden Einreisebestimmungen im Computer gespeichert.

Ein Touristenvisum für Polen kostet ca. 20 US $. Daneben sind zwei Fotos erforderlich. In Osteuropa werden Visa für Reisen nach Polen im allgemeinen innerhalb von 24 Stunden ausgestellt, für 50 % Zuschlag sogar innerhalb einer Stunde. Ein Visum für mehrmalige Besuche, das für bis zu vier Einreisen gültig ist, erhält man für 33 US $. Studenten bis zu 23 Jahren wird bei den Gebühren für die Erteilung eines Visums eine Ermäßigung eingeräumt.

Wer schriftlich ein Visum für Polen beantragt, sollte damit rechnen, daß der Reisepaß erst nach mehreren Wochen zurückgesandt wird. Erkundigen Sie sich nach einem Schnellverfahren, wenn Sie die Antragsformulare anfordern.

Die polnischen Botschaften und Konsulate sind im allgemeinen montags bis freitags am Vormittag geöffnet. Wenn Sie für eine Reise nach Polen ein Visum benötigen, können Sie sich an eine der nachfolgend aufgeführten Vertretungen Polens wenden. Mehrere diplomatische Vertretungen sind jedoch völlig überlaufen oder verlangen unüblich hohe Gebühren, so daß Sie Ihr Visum am besten sehr früh beantragen sollten, um die Möglichkeit zu erhalten, es zur Not noch bei einem anderen Konsulat zu versuchen.

Bei der Frage nach der geplanten Aufenthaltsdauer in Polen empfiehlt es sich, einen Monat anzugeben, auch wenn Sie eine kürzere Reise beabsichtigen. Auf diese Weise vermeiden Sie bei einer möglichen Ausdehnung Ihres Besuchs den Aufwand für eine Visumverlängerung. Wer länger als 30 Tage in Polen bleibt, ist verpflichtet, sich bei der Polizei zu melden, so daß Sie Ihren Aufenthalt am besten auf 30 Tage beschränken. Es besteht jedoch auch die Möglichkeit, ein reguläres Visum für bis zu 90 Tage zu erhalten. Der erste und der letzte Tag des Aufenthaltes im Land werden nicht auf die im Visum vermerkte zulässige Aufenthaltsdauer angerechnet.

Visa für Polen können innerhalb von drei bis sechs Monaten nach dem Ausstellungstag zur Einreise benutzt werden. Ein preiswerteres, 48 Stunden gültiges Transitvisum kann ebenfalls ausgestellt werden. Um das zu erhalten, ist es jedoch erforderlich, daß man bereits ein Visum für das nächste Reiseland (z. B. Sowjetunion) erhalten hat. Wer ein Touristenvisum verlängern lassen möchte, kann dies an Werktagen morgens in Polen in einem der lokalen Paßbüros (*Biuro Paszportowe)* erledigen, deren Adresse Sie u. a. in den Fremdenverkehrsbüros erfahren. Im Antragsformular für ein Visum heißt es, daß man sich binnen 48 Stunden nach der Grenzüberquerung bei der Polizei registrieren lassen muß. Diese Regelung ist insbesondere für Besucher wichtig, die bei polnischen Freunden oder Verwandten wohnen. Für diejenigen Ausländer, die in irgendeiner Form eine offizielle Unterkunft in Anspruch nehmen (Hotel, Jugendherberge, Campingplatz usw.), wird diese Formalität von den Mitarbeitern in der jeweiligen Unterkunft erledigt. Man stempelt dort Ihr Visum ab, um zu zeigen, daß Sie ordnungsgemäß registriert wurden. Dieses Verfahren stammt noch aus der Zeit des kommunistischen Regimes und wird möglicherweise in Zukunft abgeschafft.

POLNISCHE BOTSCHAFTEN UND KONSULATE

In Deutschland, Österreich und der Schweiz bestehen folgende diplomatische Vertretungen Polens:

Deutschland

Botschaft:

Lindenallee 7, W-5000 Köln 51, Tel. (02 21) 38 02 61,

Konsularabteilung

Leyboldstraße 74, W-5000 Köln 51, Tel. (02 21) 38 70 13

Konsulate:

Lasenstraße 19-21, W-1000 Berlin 33, Tel. (030) 8 62 20 46),

Poetenweg 51, O-7022 Leipzig, Tel. (041) 5 27 63,

Stepanstraße 16, O-2500 Rostock 1, Tel. (081) 2 38 78

Österreich
Hietzinger Hauptstr. 42 c, 1130 Wien, Tel. (0222) 82 32 72
Schweiz
Elfenstr. 20, Postfach 30, 3006 Bern, Tel. (031) 44 04 52

ZOLLBESTIMMUNGEN

Nach Polen dürfen zollfrei Gegenstände des persönlichen Bedarfs sowie 250 Zigaretten oder 50 Zigarren oder 250 Gramm Tabak, 2 Liter Wein, 5 Liter Bier, Geschenke im Wert von bis zu 200 US $ (außer Alkohol), 1 Kilogramm Schokolade und 200 Gramm Kaffee eingeführt werden.

Zollfrei sind ferner, müssen aber bei der Einreise deklariert werden, 1 Fernglas, 2 Fotoapparate, 1 Filmkamera mit bis zu 10 Filmen, Musikinstrumente, Radio- und Kassettenrecorder, Tonband- und Fernsehgeräte sowie andere elektrische Geräte, Schallplatten, Kassetten und Tonbänder, eine Campingausrüstung, 1 Paar Ski, 2 Tennisschläger, Fahrräder, Boote und Kajaks.

Verboten ist die Mitnahme von Narkotika, Waffen und Munition sowie pornografischen Schriften, aber auch von Druckerzeugnissen, in denen geographische Bezeichnungen für Gebiete und Orte in Polen ausschließlich in deutscher Sprache angegeben sind.

Nach deutschen Zollbestimmungen dürfen bei der Rückreise aus Polen Souvenirs im Wert von bis zu 115 DM, 200 Zigaretten oder 100 Zigarillos oder 50 Zigarren oder 250 Gramm Tabak, bis zu 1 Liter Spirituosen oder bis zu 2 Liter Wein, bis zu 500 Gramm Kaffee, bis zu 100 Gramm Tee und bis zu 50 Gramm Parfüm zollfrei eingeführt werden.

GELD

Zu den Erfolgen der Regierung Mazowiecki gehörte auch die Freigabe des Zloty (Zl) als eine konvertible Währung. Mit der Legalisierung des privaten Devisenhandels (des ehemaligen Schwarzmarktes) im Jahre 1990 und Freigabe des Zloty-Kurses unternahm Polen einen riesigen Schritt auf dem Weg in Richtung wirtschaftlicher Reformen. Der früher erforderliche Pflichtumtausch eines bestimmten Betrages an Devisen pro Tag ist seitdem entfallen.

Sie sollten bei Ihrer Einreise nur Geld für die ersten ein bis zwei Tage umtauschen, da die Kurse der Wechselstuben und Banken variieren. Die besten Kurse bieten im allgemeinen die privaten Wechselstuben, die als *Kantor* bekannt sind. In ihnen wird jedoch nur Bargeld akzeptiert, keine Reiseschecks. In Polen ist der Dollar immer noch die bevorzugte harte Währung, was zur Folge hat, daß sein Wert gegenüber dem Zloty geringfügig höher als der anderer westlicher Währungen ist, z. B. der Deutschen Mark oder des britischen Pfundes.

Reiseschecks werden in Polen nicht gern angenommen. Nur einige wenige Banken akzeptieren sie, wobei von Gebühren von bis zu 3 % bei einem Minimum von 10 US $ berichtet wurde! In der Polska Kasa Opienki (PKO) wird üblicherweise eine Gebühr von 1,25 US $ für das Einlösen eines Reiseschecks er-

hoben. Sie müssen allerdings zuerst eine Filiale finden, die sich auch bereiterklärt, Reiseschecks anzunehmen, sich anstellen und warten, bis die Papiere fertig sind. Dabei erhalten Sie einen Wechselkurs, der unter dem liegt, den Sie in Sekunden und ohne Gebühr in einem privaten *Kantor* für Bargeld bekommen hätten. Einige Banken weigern sich sogar grundsätzlich, Reiseschecks einzulösen, so daß, wer kann, am besten Bargeld mitnimmt.

Kreditkarten werden ausschießlich in den Orbis-Hotels, in teuren Restaurants und in Geschäften akzeptiert, die sich in erster Linie auf die Touristen eingestellt haben. Die bekanntesten Kreditkarten in Polen sind die von American Express, Visa, Diners Club und Eurocard.

In Polen zahlt man für alles, außer für die Waren in den zollfreien Geschäften sowie für die Fahrkarten und Flugscheine vom Ausland und ins Ausland, in polnischen Zloty. Die Ein- und Ausfuhr polnischer Währung ist jedoch noch immer verboten, auch wenn es keinen Grund für ein derartiges Verbot der Aus- oder Einfuhr mehr gibt. Vor dem Verlassen des Landes können überschüssige Zloty problemlos bei Geldinstituten in harte Währungen zurückgetauscht werden. Stellen Sie sicher, daß Sie keine Zloty mehr haben, wenn Sie ausreisen, denn außerhalb von Polen wird diese Währung kaum anerkannt. Beim Tausch werden übrigens keinerlei Wechselbescheinigungen ausgestellt.

In den privaten Wechselstuben in Polen erhalten Sie zudem rumänische Lei zu einem besseren Kurs als auf dem Schwarzmarkt in Rumänien. Hier werden auch die Währungen der Tschechoslowakei, Ungarns und Bulgariens angeboten. Allerdings ist der Kurs nur geringfügig besser als die offiziellen Wechselkurse in dem jeweiligen Land selbst. Es ist jedoch immer sinnvoll, einen kleinen Betrag in die jeweilige Währung zu tauschen, wenn man in ein Land einreist.

Wer in Polen auf der Straße Geld tauscht, was illegal ist, der erhält wahrscheinlich weniger als in einem *Kantor* und trägt das Risiko, ausgeraubt oder betrogen zu werden. Ein Leser schrieb uns dazu folgendes:

„In einer Unterführung in der Nähe des Hauptbahnhofs von Warszawa (Warschau) näherten sich uns zwei Männer, die Geld tauschen wollten. Sie boten einen guten Kurs an (2.000 Zloty mehr als der Bankkurs für DM). Wir sind im allgemeinen nicht unerfahren, wenn es um Schwarzmarktgeschäfte geht, aber diese Männer waren professionell! Wir sahen, wie sie unser Geld zählten (1.500.000 Zloty für 2.000 DM) und es uns dann gaben. Alles schien in Ordnung, bis wir unsere Unterkunft erreichten und bemerkten, daß sich unter der neuen 100.000-Zloty-Note oben ein Stapel völlig wertloser Geldscheine über 100 Zloty befand. Später hörten wir auch zahlreiche Geschichten über Gewaltanwendung gegen Touristen bei Schwarzmarktgeschäften."

Währungsdeklaration: Bei der Einreise nach Polen ist beim Zoll ein Formular auszufüllen, in dem deklariert werden muß, wieviel Geld man bei sich führt. Jede Währung ist einzeln aufzuführen, Bargeld und Reiseschecks auch noch getrennt in verschiedenen Zeilen, so daß Sie diese Zahlen parat haben sollten. Mitgeführtes Gold und Schmuck sind auf diesem Formular ebenfalls anzugeben. Diese Regelung wurde seinerzeit von den Kommunisten eingeführt, um den Schwarzmarkt zu kontrollieren. Selbst wenn der Nutzen heute nicht mehr allzu groß ist, wird darauf bestanden.

Offiziell ist es auch nicht erlaubt, mehr Devisen auszuführen, als in dem Formular bei der Einreise angegeben wurde. Wenn man das Land verläßt, wird der Zollbeamte jedoch das Formular wahrscheinlich zurücknehmen, ohne auch nur einen Blick darauf zu werfen. Machen Sie die Zollbeamten glücklich, indem Sie ihre Deklaration nicht verlieren.

Polnische Banknoten und Münzen: In Polen sind mehr verschiedene Banknoten im Umlauf als in jedem anderen Land. Auf den Geldscheinen sind Karol Swierczewski, der Oberbefehlshaber der Internationalen Brigaden während des Spanischen Bürgerkrieges, zu sehen (50 Zloty), der sozialistische Aktivist des 19. Jahrhunderts Ludwig Dabrowski (100 Zloty), der Oberbefehlshaber der Pariser Kommune Jaroslaw Dabrowski (200 Zloty), der Patriot des 18. Jahrhunderts Tadeusz Kosciuszko (500 Zloty), der Astronom Nikolaus Kopernikus (1.000 Zloty), König Mieszko I., der im 10. Jahrhundert herrschte (2.000 Zloty), der Komponist Frédérik Chopin (5.000 Zloty), der Künstler Stanislaw Wyspianski, der Anfang des 20. Jahrhunderts lebte (10.000 Zloty), Maria Sklodowska-Curie, die an der Entdeckung des Radiums beteiligt war (20.000 Zloty), der Geologe des 18. Jahrhunderts Stanislaw Staszic (50.000 Zloty), der Opernkomponist Stanislaw Moniuszko (100.000 Zloty), das polnische Nationalwappen (200.000 Zloty) und der Literaturnobelpreisträger Henryk Sienkiewicz (500.000 Zloty).

Wer gerade erst in Polen angekommen ist, sollte sich die polnischen Banknoten sorgsam ansehen, da die hohen Beträge und die große Vielfalt der Scheine verwirrend sein können. Die gleiche Farbe und die Ähnlichkeit der Banknoten über 200 und 20.000 Zloty sowie der Geldscheine über 100 und 100.000 Zloty sind auch nicht hilfreich! Scheine, die vor 1975 herausgegeben wurden, sind wertlos.

Wechselkurse: Polen hatte lange mit der Inflation zu kämpfen. 1981 entsprach der Wert eines US-Dollar 34 Zloty. 1986 gab es 160 Zloty für einen US-Dollar, im November 1987 310 Zloty, im Mai 1989 3.750 Zloty und im Juli 1989 6.000 Zloty. Ende 1990 hatte sich der Wert bei 9.000 Zloty stabilisiert. Für eine Deutsche Mark wurden Anfang 1991 in polnischen Banken und Wechselstuben etwa 6.750 Zloty gezahlt. Da nicht auszuschließen ist, daß die Inflationsrate in Polen wieder ansteigt, sind alle Preise in diesem Buch in US-Dollar angegeben. So können sich Ausländer wahrscheinlich eher ein Bild von den jeweilien Preisen in Landeswährung machen, auch wenn derzeit nicht befürchtet wird, daß der Zloty wieder außer Kontrolle gerät und seinen Wert gegenüber ausländischen Währungen erneut drastisch ändert.

Es gibt heute nur einen einzigen Wechselkus für polnische Zloty, der sich zwischen dem früheren offiziellen Kurs und dem vormaligen Schwarzmarktkurs eingependelt hat. Das macht Unterkünfte gegenüber früher um ein Vielfaches preiswerter, wobei alle anderen Preise ebenfalls durchaus akzeptabel sind.

REISEKOSTEN

Wenn Sie den Empfehlungen dieses Handbuches folgen, dann sollten Sie mit weniger als 20 US $ pro Tag in der Lage sein, in Polen relativ komfortabel zu reisen. Darin sind eine Übernachtung in einem Hotel der mittleren Preisklasse, wenigstens eine Mahlzeit in einem guten Restaurant, Eintrittsgelder und eine Fahrt im Zug in der 1. Klasse enthalten. Paare, Familien und kleine Gruppen werden wahrscheinlich pro Person weniger ausgeben, und wer zeltet oder in einer Jugendherberge übernachtet, nur in Selbstbedienungsrestaurants ißt und im Zug in der 2. Klasse fährt, gibt vielleicht sogar nicht einmal 10 US $ pro Tag und Person aus. Bevor Sie sich aber selbst dazu gratulieren, wie preiswert doch alles ist, sollten Sie sich daran erinnern, daß einem polnischen Arbeiter nur umgerechnet

100 US $ im Monat zur Verfügung stehen.
Abgesehen davon, daß Polen ein Paradies für Besucher mit wenig Geld ist, bieten die für Ausländer niedrigen Preise auch noch andere Möglichkeiten. Wer des Reisens müde ist, der kann sich für eine Weile an einem Ort entspannen und in Polen für 15 US $ am Tag sehr gut leben. Fragen Sie dann in einem der Fremdenverkehrsbüros nach, ob man Ihnen helfen kann, eine Polnisch-Lehrerin oder einen Polnisch-Lehrer zu finden, und verbringen Sie Ihre Zeit z. B. mit dem Lesen, Schreiben, Studieren, Malen oder was auch immer. Die Freunde, die Sie in dieser Zeit gewinnen, werden möglicherweise Freunde für das ganze Leben bleiben.

KLIMA UND REISEZEIT

In Polen herrscht ein gemäßigtes Kontinentalklima mit beträchtlichem maritimen Einfluß an der Ostsee, der dazu führt, daß sich das Wetter selbst im gleichen Monat von Jahr zu Jahr unterscheidet. Im Frühling ist es tagsüber warm und nachts kühl. Im Sommer (Juni bis August) kann es heiß werden. Der Herbst (September bis November) ist regnerisch, und im Winter (Dezember bis März) kann Schnee fallen, der sich in den Bergen bis Mitte April hält. Vom späten Oktober bis zum Februar wird es gegen 17.00 Uhr dunkel, was bei Ausflügen und Besichtigungen hinderlich ist. Im Sommer ist es an der Küste am sonnigsten, im Winter in den Bergen. Der Juli ist der heißeste Monat des Jahres, der Februar der kälteste. Insgesamt gesehen sollten Sie allerdings davon ausgehen, daß es in Polen kühler und regnerischer ist als in Westeuropa.
In den Bergen dauert die Wintersportsaison vom Dezember bis Mitte März. Zwischen Weihnachten und Neujahr ist jedoch alles ausgebucht und voll. Der Frühling (April und Mai) eignet sich gut für Ausflüge. Dann sind die Möglichkeiten für Bergwanderungen gut, und es ist nicht so überfüllt. Im späten August und Anfang September, wenn es relativ trocken und sonnig ist, können Sie z. B. die Masurische Seenplatte besuchen. Um in der Ostsee zu schwimmen, sollten Sie im Juli oder im August nach Polen fahren. Die Städte eignen sich das ganze Jahre über für Besichtigungen, wobei der Winter gelegentlich sogar vorzuziehen ist, da der überwiegende Teil der Theater und Konzertsäle im Sommer geschlossen wird.

INFORMATIONEN

Das staatliche Reisebüro Orbis mit 180 Büros in den Groß- und Kleinstädten im ganzen Land ist für die Organisation des Tourismus in Polen verantwortlich. Wie bei westlichen Reisebüros besteht die Hauptaufgabe in der Reservierung von Plätzen in öffentlichen Verkehrsmitteln, dem Verkauf von Fahrkarten und Flugtickets sowie der Buchung von Zimmern in luxuriösen Hotels. Falls nicht zuviel zu tun ist, erhalten Sie hier auch Informationen. In den meisten Büros spricht jemand auch Deutsch. Die Büros von Orbis im Ausland (siehe unten) sind häufig kooperativer als die in Polen selbst.

EINFÜHRUNG

Die Vereinigung der polnischen Touristen und Landesliebhaber (PTTK) unterhält in mehreren Städten und Freizeitgebieten Büros. In ihnen können ausländische Besucher häufig Auskunft über Übernachtungsmöglichkeiten in staatlichen Schlafsälen, auf Campingplätzen und in Berghütten erhalten. Hier werden Besucher sogar über die Möglichkeiten zum Reisen per Anhalter informiert. Es ist allerdings selten, daß jemand Deutsch spricht, und was man Ihnen über Unterkünfte außerhalb des unmittelbaren Zuständigkeitsbereiches erzählt, muß nicht immer ganz zutreffen. Häufig werden in den PTTK-Büros ausgezeichnete Stadtpläne oder Wanderkarten mit Register sowohl der Gegend als auch anderer Regionen verkauft, so daß Sie immer hineinschauen sollten, wenn Sie ein Schild mit der Aufschrift „PTTK" sehen.

In den meisten Städten gibt es auch ein örtliches Fremdenverkehrsbüro, so z. B. Syrena in Warszawa (Warschau) und Wawel Tourist in Kraków (Krakau). Sie sind im allgemeinen an den Buchstaben IT (*Informacja Turystyzna)* an der Tür zu erkennen. Hier werden häufiger Informationen geboten, aber seltener Fahrkarten und Eintrittskarten verkauft. Gelegentlich vermitteln die Mitarbeiter auch Privatunterkünfte. Bei Gromoda, Juventur, Sports-Tourist und Turysta handelt es sich um Tourismus-Organisationen, die sich ausschließlich auf den Inlandsmarkt eingestellt haben. Hier werden im allgemeinen weder Unterkünfte reserviert noch Zugkarten verkauft oder Informationen an ausländische Besucher erteilt.

STUDENTENREISEN

Almatur, das offizielle Reise- und Tourismusbüro des polnischen Studentenverbandes, stellt Studentenausweise aus (4 US $) und informiert über Unterkünfte in Studentenwohnheimen in den Monaten Juli und August. Hier sind auch ausgezeichnete sonstige Auskünfte erhältlich.

Sowohl der westliche ISIC-Studentenausweis als auch der östliche IUS-Ausweis werden in Polen für Studentenermäßigungen in Museen sowie bei Zug- und Schiffsfahrten anerkannt, auch wenn einige ältere Beamte noch immer auf der alten IUS-Version bestehen. Wir hörten sogar von Reisenden, denen von einem Schaffner im fahrenden Zug eine Geldstrafe auferlegt wurde, weil sie keinen IUS-Ausweis vorweisen konnten, der angeblich allein den ermäßigten Fahrpreis rechtfertige.

Almatur veranstaltet ausgezeichnete, eine Woche dauernde Ausritte und Segeltörns, an denen auch ausländische Studenten teilnehmen können. Im Juli und im August organisiert Almatur internationale Arbeitscamps, bei denen die Teilnehmer 46 Stunden pro Woche auf dem Bau oder in der Land- oder der Forstwirtschaft arbeiten. Nach der Arbeit stehen Exkursionen, Sport und kulturelle Veranstaltungen auf dem Programm. Einzelheiten können Sie in den Orbis-Büros erfahren, von denen einige im folgenden aufgeführt sind.

ORBIS-BÜROS IM AUSLAND

Orbis ist in vielen Ländern vertreten und vermittelt dort Reisen nach Polen. Wenn Sie die Dienste dieses Reisebüros in Anspruch nehmen wollen, können Sie sich an folgende Vertretungen wenden:

Deutschland

Polorbis, Hohenzollernring 99-101, 5000 Köln 1, Tel. (02 21) 52 00 25

Polorbis, Glockengießerwall 3, 2000 Hamburg 1, Tel. (040) 33 76 86

Polorbis, Rotebühlstraße 51, 7000 Stuttgart 1, Tel. (07 11) 61 24 20 und 61 37 11

Polorbis, Warschauer Straße 5, O-1034 Berlin, Tel. 5 89 45 30 und 5 89 49 67

Österreich

Orbis, Schwedenplatz 5, 1010 Wien, Tel. (0222) 63 08 10

ÖFFNUNGSZEITEN

Die Öffnungszeiten der Banken liegen werktags zwischen 8.00 und 12.30 Uhr. Geschäfte werden im allgemeinen werktags von 10.00 bis 18.00 Uhr geöffnet, auch wenn hierbei Unterschiede von einer bis zwei Stunden möglich sind. Die Lebensmittelgeschäfte stehen schon früher für Einkäufe zur Verfügung und sind samstags bis 13.00 Uhr geöffnet. Die meisten Büros weisen an der Tür die Geschäftszeiten aus.

Die Milchbars werden häufig zwischen 6.00 und 8.00 Uhr geöffnet, zwischen 17.00 und 19.00 Uhr wieder geschlossen. Die Gaststätten bleiben teilweise etwas länger geöffnet, aber nur die Restaurants der Spitzenklasse sind nach 22.00 Uhr noch nicht geschlossen. Zahlreiche Milchbars und einige Gaststätten schließen sowohl samstags am Nachmittag als auch sonntags. Es sind jedoch nicht so viele, daß es ein Problem wäre, in diesen Zeiten etwas zu essen zu bekommen. Mit der Privatisierung und dem zunehmenden Wettbewerb haben sich die Öffnungszeiten verlängert.

Museen kann man im allgemeinen ab 9.00 oder 10.00 Uhr besichtigen. Zwischen 15.00 und 18.00 Uhr werden die Türen wieder geschlossen und bleiben dies in den meisten Museen auch montags. Einige wenige Häuser schließen dienstags oder an beiden Tagen. Der überwiegende Teil ist an Feiertagen ebenfalls nicht zugänglich. In Theatern wird größtenteils von Montag bis Samstag gespielt. Allerdings ist von Juni bis Ende September meistens eine Pause.

FESTE UND FEIERTAGE

Feiertage sind in Polen der 1. Januar (Neujahr), Ostermontag, der 1. Mai (Tag der Arbeit), Fronleichnam, der 15. August (Mariä Himmelfahrt), der 1. November (Allerseelen), der 11. November (Unabhängigkeitstag) sowie der 25. und 26. Dezember (Weihnachten). Der Unabhängigkeitstag erinnert an den 11. November 1918, an dem Polen wieder auf der europäischen Landkarte auftauchte.

In Poznań (Posen) findet in jedem Jahr ein ganzes Dutzend von Messen und Wirtschaftsausstellungen statt. Die größten von ihnen sind die Internationale Technikmesse im Juni und die

Konsumgütermesse im September. Informationen über die Messen erhalten Sie bei Poznań International Fair (Tel. 61-69 25 92, Fax 61-66 58 27), Glogowska 14, 60-734 Poznań. In Warszawa (Warschau) findet jedes Jahr im Mai eine internationale Buchmesse statt.

KULTURELLE VERANSTALTUNGEN

Polens zahlreiche, jährlich stattfindende Festivals bieten die Gelegenheit, das Beste aus den Bereichen Musik, Film und Folklore kennenzulernen. Alle Veranstaltungen, die im folgenden genannt sind, werden im Abschnitt über die jeweilige Stadt unter dem Stichwort „Unterhaltung" noch einmal aufgeführt. Erkundigen Sie sich am besten auch bei den örtlichen Fremdenverkehrsbüros.

Alte Musik können Sie im Mai in Lancut hören, in Stary Sacz (Alt Sandec) im Juni, in Toruń (Thorn) im September und in Wroclaw (Breslau) im Dezember. Festivals mit zeitgenössischer Musik werden in Wroclaw (Breslau) im Februar, in Poznań (Posen) im März, in Warszawa (Warschau) im September sowie Oktober und in Kraków (Krakau) im November veranstaltet. Orgelkonzerte gibt es im April in Kraków (Krakau) sowie im Juli und August in Gdańsk (Danzig). Im April wird in Kraków (Krakau) auch Gesang geboten, im Juni in Opole (Oppeln), im Juni, Juli und August in Gdańsk (Danzig), im Juli und August in Sopot (Zoppot) und im September in Wroclaw (Breslau).

An Jazzfestivals können Sie im Januar und Oktober in Warszawa (Warschau) teilnehmen, im März in Wroclaw (Breslau) und im Oktober in Kraków (Krakau). Die wichtigsten Festivals der polnischen Volksmusik finden in Kazimierz Dolny (Juli), in Zywiec (August) und in Zakopane (September) statt. Filmfestivals gibt es in Kraków (Krakau) im Mai und Juni sowie in Gdańsk (Danzig) im September. In Poznań (Posen) findet im Juni oder Juli eine Straßenmesse statt, in Gdańsk (Danzig) im Juni und im August.

POST

Es ist eher zu empfehlen, sich Post an die Botschaft des Heimatlandes in Warschau schicken zu lassen, als sich auf die Zuverlässigkeit der polnischen Postbeamten hinter den Schaltern zu verlassen, an denen postlagernde Sendungen abgeholt werden können.

Wenn Sie in Polen Post aufgeben wollen, können Sie Ihre Briefe oder Postkarten in die meistens roten Briefkästen einwerfen. In den Großstädten gibt es aber auch grüne Briefkästen für lokale

Postsendungen, rote Briefkästen für Fernpost und stahlblaue Briefkästen für Luftpostsendungen. Wählen Sie beim Versand von Post aus Polen immer die Luftpost, selbst für Pakete. Die Hauptpostämter sind an Werktagen von 8.00 bis 20.00 Uhr geöffnet. In den Großstädten bleibt ein Postamt sogar 24 Stunden am Tag offen.

TELEFON

Neue Technologien haben internationale Telefongespräche von Polen nach Ländern in Westeuropa in der letzten Zeit um vieles unproblematischer werden lassen, auch wenn gelegentlich immer noch Schwierigkeiten bei Fernsprechverbindungen aus Polen bestehen. Wesentlich besser ist es in einem solchen Fall, ein Telegramm mit der Angabe einer Zeit und einer Telefonnummer zu schicken, unter der man Sie erreichen kann, da Gespräche aus dem Ausland nach Polen direkt gewählt werden können. Es ist in Polen übrigens weitaus teurer, von einem Hotel aus zu telefonieren als von einem Postamt.

Aus Deutschland, Österreich und der Schweiz ist als Vorwahl für Polen 0048 zu wählen. Dann folgen die Vorwahlnummer des Bezirkes und die eigentliche Telefonnummer. Warszawa (Warschau) hat die Vorwahlnummern 2 (bei siebenstellige Telefonnummer) und 22 (bei sechsstelligen Nummern), Kraków (Krakau) die 12, Gdańsk (Danzig) die 58, Poznań (Posen) die 61, Wroclaw (Breslau) die 71 und Szczecin (Stettin) die 91.

ZEIT

In Polen gilt wie in Deutschland, Österreich und der Schweiz die Mitteleuropäische Zeit. Wie in diesen Ländern beginnt in Polen Ende März eine Sommerzeit, wobei die Uhr eine Stunde vorgestellt wird. Ende September wird sie wieder zurückgestellt.

STROM

Die elektrische Spannung in Polen beträgt 220 Volt Wechselstrom (50 Hz).

BÜCHER UND LANDKARTEN

In Buchhandlungen und Fremdenverkehrsbüros in Polen werden ausgezeichnete Stadtpläne und Regionalkarten verkauft, häufig auch komplett mit Register. Auf den Plänen sind u. a. die Straßenbahn- und Busverbindungen eingezeichnet, was sehr praktisch ist. Überlicherweise gibt es in den Buchhandlungen und Fremdenverkehrsbüros nur jeweils eine oder zwei verschiedene Karten, so daß man eine vollständige Sammlung für alle Städte, die man besuchen möchte, nur bei verschiedenen Stellen erhält. Die *Samochodowa Mapa Polski* ist die beste Landeskarte.

MEDIEN

Zeitungen: Die heute unabhängige *Gazeta International,* ehemals ein halboffizielles Organ der Gewerkschaft Solidarität, wird wöchentlich von der *Gazeta Wyborcza* herausgegeben. Ein Jahresabonnement (50 Ausgaben) erhält man für 45 US $ per Scheck bei Gazeta International, Dzielna 11a, m, 21, PL 01-023

Warszawa. In Polen liegt die Zeitung häufig an den Rezeptionen der Luxushotels aus.
Die zweite englischsprachige Wochenzeitung Polens ist die *Warsaw Voice,* die von der Polish Interpress Agency herausgegeben wird. Sie kostet im Halbjahresabonnement 50 US $ und ist bei *The Warsaw Voice,* ulica Bagtela 12, 00-585 Warszawa, Polen, zu beziehen. Die *Gazeta* ist eher politisch orientiert als die *Voice.* Beide Zeitungen sind leider außerhalb von Warszawa (Warschau) nur schwer zu finden, so daß Sie die Gelegenheit nutzen sollten, wenn sie sich bietet.

GESUNDHEIT

Besondere Vorsichtsmaßnahmen sind für eine Reise nach Polen nicht zu treffen. Bei Erkrankungen in Polen müssen jedoch die meisten Ausländer für die Kosten der medizinischen Behandlung selbst aufkommen, so daß es sich empfiehlt, eine Auslandsreise-Krankenversicherung abzuschließen. In Warszawa (Warschau) sollten Sie sich, wenn Sie erkrankt sind, in Ihrer Botschaft eine Ärztin oder einen Arzt empfehlen lassen. Außerhalb der Hauptstadt wenden Sie sich am besten an ein Fremdenverkehrsbüro und fragen dort um Rat. Die Büros von Orbis organisieren übrigens auch Aufenthalte in polnischen Kurorten.

WEIBLICHE REISENDE

Eine 19 Jahre alte Besucherin Polens sandte uns einen Brief mit folgendem Inhalt:
„Als Frau und ohne Begleitung war es mir unmöglich, in einem der Restaurants, die auch von Einheimischen besucht werden, in Ruhe zu essen. Ohne Ausnahme gab es in jeder Gaststätte, die ich besuchte, wenigstens einen Tisch mit einer Gruppe Männer, die völlig betrunken waren. Es sollte jeweils nicht länger als drei Minuten dauern, bis sich einer von ihnen an meinen Tisch setzte und begann, mich auf Polnisch lallend anzusprechen. Gleichgültig, was ich tat und wie ärgerlich ich auch wurde, blieben sie mit halboffenen Augen sitzen und schwankten vor und zurück. Selbst wenn ich den Ober darum bat, sie zum Verlassen meines Tisches aufzufordern, und sie dann zunächst auch gingen, kamen sie häufig wieder zurück. Ich habe mich in Polen nie im geringsten bedroht gefühlt, sondern war in solchen Situationen nur völlig entnervt. Das Resultat war wirklich beschämend. Ich sah mich gezwungen, nur noch in den Orbis-Restaurants zu essen, die Polen nicht zugänglich waren oder in denen es ihnen verboten ist, sich zu betrinken.
Zahlreiche Frauen, die ich in Polen traf und die ebenfalls allein oder in Begleitung anderer Frauen reisten, hatten noch schlimmere Erfahrungen sammeln müssen. Zwei sehr nette englische Mädchen waren mehrmals gefragt worden ‚Wieviel kostet es, wenn du . . . ?'. Dabei trugen die beiden Mädchen nichts, was in irgendeiner Weise aufreizend gewesen wäre, aber waren so angezogen wie zu Hause, nämlich in Lederjacken usw., die sie jedoch in Polen

auffallen ließen. In Polen fühlte ich mich immer in Sicherheit, aber die Männer haben mich manches Mal frustriert."

Insgesamt gesehen läßt sich sagen, daß Frauen ohne männliche Begleitung in Polen genauso sicher oder unsicher wie in Deutschland, Österreich und der Schweiz auch sind. Die polnischen Männer verhalten sich im allgemeinen sehr höflich. Wenn sie Alkohol getrunken haben, ist jedoch Wachsamkeit und Vorsicht geboten.

GEFAHREN UND ÄRGERNISSE

Zahlreiche Polen sind Kettenraucher, so daß Sie Ihren Sitzplatz in Restaurants, Bars, Zügen usw. auch unter diesem Gesichtspunkt wählen sollten.

Der Sturz des kommunistischen Systems hat zu einer Zunahme von Gewaltverbrechen geführt. Auch wenn Polen immer noch um vieles sicherer ist als die meisten großen westeuropäischen Städte, sollten Sie in einsamen Straßen großer Städte auf Ihre Umgebung achten und sich in überfüllten Bahnhöfen vor Taschendieben hüten. Das gilt insbesondere für Warszawa (Warschau). Es ist auch nicht zu empfehlen, Geld und Wertsachen unbeaufsichtigt in Hotelzimmern zurückzulassen. Schließen Sie, wenn möglich, Ihr Gepäck ab. Wenn man keine Versuchungen schafft, ist im allgemeinen die Gefahr gebannt.

Die Mitarbeiterinnen und Mitarbeiter in Schnellimbissen und Selbstbedienungsrestaurants versuchen gelegentlich, die Gäste um geringfügige Beträge zu beschummeln (0,05 US $ oder Ähnliches). Da Ausländer im allgemeinen nicht Polnisch sprechen und den Preis nicht genau kennen, befinden sich Kellnerinnen und Kellner in der stärkeren Position und wissen das. Schützen Sie sich, indem Sie darum bitten, den Preis für Ihre Bestellung auf ein Stück Papier zu schreiben, bevor Sie bezahlen (bieten Sie dafür Stift und Papier an). Häufig ist der richtige Betrag aber auch auf der Registrierkasse sichtbar. Wenn man passend bezahlt, um sich der kleineren Banknoten zu entledigen, sollte man kein Geld auf den Tisch legen, bevor man nicht den kompletten Betrag parat hat, da es sonst geschehen kann, daß alles eingesteckt und Wechselgeld nur für einen kleineren Betrag herausgegeben wird, bevor man mit dem Abzählen fertig ist. Machen Sie sich keine Gedanken über die Schlange hinter Ihnen. Es ist besser, die Leute warten zu lassen, als übervorteilt zu werden.

SPORT

Zakopane, Polens bedeutendster Wintersportort im Süden des Landes, bietet im Sommer Wander- und im Winter Skisportmöglichkeiten. Mit ein wenig Vorausplanung können Sie zudem von Zakopane aus eine Wildwasserfahrt auf dem Dunajec unternehmen. Wanderer, die weniger Interesse daran haben, auf ihren Wegen Gleichgesinnte zu treffen, sollten lieber das Bieszczady-Gebirge südlich von Przemyśl für ihre Aktivitäten wählen. Mikolajki (Nikolaiken) im Gebiet der Masurischen Seenplatte im Nordosten Polens ist ein wichtiges Seglerrevier. Hier kann man Boote auch mieten. Kanuten und Kajakfahrer werden sich in diesem Teil Polens ebenfalls zu Hause fühlen, wie auch Radfahrer, da das Land wie der größte Teil Nordpolens flach ist.

HÖHEPUNKTE EINER POLENREISE

NATUR

Polen bietet Berge, Seen und Küstenlandschaften. Wer mit den Balten in Kontakt treten will, kann sich von den schier unendlichen Stränden von Leba und den Sanddünen inspirieren lassen. Mikolaijki (Nikolaiken) eignet sich gut als Ausgangspunkt, um mit der Erkundung der 3.000 masurischen Seen zu beginnen, während Zakopane die Basis für Wanderungen in die Tatra, Polens schönste Bergkette, bildet. Der Bialowieza-Wald im Osten ist die Heimat der größten Herde europäischer Bisons und vieler anderer Tiere. Jede dieser Gegenden hat ihren eigenen Charakter und ist gleichermaßen eine Reise wert.

MUSEEN UND GALERIEN

Das Nationalmuseum in Warszawa (Warschau) beherbergt Polens umfassendste und schönste Kunstsammlung. Im Czartoryski-Kunstmuseum in Kraków (Krakau) finden Sie allerdings ebenfalls Arbeiten einzelner Künstler, die unübertroffen sind. Das Musikinstrumente-Museum in Poznań (Posen) wird die Musikliebhaber interessieren, wie auch der Geburtsort von Chopin in Zelazowa Wola, 50 km westlich von Warszawa (Warschau). Am bedeutsamsten und beeindruckendsten ist jedoch das Auschwitz-Museum in Oświecim.

BURGEN

Malbork (Marienburg), einst der Sitz der Deutschen Ritter, ist wahrscheinlich die größte noch bestehende mittelalterliche Burganlage in Europa. Die ebenfalls aus dem 14. Jahrhundert stammende Burg in Lidzbark Warmiński (Heilsberg) ist zwar weniger bekannt, jedoch gleichermaßen beeindruckend. Über mehrere Jahrhunderte gewährte das Wawel-Schloß in Kraków (Krakau) den polnischen Königen Schutz. Die meisten der Könige wurden auch in der angrenzenden Kathedrale beigesetzt. Die Burg in Lublin hinterläßt durch ihre Unnahbarkeit und wegen der Verbrechen der Nazis, die hinter ihren Mauern begangen wurden, ebenfalls einen tiefen Eindruck. Wirkliche Burgliebhaber werden auch die Anlage in Pieskowa Skala und noch fast ein Dutzend andere Festungen an der Adlerhorst-Straße von Kraków (Krakau) nach Czestochowa (Tschenstochau) erkunden.

SCHLÖSSER

Es überrascht nicht, daß in Polens Hauptstadt Warszawa (Warschau) zwei der wohl schönsten Paläste stehen, das Schloß Wilanow aus dem 17. Jahrhundert und das Palais Lazienki aus dem 18. Jahrhundert. Auf ihren ländlichen Anwesen bauten die feudalen Magnaten herrliche Renaissance-, Barock-, und Rokoko-Schlösser, wie z. B. Schloß Branicki in Bialystock, Schloß Rogalin in der Nähe von Poznań (Posen) und das Schloß in Lańcut.

HISTORISCHE STÄDTE

Von allen polnischen Städten hat nur Kraków (Krakau), die Hauptstadt des Landes von 1039 bis 1596, den Zweiten Weltkrieg relativ unbeschadet überstanden. Die historischen Stadtkerne von Poznań (Posen), Toruń (Thorn) und Gdańsk (Danzig) wurden im Zweiten Weltkrieg weitgehend zerstört, aber inzwischen meisterhaft restauriert. Diese Städte waren einst durch den Handel im Mittelalter reich geworden, wie die Häuser der wohlhabenden Bürger um die zentralen Plätze und die wunderschönen Kirchen bezeugen. Zamość, im Südosten von Polen, ist als vollständig erhaltene Renaissance-Siedlung aus dem 16. Jahrhundert einzigartig und von großer geschichtlicher Bedeutung.

HOTELS

In einer Region, in der in Erfüllung des Plans sterile Hotels mit vielen Stockwerken errichtet wurden, paßt sich das Hotel Zajazd Staropolski vorzüglich in das mittelalterliche Stadtbild von Toruń (Thorn) ein. Das Pensjonat Mikolajki in Mikolajki (Nikolaiken) ist wohl ein Beispiel für die Zukunft. Es handelt sich um eine kleine, private Pension, die viel persönlichen Service bietet. Im Hotel Zamkowy im Schloß von Lańcut sowie im Hausboothotel in Gdańsk (Danzig) können Sie Ihre Umgebung wirklich erleben und im von der Kirche geführten Dom Pielgrzyma in Czestochowa (Tschenstochau) fast schon zu einem Pilger werden. Zu erwähnen ist auch das Museumshotel von Auschwitz in Oświecim, ein ausgezeichnetes preiswerteres Haus.

RESTAURANTS

Aufgrund der sich ändernden Gegebenheiten ist es eine zweischneidige Sache, bestimmte Restaurants in Polen zu empfehlen, so daß hier in erster Linie anspruchsvollere Lokale aufgeführt wurden. Das Wierzynek in Kraków (Krakau) z. B. hat nach meinem Eindruck den besten Ruf in ganz Polen, wobei ich mich gleichzeitig beim Bazyliszik in Warszawa (Warschau) für diese Bewertung entschuldigen möchte. Das bekannteste Fischrestaurant ist das Pod Lososiem in Gdańsk (Danzig). Ebenfalls ausgezeichnet ist das Chief Restaurant in Szczecin (Stettin), das zudem weniger hochgestochen ist. Das vielleicht schönste Hotel-Restaurant befindet sich im Hotel Panorama in Nowy Sacz (Neu Sandec).

UNTERKUNFT

ZELTPLÄTZE

In Polen gibt es Hunderte von Campingplätzen. Auf vielen davon werden auch kleine, ausgesprochen preiswerte Holzhütten vermietet. Inhaber des IFCC-Ausweises erhalten auf die Gebühren 10 % Ermäßigung. Theoretisch ist der überwiegende Teil der Plätze von Mai bis September geöffnet, aber wenn nur wenig Betrieb herrscht, werden sie auch früher geschlossen. Die Öffnungszeiten, die in den offiziellen Broschüren (und in diesem Buch) angegeben werden, sind daher nur Anhaltspunkte. In dem gelben Heft mit dem Titel *Polska Mapa Campingow* sind die meisten Campingplätze aufgeführt.

JUGENDHERBERGEN

Polen ist das einzige Land in Osteuropa mit Jugendherbergen, die mit denen in Westeuropa vergleichbar sind. Die Übernachtungspreise sind sehr niedrig. Auch wer keinen Jugendherbergsausweis besitzt, kann hier für einen geringfügig höheren Preis Unterkunft finden. Es gilt in Jugendherbergen zwar keine Altersgrenze, aber Gäste unter 26 Jahren genießen Vorrang. Kinder unter 10 Jahren sind jedoch nicht zugelassen. Bei Gruppen von mehr als 5 Personen ist eine Anmeldefrist von einem Monat einzuhalten. Von Mitte Mai bis Mitte Juni sind viele Jugendherbergen von Schulgruppen belegt. Viele Jugendherbergen sind übrigens nur im Sommer geöffnet, die wichtigsten jedoch das ganze Jahr über. Von 10.00 bis 17.00 Uhr werden in polnischen Jugendherbergen die Türen abgeschlossen. Wer hier übernachten will, muß abends vor 21.00 Uhr angekommen sein.

Alle 1.500 Jugendherbergen in Polen werden vom Polskie Towarzystwo Schronisk Mlodziezowych (PTSM) geführt und sind an einem grünen Dreieck über dem Eingang zu erkennen. Ein großer Teil der Jugendherbergen befindet sich in Schulgebäuden. In Städten, in denen es mehr als eine Jugendherberge gibt, ruft vielleicht eine Mitarbeiterin oder ein Mitarbeiter für Sie bei den anderen an, um für Sie ein Bett zu finden, wenn das eigene Haus bereits belegt ist.

STUDENTENHOTELS

Im Juli und im August organisiert Almatur, das polnische Studentenreisebüro, die Unterbringung von Urlaubern in Studentenwohnheimen in 19 Universitätsstädten. Die Adressen dieser „Hotels" wechseln von Zeit zu Zeit, so daß Sie sich am besten im Büro von Almatur in der jeweiligen Stadt erkundigen. Vermietet werden Einzel- bis Vierbettzimmer. Im allgemeinen gibt es auch die Möglichkeit zu kochen. Eine preiswerte Cafeteria und sogar ein Disco-Club sind innerhalb der Anlage häufig ebenfalls vorhanden. Der durchschnittliche Preis für eine Übernachtung beträgt pro Person in einem Einzelzimmer 11 US $, in einem Zweibettzimmer 9 US $ und in einem Dreibettzimmer 7 US $. Wer allein reist und ein Dreibettzimmer wählt, hat dieses häufig für sich. In den Büros von Orbis werden Gutscheine für die Almatur-Hotels angeboten, die pro Nacht für Studenten 10 US $ und für andere junge Leute unter 35 Jahren 15 US $ kosten. Personen über 35 Jahre können diese Einrichtungen nicht in Anspruch nehmen. Mit einem derartigen Gutschein sind eine Übernachtung und ein Frühstück ohne vorherige Reservierung gesichert, wenn Sie vor 14.00 Uhr am Ort sind. Wer neun Gutscheine kauft, erhält den zehnten kostenlos. Wenn Sie davon Gebrauch machen wollen, dann erkundigen Sie sich am besten in einem der Orbis-Büros nach den „Student Travel Vouchers" (STV) oder den „Youth Travel Vouchers" (YTV) von Almatur, da Sie die Gutscheine noch vor Ihrer Ankunft in Polen kaufen müssen. Unbenutzte Gutscheine werden in Polen in Zloty erstattet.

PRIVATZIMMER

In Polen werden auch Privatzimmer (*Kwatery Prywatne)* vermietet, auch wenn diese Art der Unterkunft nicht so verbreitet wie z. B. in Ungarn oder Jugoslawien ist. Einige wenige städtische Fremdenverkehrsbüros (*Biuro Zakawaterowan)* vermitteln solche Privatzimmer, aber die Preise sind gelegentlich hoch und entsprechen fast schon denen eines preiswerten Hotels. Die Verkehrsbüros unterteilen die Zimmer in eine 1., eine 2. und eine 3. Kategorie. Einzelzimmer sind knapp, und während der Hauptsaison sind häufig alle Privatzimmer belegt.

Gelegentlich wird Besuchern Polens von Einheimischen draußen auf der Straße vor einem Fremdenverkehrsbüro oder vor einer privaten Vermittlung ein Zimmer angeboten. Die Preise können niedriger liegen, und es kann gehandelt werden. Leider ist das jedoch mit Schwierigkeiten verbunden, da Ausländer eigentlich in jedem Ort, den sie besuchen, bei der Polizei gemeldet werden müssen. Solange Sie in einem Hotel oder einer offiziellen Privatunterkunft wohnen, wird das für Sie erledigt. Polen, die Ihnen privat ein Zimmer vermieten, werden Sie jedoch weder registrieren lassen noch sehr erfreut sein, wenn sie erfahren, daß Sie zur Anmeldung zur Polizei gehen wollen und damit Licht auf ihr Geschäft werfen. In einigen Städten, wie z. B. im überfüllten Kraków (Krakau) oder in Gdańsk (Danzig), sind diese Privatzimmer jedoch eine gute Übernachtungsmöglichkeit. Mieten Sie aber kein Zimmer, das weit außerhalb der Stadt liegt.

HOTELS

Die Hotels werden in Häuser mit einem bis fünf Sternen unterteilt. Ausländische Gäste können in allen Hotels mit Ausnahme von einigen Ferienheimen wohnen, die im Besitz von Fabriken,

Gewerkschaften usw. sind. Die Orbis-Hotels gehören allesamt zu der teuren Kategorie mit 3 oder 4 Sternen. Einige wenige Häuser internationaler Ketten, wie das Inter-Continental oder das Marriott, wurden sogar mit 5 Sternen ausgezeichnet. Die städtischen Hotels sind im allgemeinen preiswerter als die privaten. Die PTTK unterhält zudem eine Kette von *Dom Turysty* und *Dom Wycieczkowy* mit Hotelzimmern und Betten in Schlafsälen. Landgasthöfe heißen *Zajazd* oder *Gosciniec.*

Die Hotelpreise sind von der Jahreszeit abhängig und in den einzelnen Regionen von Polen unterschiedlich hoch. In Zakopane erstreckt sich die Hochsaison von Mitte Dezember bis März, während in Poznań (Posen) die Übernachtungspreise bei Messen erheblich ansteigen. Im nördlichen Polen und in Wroclaw (Breslau) ist es von Mitte Oktober bis April preiswert, was für Kraków (Krakau) in den Monaten November bis März zutrifft. In Warszawa (Warschau) scheinen die Hotelpreise das ganze Jahr über konstant zu bleiben.

Wieviel man für eine Übernachtung zu zahlen hat, können Sie im allgemeinen einem Aushang an der jeweiligen Hotelrezeption entnehmen. Vergleichen Sie die Kosten für ein Zimmer mit oder ohne eigenem Bad. Gelegentlich ist die Differenz nur geringfügig, in anderen Fällen wiederum groß. Wenn man Zweifel an der Qualität der Räume hat, sollte man darum bitten, das Zimmer zu sehen, bevor man es mietet. Dann ist es unwahrscheinlich, daß Sie das schlechteste Zimmer erhalten. Bei der Ankunft können Hotelzimmer im allgemeinen nicht vor 12.00, 14.00 oder 16.00 Uhr bezogen werden, so daß es sich bei einer frühen Ankunft empfiehlt, sein Gepäck zunächst am Bahnhof zu deponieren, wenn man mit öffentlichen Verkehrsmitteln in Polen unterwegs ist.

ESSEN

MILCHBARS

In Polen wird das Wort „Bar" fast immer für einen Schnellimbiß oder ein Buffet verwendet, während „Cocktail" für Fruchtcocktail oder Ähnliches steht. Am preiswertesten ißt man in Polen in den Milchbars (*Bar Mleczny).* Hier bietet sich auch die Gelegenheit, lokale Gerichte zu probieren, die in den teuren Restaurants nicht erhältlich sind. Sie sollten in einer Milchbar jedoch nie Fleischspeisen essen. Sie sind drei- bis viermal so teuer wie alle anderen Gerichte in Polen, so daß sie möglicherweise schon längere Zeit angeboten werden. Solche Gerichte können Sie frisch zubereitet in einem besseren Lokal erhalten, und das nur wenig teurer.

In den Milchbars ist Selbstbedienung üblich (*Samoobsluga).* Man zahlt entweder am Ende des Buffets im Cafeteria-Stil oder, was häufiger der Fall ist, im voraus und erhält dann einen Bon, den man der Bedienung an der Essensausgabe aushändigt. Das kann verwirrend sein, wenn man den polnischen Namen des Gerichtes, das man essen möchte, nicht kennt. Aber die meisten Kassiererinnen und Kassierer sind geduldig und werden versuchen zu verstehen, was Sie möchten, wenn Sie auf den Teller eines Gastes zeigen, der das Gewünschte gerade ißt. Sie können auch versuchen, die Wartenden hinter Ihnen zu fragen, wie ein bestimmtes Gericht heißt. Gelegentlich werden Sie möglicherweise das Falsche bestellen, was die Sache um so interessanter macht. Schlangen in Milchbars bewegen sich im allgemeinen schnell, so daß man darauf achten muß, nicht seinen Platz in der Reihe zu verlieren.

Einige Milchbars sind samstags am Nachmittag und sonntags geschlossen. Vergessen Sie nicht, daß der Preisunterschied zwischen einem Essen in einem Schnellimbiß und in einem Restaurant der Spitzenklasse in Polen wesentlich geringer ist als im Westen. Ein Essen in einem Selbstbedienungsrestaurant eignet sich vor allem, um Zeit und nicht um Geld zu sparen. Wann immer Sie Zeit haben, sollten Sie sich den Besuch eines besseren Restaurants, die in diesem Buch aufgeführt sind, oder in einem der Restaurants der Spitzenhotels leisten und nicht in einer Milchbar essen.

RESTAURANTS

Restaurants und Cafés in den luxuriösen Orbis-Hotels sind für jeden geöffnet. Sie bieten unverändert die größte Auswahl an Gerichten und den besten Service, auch wenn die Atmosphäre etwas steif oder sogar langweilig sein kann. Anders als bei Hotelzimmern, die gelegentlich für Ausländer teurer als für Polen sind, gelten in Restaurants der Orbis-Hotels die gleichen Preise für alle Gäste, weshalb sie relativ preiswert sind. Es handelt sich zudem um die einzigen Lokale, in denen Sie ein gutes Frühstück mit Schinken und Eiern sowie Fruchtsaft (ca. 3 US $) erhalten. Sonst müssen Sie sich morgens mit einer Suppe zufrieden geben.

Fragen Sie immer nach der Speisekarte und notieren Sie sich die Preise. Kellner, die Deutsch oder Englisch sprechen und Ihnen lediglich sagen, was die Küche bietet, berechnen diesen Service extra. Falls eine Bedienung Ihnen Hilfe anbietet, bitten Sie darum, die Speisekarte zu übersetzen bzw. die Gerichte zu nennen, die tatsächlich erhältlich sind, da nur sehr selten das ganze auf der Speisekarte ausgewiesene Angebot auch wirklich bestellt werden kann. Suppe heißt auf Polnisch *Zupy* und ein Hauptgericht *Dania*. Achten Sie auf die *Obiad Firmowy,* die „empfohlenen Gerichte" auf der Speisekarte.

Wer Fisch bestellt, sollte daran denken, daß der Preis sich nach dem Gewicht richtet und der Preis auf der Speisekarte möglicherweise nur für 100 Gramm gilt. In polnischen Restaurants ist es üblich, jeden freien Platz zu besetzen. Für Nichtraucher kann das ein Problem sein. Wer einen Mantel trägt, muß diesen – falls vorhanden – an die Garderobe hängen. Es ist zudem üblich, die Rechnung aufzurunden (jedoch nur dort, wo es eine Bedienung gibt, nicht in den Milchbars). Am besten ist es, Sie schreiben den aufgerundeten Preis, den Sie zahlen möchten, auf die Rechnung. Das Essen mag in Polen zwar preiswert sein (für Touristen), aber zu häufig spiegelt die Qualität auch den Preis wider. Im allgemeinen sind die Speisekarten ausschließlich in Polnisch gehalten, gelegentlich auch in Deutsch und nur sehr selten auch in Englisch. Viele der Gerichte auf der Speisekarte sind jedoch häufig nicht erhältlich, und selbst in den Restaurants der Hotels sind manchmal ganze Kategorien von Gerichten, wie z. B. Suppen oder Desserts, nur auf der Karte, aber nicht in der Küche vorhanden. Die Salate sind so gut wie nie frisch zubereitet, sondern eingelegt. Auch frisches Obst und Gemüse sind in polnischen Restaurants selten. Fast immer ist Fleisch ein Bestandteil der Mahlzeit, so daß Vegetarier in Polen in Schwierigkeiten geraten werden. Salz und Pfeffer stehen im allgemeinen nicht auf dem Tisch, sondern man muß entweder die Kellnerin oder den Kellner zu sich bitten und danach fragen oder sie sich von einem anderen Tisch holen. Die Restaurants in Polen werden häufig unerwartet früh geschlossen. Wer zu spät kommt, muß sich am Abend mit Kuchen und Eis zufriedengeben. Nach 19.00 Uhr gibt es in zahlreichen Gaststätten Live-Musik und „Tanz", womit die Küche schließt. Die politischen Änderungen in Polen haben es zumindest einfacher werden lassen, ein Bier zum Essen zu bekommen. Es stehen jedoch oft nur kleine Dosen oder Flaschen mit Import-Bier zur Verfügung. Im übrigen mögen die Schwierigkeiten der Restaurants aufgrund der schlechten Versorgungslage verständlich sein, nicht aber die schlechte Bedienung.

CAFÉS UND BARS

Desserts gibt es nur in wenigen Restaurants, so daß, wer Kuchen oder Eis essen möchte, in ein Café (*Kawiarnia)* gehen sollte. Hier wird auch Alkohol ausgeschenkt. Polnische Cafés sind häufig Treffpunkte. Man sitzt hier zusammen und unterhält sich. Bei einer *Winiaria* handelt es sich um eine Weinstube. Es herrscht in Polen übrigens ein echter Mangel an netten kleinen Bars und Kneipen im westlichen Stil, in die man abends einen Abstecher machen kann, um etwas zu trinken. Falls es das ist, was Sie im Sinn hatten, dann gehen Sie am besten zum größten und teuersten Hotel in der Stadt und setzen sich dort in die Lounge, anstelle eine aussichtlose Suche zu beginnen. Hier müssen Sie nicht unter viel Tabakrauch, Lärm und Betrunkenen leiden und können sich lange aufhalten.

POLNISCHE SPEZIALITÄTEN

Polen ist ein Land der herzhaften Suppen wie der *Botwinka* (Rübensuppe), *Kapusniak* (Kohlsuppe), *Krupnik* (Kartoffelsuppe), *Zacierka* (Nudelsuppe) und *Zur* (Sauerrahmsuppe). Zahlreiche traditionelle polnische Gerichte haben ihren Ursprung weiter im Osten, darunter auch die russische *Borschtsch* oder

Barszcz (Rote-Beete-Suppe), die litauische *Chlodnik* (kalte Suppe mit saurer Sahne), *Kolduny* (Fleischklöße) und *Kulebiak* (Kohlrouladen). Zwei weltberühmte polnische Gerichte sind *Bigos* (Sauerkraut und Fleisch), sowie *Pierogi* (Teigtaschen mit Kartoffeln, Käse oder Sauerkraut und Pilzen).

Einige wenige polnische Spezialitäten, die man in Restaurants auf den Speisekarten findet, sind gebratene Ente *(Kaczka)* mit Äpfeln, gefüllte Scheiben Rindfleisch *(Zrazy)* in Rahmsauce, paniertes Schweinekotelett mit Kraut *(Kotlet Schabowy),* Erbsenpüree mit Schweinefüßen und Sauerkraut *(Golonka),* Kutteln *(Flaki)* nach polnischer Art und Sauerkraut mit Würstchen und Kartoffeln. Bei *Zwaijasy Slowianskie* handelt es sich um eine würzige Füllung, die in Schinken gerollt und in schwimmendem Fett gebacken wird. Ein *Beefsteak Tatar* besteht aus rohem Hackfleisch mit einem rohen Ei, Sardinen, gehackten Zwiebeln und Gewürzen. Sie sollten es jedoch nur in einem Restaurant der Spitzenklasse bestellen, in dem an der Qualität keine Zweifel aufzukommen brauchen. Ein beliebtes polnisches Gericht ist *Zapiekanka,* eine Weißbrotstange, die mit Zwiebeln, Käse und Pilzen überbacken wird.

Pilze *(Grzyby)* erfreuten sich schon immer großer Beliebtheit in Polen, sei es gekocht, in der Pfanne gebraten oder gedämft, geröstet, eingelegt oder mariniert. *Grugen* werden frisch in Scheiben geschnitten serviert, mit Pfeffer gewürzt, aber auch mit Honig oder Sahne als Salat *(Mizeria). Cwikla* heißt ein Salat aus roten Rüben mit Meerrettich. Kartoffeln werden zu Knödeln, Pastetchen oder Pfannkuchen *(Placki Ziemniaczane)* verarbeitet. Unter *Kopytka* versteht man große Klöße mit einer halbsüßen Sauce, die sich gut für ein Frühstück in einer Milchbar eignen. *Pyzy* und *Kopytka* ähneln sich, nur daß die Klöße mit Fleisch gefüllt sind. Ein traditioneller Nachtisch sind die *Mazurek* (Biskuittörtchen). Im Frühsommer können Sie sich in Polen auch an frischen Erdbeeren, Himbeeren oder Blaubeeren mit Sahne erfreuen. Heiße Schokolade heißt in Polen *Kakao.*

GETRÄNKE

In den meisten Restaurants wird Alkohol erst nach 13.00 Uhr ausgeschenkt. Gelegentlich kann man vor 13.00 Uhr ein Bier bekommen, aber niemals Spirituosen. Es kann ebenfalls schwierig werden, nach 22.00 Uhr noch ein Bier zu erhalten. In einigen Lokalen gibt es Räume ohne Alkoholausschank, die an Hinweisschildern mit der Aufschrift *Sala Bezalkoholowa* zu erkennen sind. Hochprozentigeres wird nur in Flaschen in den Monopolowy-Geschäften verkauft. Der Alkoholismus ist ein wachsendes Problem in Polen.

Jetzt, da die Anhebung der Bierpreise gestattet wurde (die im internationalen Vergleich immer noch niedrig liegen), ist Ihr möglicherweise liebstes Getränk in Polen leichter erhältlich geworden. Wenn Sie in einem Restaurant ein Bier bestellen, sollten Sie immer nach polnischem Bier fragen, wenn der Preis für importierte Biere auf der Getränkekarte

nicht klar zu erkennen ist. Wenn das nicht der Fall ist, müssen Sie möglicherweise 50 % mehr für ein deutsches oder tschechisches Bier bezahlen als für einen akzeptablen polnischen Gerstensaft wie *Zywiec* oder *Lezajsk*. Wollen Sie Ihr Bier kalt trinken, müssen Sie das deutlich zum Ausdruck bringen und *Zimne Piwo* (ausgesprochen „Jimne Pivo") bestellen, denn sonst erhalten Sie es automatisch in bester Zimmertemperatur.

Roter und schwarzer Johannisbeersaft sind beliebte nichtalkoholische Getränke. Wein wird ausschließlich importiert, so daß Sie auf den Preis achten sollten, der auf Getränkekarten möglicherweise für ein Glas und nicht für eine Flasche angegeben wird. Wodka, der eiskalt serviert wird, ist das Nationalgetränk der Polen, dessen Erfindung sie auch beanspruchen. Zu den weiteren bemerkenswerten Getränken gehören *Mysliwska* (ein Wodka, der mit Wacholderbeeren aromatisiert ist), *Sliwowica* (Pflaumenschnaps) und *Winiak* (Weinbrand). Der übliche polnische Trinkspruch lautet *Na Zdrowie* (Zum Wohl), gelegentlich gefolgt von dem Zusatz *Sto lat,* einem beliebten Spruch, der soviel bedeutet wie „Hundert Jahre sollst Du leben".

UNTERHALTUNG

Konzerte, Theateraufführungen und Ähnliches sowie die Kinoprogramme und selbst die Öffnungszeiten der Museen werden auf einer der letzten Seiten der Tageszeitungen angekündigt. Für Konzerte benötigt man keinerlei Polnisch-Kenntnisse, da Beethoven und Mozart in allen Sprachen Beethoven und Mozart bleiben. Die Namen und Adressen der Theater werden im allgemeinen ebenfalls angegeben. Ein kurzer Abstecher dorthin, um die Informationen zu prüfen und Eintrittskarten zu kaufen, reichen aus, um sich auf ein interessantes Vorhaben freuen zu können. Wer sich für das Theaterprogramm interessiert, sollte, soweit vorhanden, mehrere lokalen Zeitungen durchsehen, da die Spielpläne jeweils nicht vollständig abgedruckt sein könnten.

Discotheken sind in Polen weit verbreitet. Sie werden im allgemeinen dienstags bis samstags gegen 21.00 Uhr geöffnet. Erkundigen Sie sich in Ihrem Hotel oder im örtlichen Fremdenverkehrsbüro auch nach Jazzclubs, Operettenhäusern, Opern, Konzerten und speziellen Veranstaltungen.

KINO

Filme werden in Polen üblicherweise in der Originalfassung mit polnischen Untertiteln gezeigt. Der Eintritt ist preiswert. In den überwiegenden Fällen handelt es sich um Filme, die im Westen vor einigen Jahren aktuell waren.

EINKÄUFE

In den Cepelia-Läden der Genossenschaft für Volkskunst und Kunsthandwerk wird echtes Kunstgewerbe wie Teppiche, Decken, Stickereien, Spitzen, Seidenmalereien, Holzskulpturen, Tonwaren, Scherenschnitte, Folklore-Spielzeug, Schmiedeeisernes, Silberschmuck und Bernsteinketten verkauft. In Juweliergeschäften können Sie sowohl Schmuck als auch Uhren erhalten. Werke lebender Künstler werden in Desa-Geschäften angeboten. Bernsteinketten sind übrigens ein wunderschönes und leicht mitzunehmendes Andenken, das für Polen typisch ist. Ein qualitativ hochwertiges Exemplar sollte nicht mehr als 20 US $ kosten. Wenn Sie Bernstein kaufen möchten, ist es empfehlenswert, sich vorher die Ausstellung in der Marienburg anzusehen. Importierte Waren und in Polen hergestellte Güter in Export-Qualität werden in den Pewex- und Baltona-Geschäften gegen harte Währung verkauft. Alkohol aus dem Westen und Zigaretten sind bei Pewex preiswerter als im Westen. Die Waren sind hier in US-Dollar ausgezeichnet. Man kann auch in Zloty oder DM zahlen, aber dabei wird im allgemeinen ein miserabler Wechselkurs zugrunde gelegt. Reiseschecks werden bei Pewex nicht akzeptiert. Seit 1989 hat sich der Einzelhandel in Polen mit Tausenden von Verkäufern auf die Straße verlagert. Sie haben ihre Waren häufig auf „Touristen-Reisen" in anderen Ländern erworben.

In den Desa-Läden erhalten Sie auch umfassende Informationen über die komplizierten und wechselnden Ausfuhrbestimmungen, nach denen Sie sich vor größeren Einkäufen erkundigen sollten. Auf Kristall z. B. wird ein Zoll von 80% erhoben. Die Ausfuhr von Kunstwerken und Büchern, die vor dem 9. Mai 1945 hergestellt wurden, ist untersagt. Zur Zeit ist auch nur die Ausfuhr von höchstens 30 Briefmarken aus der Zeit nach 1970 erlaubt. Große Mengen an Bernstein können ebenfalls Probleme beim Zoll verursachen. Zollfrei können Waren im Wert von 200 US $ ausgeführt werden. Gegenstände, die mit harter Währung erworben wurden, können bei Vorlage der offiziellen Kaufbestätigung im allgemeinen unabhängig vom Wert zollfrei mit nach Hause genommen werden.

ANREISE

FLUG

Die nationale polnische Fluggesellschaft LOT fliegt von zahlreichen europäischen Städten nach Polen. Mit LOT kommt man von Hamburg, Berlin, Köln/Bonn, Frankfurt, Zürich und Wien nach Warszawa (Warschau), von Köln/Bonn, Frankfurt und Wien nach Kraków (Krakau) und von Hamburg nach Gdańsk (Danzig). Lufthansa fliegt von Hamburg, Düsseldorf und Frankfurt nach Warszawa (Warschau), Swissair von Zürich nach Warszawa (Warschau) und Austrian Airlines von Wien nach Warszawa (Warschau).

Die Linienflüge nach Polen zum normalen Tarif sind nicht preiswert. Sie kosten beispielsweise von Frankfurt/Main nach Warszawa (Warschau) oder Kraków (Krakau) rund 1.600 DM und von Zürich nach Warszawa ca. 1.350 SFr (hin und zurück). Etwas günstiger sind Sondertarife, mit denen man frühestens am Sonntag nach der Ankunft in Polen und spätestens nach 3 Monaten zurückfliegen darf. Dann zahlt man für einen Flug von Frankfurt nach Warszawa (Warschau) oder Kraków (Krakau) und zurück etwa 1.000 DM und von Zürich nach Warszawa (Warschau) und zurück ca. 700 SFr.

Preiswerter sind Linienflüge zum Jugend-Tarif, die für Flüge von Hamburg, Düsseldorf, Köln/Bonn und Frankfurt nach Warschau und zurück 366 DM kosten. Nach Kraków (Krakau) und zurück kommt man zum Jugend-Tarif von Frankfurt oder Köln/Bonn ebenfalls für 366 DM. Die Tickets können jedoch nur von jungen Leuten bis 24 Jahre gebucht werden und gelten für einen Aufenthalt von bis zu 6 Monaten. Die Buchungen werden allerdings frühestens 2 Monate vor Abflug entgegengenommen.

Flughafengebühr: In Polen wird beim Abflug keine Flughafengebühr erhoben.

BUS

Je nach Jahreszeit fährt ein- oder zweimal monatlich ein Europabus von Köln nach Poznań (Posen) und Warszawa (Warschau), mit dem eine einfache Fahrt 124 DM und eine Hin- und Rückfahrt 199 DM kosten. Von Köln nach Poznań (Posen), Wroclaw (Breslau), Opole (Oppeln), Katowice (Kattowitz) und Kraków (Krakau) kommt man ebenfalls mit einem Europabus, der im Winterhalbjahr alle 14 Tage und im Sommerhalbjahr wöchentlich einmal verkehrt. Auch mit diesem Bus kommt man für 124 DM (einfach) bzw. 199 DM (hin und zurück) bis zu einem der Ziele in Polen.

Von Frankfurt verkehren ebenfalls Europabusse nach Polen. Jede Woche kann man damit nach Wroclaw (Breslau), Lódź, Opole (Oppeln), Katowice (Kattowitz), Kraków (Krakau) und Warszawa (Warschau) fahren und muß dann für eine einfache Fahrt 99 DM und für eine Hin- und Rückfahrt 189 DM bezahlen.

Eine weitere Europabus-Verbindung besteht wöchentlich von München, Nürnberg und Hof nach Wroclaw (Breslau), Opole (Oppeln) und Katowice (Kattowitz), für die eine einfache Fahrt ab München 116 DM, ab Nürnberg und Hof 103 DM und eine Hin- und Rückfahrt ab München 209 DM sowie ab Nürnberg und Hof 183 DM kosten.

Abhängig von der Jahreszeit verkehrt ein Europabus ferner einmal monatlich bis einmal wöchentlich von Hamburg nach Poznań (Posen) und Warszawa (Warschau). Diese Fahrt kostet 72 DM (einfach) bzw. 136 DM (hin und zurück).

Für alle Europabus-Verbindungen kann man Fahrkarten bei der Deutschen Touring (Am Römerhof 17, 6000 Frankfurt/Main 90, Tel. [069] 7 90 32 41) oder in einem Reisebüro mit Vertretung der Deutschen Touring kaufen und Plätze reservieren lassen. Das ist auch bei größeren Fahrkartenausgaben der Deutschen Bundesbahn möglich. Jugendliche bis 26 Jahre und Rentner erhalten übrigens auf alle Preise 10 % Ermäßigung.

Die polnischen Busse, die das Land mit zahlreichen europäischen Städten verbinden, sind wesentlich preiswerter als die Züge. Es ist jedoch erforderlich, die Fahrkarten im voraus zu kaufen. Bei den Büros von Orbis werden entweder Fahrkarten direkt verkauft oder Auskünfte darüber erteilt, in welchem Büro dies möglich ist. Orbis in der Pulawska 43 in Warszawa (Warschau) z. B. bietet Fahrkarten für Busfahrten von Warschau nach Köln, Frankfurt/Main, Hamburg und zahlreichen weiteren Städten Westeuropas an. Die meisten Verbindungen werden jedoch nur von Mai bis Oktober unterhalten. Der Fahrkarten-Verkaufsschalter ist werktags von 8.00 bis 15.00 Uhr geöffnet.

Im Reisebüro Syrena in der ulica Krucza 16/22 in Warszawa (Warschau) bekommt man Fahrkarten für den wöchentlichen polnischen Bus von Warschau nach Paris (einfache Fahrt 95 US $). Der Bus verkehrt allerdings nur von Mai bis Oktober.

Ein ungarischer Volanbus pendelt zweimal wöchentlich zwischen Budapast und Zakopane (Fahrpreis 8 US $, Fahrzeit 9 Stunden).

ZUG

Man sollte nicht vergessen, daß es drei verschiedene Preise für Eisenbahnfahrten nach Polen gibt. Am teuersten ist die Fahrt vom westlichen Ausland nach Polen. Aus diesem Grund empfiehlt es sich, eine Zugreise in der Tschechoslowakei oder Ungarn zu unterbrechen, wenn das nicht gerade einen Umweg bedeutet. Von dort aus bezahlt man den wesentlich geringeren Preis für Reisen innerhalb Osteuropas. Noch niedriger liegen die Preise für polnische Inlandsstrecken. Daraus kann man leicht Nutzen ziehen, wenn man die Bahnreise am ersten Ort hinter der polnischen Grenze (Szczecin/Stettin, Poznań/Posen, Wroclaw/Breslau, Katowice/Kattowitz, Kraków/Krakau, Nowy Sacz/Neu Sandec usw.) unterbricht. Besitzer eines gültigen Studentenausweises erhalten 25% Ermäßigung auf die Zugfahrkarten für Strecken innerhalb Osteuropas. Der Interrail-Paß (der an Einwohner Europas unter 26 Jahren verkauft wird) gilt auch in Polen.

Züge ab Deutschland: Es bestehen zahlreiche Zugverbindungen von Berlin über Frankfurt/Oder oder Poznań (Posen) nach Warszawa (Warschau), wofür die Züge 9 Stunden benötigen. Ohne umzusteigen kann man auch von Aachen, Köln, Städten im Ruhrgebiet, Hannover und Braunschweig nach Poznań (Posen) und Warszawa (Warschau) gelangen, auch in einem Schlaf- oder Liegewagen. Durchgehende Züge mit Schlaf- und Liegewagen verkehren ferner von Frankfurt/Main über Erfurt, Leipzig und Görlitz nach Wroclaw (Breslau), Opole (Oppeln), Katowice (Kattowitz) und Kraków (Krakau) sowie Warszawa (Warschau). Von Bayern bestehen zwar keine durchgehenden Eisenbahnverbindungen nach Polen, aber über Prag sind Ziele in Polen ebenfalls problemlos zu erreichen.
Für eine Zugfahrt von Köln nach Gdańsk (Danzig) muß man 195 DM (einfach) bzw. 390 DM (hin und zurück), nach Kraków (Krakau) 200 bzw. 400 DM und nach Warszawa (Warschau) 180 bzw. 360 DM bezahlen. Für eine Fahrt von Frankfurt nach Gdańsk (Danzig) werden 160 bzw. 320 DM, nach Kraków (Krakau) 155 bzw. 310 DM und nach Warszawa (Warschau) 165 bzw. 330 DM berechnet. Von München kommt man für 195 bzw. 390 DM nach Gdańsk (Danzig), für 135 bzw. 270 DM nach Kraków (Krakau) und für 150 bzw. 300 DM nach Warszawa (Warschau).
Wer Geld sparen möchte, der sollte eine Fahrkarte von Deutschland nach Rzepin (Reppen) lösen, dem ersten größeren Verkehrsknotenpunkt in Polen. Hier kann man eine preiswerte Fahrkarte in Zloty nach Szczecin (Stettin), Poznań (Posen), Wroclaw (Breslau), Warszawa (Warschau) oder Kraków (Krakau) kaufen. Allerdings sollten Sie berücksichtigen, daß es problematisch sein kann, in Rzepin (Reppen) Geld zu wechseln.

Züge von der Schweiz: Von der Schweiz bestehen keine durchgehenden Eisenbahnverbindungen nach Polen. Es empfiehlt sich, über Frankfurt oder Wien zu fahren.

Züge von Österreich: Von Wien verkehrt täglich der *Chopin* mit Schlaf- und Liegewagen durch die Tschechoslowakei in 13 Stunden Fahrzeit nach Kraków (Krakau) und Warszawa (Warschau).

Sonderzug: Jeden Sommer von Mai bis Ende August oder Anfang September fährt ein Sonderzug der Touristik Union International (TUI), der *Ferien-Express,* einmal wöchentlich von Dortmund über Hamm, Gütersloh, Bielefeld, Herford, Minden, Hannover und Braunschweig nach Poznań (Posen), Toruń (Thorn), Ilawa (Deutsch Eylau), Gdańsk (Danzig), Sopot (Zoppot) und Gdynia (Gdingen). Für diese Fahrt zahlt, einschließlich Liegewagen und Imbiß, je nach Abfahrtsbahnhof die erste Person bis Poznań (Posen) 278-318 DM, die 2.-6. Person 268-278 DM (Hin- und Rückfahrt). Für Ziele hinter Poznań (Posen) betragen die Fahrpreise für die erste Person 330-370 DM, für die 2.-6. Person 320-330 DM (ebenfalls Hin- und Rückfahrt). Die Fahrkarten sind in allen Reisebüros mit Vertretung von TUI erhältlich.

AUTO

Aus Westeuropa kann man nach Polen mit einem Fahrzeug über die deutsch-polnische Grenze oder über die Tschechoslowakei einreisen.

Grenzübergänge bestehen an der deutschen Ostgrenze zwischen Linken und Lubieszyn, zwischen Pomellen und Kolbaskowo (20 km westlich von Szczecin/Stettin), zwischen Schwedt und Krajnik, zwischen Frankfurt/Oder und Slubice, zwischen Frankfurt/Oder und Swiecko, zwischen Guben und Gubin, zwischen Forst und Olsyna (24 km östlich von Kottbus), zwischen Bad Muskau und Leknica, zwischen Görlitz und Zgorzelec sowie zwischen Zittau und Sienawka. Von der Tschechoslowakei aus können Sie die Grenze bei Harrachow und Jakuszyce (zwischen Liberec und Jelenia Góra), bei Nachiod und Kudowa-Slone (43 km östlich von Klodzko), bei Bohumin und Chalupki (12 km nördlich von Ostrava), bei Cesky Tesin und Ciezyn (31 km östlich von Ostrava), bei Trstena und Chyzne (westlich von Zakopane), bei Javorina und Lysa Polana (östlich von Zakopane), bei Mnisek und Piwniczna (31 km südlich von Nowy Sacz) sowie bei Vyny Komarnik und Barwiniek (zwischen Rzezow und Presov) überqueren. Alle anderen Grenzübergänge für Reisende mit Kraftfahrzeugen können auf die Bewohner des Grenzlandes beschränkt sein oder sind möglicherweise für westliche Touristen geschlossen, so daß Sie sich vorher erkundigen sollten.

Ausländische Kraftfahrzeuge müssen in Polen an der Rückseite ein Nationalitätskennzeichen tragen.

Autoreisezug: Mit dem Sonderzug der TUI (siehe oben) kann man auch ein Auto mit nach Polen nehmen. Die Pkw werden in Hannover verladen und in Ilawa (Deutsch Eylau) wieder entladen. Das kostet für Fahrzeug und Fahrer hin und zurück 732 DM, für jede weitere Person 282 DM mehr. Einfache Fahrten, entweder von Hannover nach Ilawa (Deutsch Eylau) oder von Ilawa (Deutsch Eylau) nach Hannover, sind ebenfalls möglich. Buchungen für Plätze im Autoreisezug nehmen Reisebüros mit Vertretung von TUI oder Amerópa-Reisen, aber auch größere Fahrkartenausgaben der Deutschen Bundesbahn, entgegen. Dort erhält man auch einen Prospekt mit näheren Einzelheiten.

FAHRRAD
Was früher wegen der DDR, die man per Fahrrad nicht durchqueren durfte, ein Problem war, ist heute einfach: eine Fahrradfahrt nach Polen. Es ist erlaubt, nach Polen mit einem Fahrrad einzureisen und das Land ohne Einschränkungen mit einem Fahrrad zu erkunden. Besondere Formalitäten sind dabei nicht zu erledigen.

SCHIFF
Die Fährverbindung, die bis 1990 im Sommer zwischen Travemünde und Swinoujscie (Swinemünde) sowie Gdańsk (Danzig) bestand, wurde eingestellt.

ZU FUSS
Wer die Kosten für eine Fahrt mit öffentlichen Verkehrsmitteln oder mit einem eigenen Fahrzeug nach Polen sparen möchte, der kann die Grenze auch zu Fuß überqueren. Zwischen Polen und der Tschechoslowakei ist das am einfachsten in Cieszyn (Polen) und Cesky Tesin (Tschechoslowakei). Hier handelt es sich in Wirklichkeit um eine Stadt, die durch die Olza zweigeteilt wird. Auf der tschechoslowakischen Seite bestehen übrigens gute Zugverbindungen nach Prag und Zilina.
Von Deutschland aus besteht die Möglichkeit, die Brücke über die Nysa (Neiße) zwischen Görlitz und Zgorzelec zu benutzen, von wo aus Züge nach Jelenia Góra (76 km) und Wroclaw (Breslau), 163 km entfernt, fahren.

REISEN IN POLEN

FLUG
LOT unterhält täglich außer sonntags Inlandsflüge von Warszawa (Warschau) nach Rzeszow (40 US $), Kraków/Krakau (35 US $), Wroclaw/Breslau (45 US $), Poznań/Posen (35 US $), Szczecin/Stettin (45 US $) und Gdańsk/Danzig (35 US $). Die Preise gelten jeweils für einen einfachen Flug. Erkundigen Sie sich am besten auch nach den Standby-Flügen zum halben Preis für Studenten. Bei Auslandsflügen müssen Sie sich mindestens eine Stunde vor dem Abflug zur Abfertigung begeben, bei Inlandsflügen 30 Minuten vorher.

BUS
Auf längeren Strecken verkehren in Polen häufiger Züge (PKP) als Busse (PKS). Busse werden in erster Linie in den gebirgigen Regionen eingesetzt, z. B. in der Umgebung von Zakopane. In den Fernbussen können und sollten Sie einen Sitzplatz reservieren. Für das Gepäck wird kein Zuschlag erhoben. Wer sich nach dem Weg zum Busbahnhof erkundigen will, sollte die Buchstaben PKS auf einen Zettel schreiben. Will man zum Bahnhof, empfiehlt es sich, die Buchstaben PKP zu Papier zu bringen.

ZUG

In Polen gibt es 27.092 km Schienenwege, die es Ihnen ermöglichen, fast alle Städte im Land mit einem Zug zu erreichen. Die Fahrt mit den Express-Zügen (*Expresowy)* mit Platzreservierungen ist die beste Art und Weise zu reisen. Direktzüge (*Pospieszne)* sind ebenfalls schnell und erfordern üblicherweise keine Reservierung, sind aber viel häufiger überfüllt. Die Nahverkehrszüge (*Osobowe* oder *Normalne)* sind für kurze Strecken akzeptabel. Hier ist keine Reservierung erforderlich.

Die besten Züge tragen einen Namen und verkehren im allgemeinen von und nach Warszawa (Warschau). Diese Züge dürfen nur nach vorheriger Platzreservierung benutzt werden, die häufig bis zu 2 Monate vor dem Reisetag am Bahnhof oder bei einem Orbis-Büro erfolgen muß (0,50 US $). Am Tag der Abreise können nur noch am Bahnhof Platzreservierungen vorgenommen werden. Die Züge mit einem Namen führen Speisewagen und enthalten komfortable Abteile, die in der 1. Klasse recht luxuriös sind. Daher sollten Sie versuchen, immer einen Platz in der 1. Klasse zu nehmen, wenn sich die Gelegenheit dazu bietet. Wie in anderen europäischen Ländern stehen auf Bahnhöfen die Abfahrtszeiten der Züge (*Odjazdy)* üblicherweise auf einem gelben Fahrplan, während die Ankunftszeiten (*Przyjazy)* einem weißen Fahrplan zu entnehmen sind. Darin sind Schnellzüge durch rote Schrift gekennzeichnet, Nahverkehrszüge durch schwarze Buchstaben und Zahlen. Achten Sie darauf, ob ein R in einem Viereck anzeigt, daß der Zug nur mit einer Platzreservierung benutzt werden darf. Aus den Plänen sind zudem die Zugnummer und der Bahnsteig (*Peron)* ersichtlich sowie Informationen darüber, ob er die 1. und 2. Wagenklasse führt. Ungefähr ab dem 1. Juni eines jeden Jahres gilt ein Sommerfahrplan mit zusätzlichen Verbindungen.

Fahrkarten für Schnellzüge sind 50 % teurer als für die Nahverkehrszüge, so daß Sie darauf achten sollten, ob Sie die richtige Fahrkarte für den Zug lösen, indem Sie z. B. das Fahrtziel und die Abfahrtszeit auf einen Zettel schreiben und am Schalter zeigen. Ist das nicht der Fall, dann wird der Schaffner von Ihnen einen Zuschlag fordern. Auf größeren Bahnhöfen gibt es gelegentlich verschiedene Schalter für die einzelnen Züge. Wenn Sie sich nach der Zugnummer über dem Schalter richten, können Sie sicher sein, daß Sie sich in der richtigen Schlange befinden. Sonst bitten Sie jemanden um Auskunft. Wenn Sie gezwungen sind, ohne Fahrkarte in einen Zug zu steigen, empfiehlt es sich, sofort den Schaffner zu suchen, der dann nur einen geringen Zuschlag anstelle der sonst erheblichen Strafgebühr für Schwarzfahrer berechnet, die fällig ist, wenn Sie im Zug ohne Fahrkarte angetroffen werden. Die Fahrkarten werden in polnischen Zügen kontrolliert. In der 1. Klasse zahlt man übrigens 50 % mehr als in der 2. Klasse.

Netzkarte: Wie in vielen anderen europäischen Ländern gibt es auch in Polen die Einrichtung einer landesweit gültigen Netzkarte, deren Kauf eine Überlegung wert ist. Der *Polrailpass* ist für alle Züge in Polen gültig, auch für die Schnellzüge und die Züge mit obligatorischer Reservierung. Wer mit dem Paß einen dieser Züge nehmen möchte, sollte am Fahrkartenschalter nach einer kostenlosen Reservierung fragen oder, wenn dies nicht möglich ist, den Schaffner im Zug um eine kostenlose Reservierung bitten. Immer wenn Sie Ihren Paß vorzeigen, sollten Sie dem Schaffner Ihr Fahrtziel nennen, damit er Ihnen Auskunft geben kann, wo Sie umsteigen müssen, oder Ihnen mitteilen kann, daß Sie sich im falschen Zug befinden.

Einige Mitarbeiter der Bahn versuchen noch immer, 0,50 US $ für eine Platzreservierung zu berechnen, auch wenn sie mit dem Paß kostenlos sein sollte. Wer einen *Polrailpass* kauft, sollte gleichzeitig um die Broschüre bitten, die in Englisch, Französisch, Deutsch und Polnisch über den Paß informiert. Dann brauchen Sie dem Bahnbeamten nur noch den entsprechenden Abschnitt zu zeigen, wenn er eine Gebühr für eine Reservierung verlangt. Für eine Fahrt im Schlaf- oder Liegewagen ist jedoch immer ein Zuschlag zu zahlen.

Der *Polrailpass* kostet für 8 Tage in der 2. Wagenklasse 35 US $ und 50 US $ für die 1. Klasse. Bei 15 Tagen Gültigkeit beläuft sich der Preis auf 40 US $ (2. Klasse) bzw. 60 US $ (1. Klasse), bei 21 Tagen auf 45 US $ (2. Klasse) bzw. 67 US $ (1. Klasse) und bei einem Monat Gültigkeit auf 50 US $ (2. Klasse) bzw. 75 US $ (1. Klasse). Er ist auch in den Polorbis-Büros in Deutschland erhältlich, dort aber relativ teuer und kostet für 8 Tage 75 DM (2. Klasse) bzw. 105 DM (1. Klasse), für 15 Tage 85 DM (2. Klasse) bzw. 125 DM (1. Klasse), für 21 Tage 95 DM (2. Klasse) bzw. 140 DM (1. Klasse) und für einen Monat 105 DM (2. Klasse) bzw. 160 DM (1. Klasse). Es lohnt sich nur dann, den Paß zu kaufen, wenn man wenigstens zwei Wochen in Polen bleibt und viel reist. Der *Polrailpass* bedeutet keine Geldersparnis, da die Fahrpreise in Polen niedrig sind, erspart aber die Mühe, sich immer wieder für Fahrkarten anzustellen. Zudem erlaubt er es, die Reisepläne noch zu ändern, wann immer Sie möchten, ohne sich Sorgen um eine bereits für eine bestimmte Strecke gekaufte Fahrkarte machen zu müssen.

Sie erhalten den Ausweis in den Orbis-Büros in Polen und im Ausland. Wer bereits das genaue Datum seiner Einreise in Polen kennt, kann den Paß im voraus kaufen und benötigt dann nur noch eine Fahrkarte bis zur polnischen Grenze.

Interessanter ist da schon der *Explorer-Paß,* mit dem junge Leute bis 26 Jahren, aber auch ältere Studenten mit gültigem Internationalen Studentenausweis und Lehrer, in der 2. Klasse für 34 DM 7 Tage, für 68 DM 14 Tage, für 102 DM 21 Tage oder für 136 DM 28 Tage lang beliebig oft in Polen mit Zügen fahren dürfen. Wer in der 1. Klasse fahren möchte, zahlt pro Woche 10 DM mehr. Den *Explorer-Paß* kann man jedoch nur vor der Ankunft in Polen kaufen, in

Deutschland beispielsweise in allen Reisebüros, in denen Eurotrain-Fahrkarten angeboten werden.

Liegewagen und Schlafwagen: Nachts zu fahren ist eine gute Möglichkeit, um in Polen Geld zu sparen. Eine Fahrkarte für ein Bett in einem Schlafwagen in der 1. Klasse ist häufig preiswerter als eine Übernachtung in einem Hotel. Zudem kommt man frühmorgens am Ziel an und spart so auch viel Zeit. Im Schlafwagen werden auch alkoholfreie Getränke sowie Kaffee verkauft. Die Schnellzüge führen zudem häufig einen guten Stehimbiß-Wagen. Für ein Frühstück mit *Flaki* (Kutteln) und Kaffee zahlt man 1,25 US $.
Die Liegewagen der 2. Klasse (4 US $) enthalten Abteile mit sechs Betten, drei an jeder Seite. In den Schlafwagen der 1. Klasse (5 US $) befinden sich dagegen nur zwei Betten in jedem Abteil. Daneben gibt es noch einen dritten Typ, den sogenannten „Special" der 2. Klasse, in dem die Abteile für drei Betten Raum bieten (4,50 US $). Früher war es sehr schwer, einen Platz in einem Schlaf- oder Liegewagen zu buchen. Häufig mußte man sich über eine Stunde in einem Orbis-Büro anstellen. Heute, da die meisten Bahnhöfe mit Computern ausgestattet sind, können Schlaf- und Liegewagenplätze am Schalter für die Reservierungen in jedem Bahnhof innerhalb von Minuten gebucht werden. Orbis, das staatliche polnische Reisebüro, nimmt diese Reservierungen ebenfalls vor. Hier sprechen zudem die Mitarbeiter eher Deutsch oder Englisch.

Bahnhöfe: Die Bahnhöfe in Polen bieten eine gute Ausstattung: Räume zur Gepäckaufbewahrung, die rund um die Uhr geöffnet sind, eine Cafeteria, Wartesäle, Zeitungsstände, Fahrplananzeigen usw. Auf allen Bahnhöfen sind auch öffentliche Toiletten vorhanden (wie an vielen anderen Orten). Die Benutzung kostet ca. 0,05 US $. Wer Gepäck an einem Bahnhof bei der Gepäckaufbewahrung (*przechowalnia bagazu)* deponieren will, muß den Wert in Zloty angeben und ein Formular unterschreiben. Es empfiehlt sich, den Betrag bereits vorher auf ein Stück Papier zu schreiben und dann dem Bahnbeamten zu zeigen. Als Gebühr für die Aufbewahrung des Gepäcks wird 1 % des deklarierten Wertes verlangt, wobei eine Versicherung eingeschlossen ist. Das kann die Sache recht teuer werden lassen, wenn Sie den tatsächlichen Wert angeben. Auf kleinen Bahnhöfen können Sie jedoch im allgemeinen auf die Versicherung verzichten und nur den Standardpreis von 0,10 US $ zahlen. Wir haben nie von Leuten gehört, denen wirklich ihr Gepäck abhanden gekommen ist, das sie selbst an der Gepäckaufbewahrung in einem Bahnhof abgegeben haben. Aber das ist natürlich keine Garantie. Man bezahlt den geforderten Betrag erst, wenn man seine Sachen abholt und nicht bei der Abgabe. Das ist nützlich zu wissen, wenn man gerade erst nach Polen eingereist ist, und noch keine Zloty besitzt.

AUTO UND MOTORRAD

Wenn Sie in Polen mit einem mitgebrachten Auto oder Motorrad fahren möchten, benötigen Sie Ihren Führerschein, die Fahrzeugzulassung und einen Versicherungsnachweis (die „Grüne Karte"). Falls Ihre Versicherung nicht für Polen gilt, müssen Sie an der Grenze eine Versicherung abschließen. Die Nummer der Fahrzeugzulassung wird in Ihren Paß eingetragen.

Benzin: Tanken Sie nur das Normalbenzin mit 94 Oktan an den gelben Zapfsäulen oder Super mit 98 Oktan an roten Zapfsäulen, da Benzin mit 86 Oktan an den grünen Zapfsäulen Ihren Motor schädigen kann. Bleifreies Benzin mit 91 Oktan (*Benzyna Bezolowiowa),* auch als *Bona 91* bekannt, ist nur mit Mühen erhältlich. Da die Schlangen an den Tankstellen für Normal- oder Superbenzin mehrere hundert Meter lang sein können, dürfen Sie, falls Sie bleifreies Benzin benötigen, häufig daran vorbeifahren, da nicht viele einheimische Wagen damit fahren können. Diesel ist übrigens leichter erhältlich als Normal- oder Superbenzin.
Bleifreies Benzin ist derzeit an folgenden rund um die Uhr geöffneten Tankstellen erhältlich:

Ort	*Straße*
Bialystok	Dojlidy
Bielsko-Biala (Bielitz-Biala)	Cieszynska
Bydgoszcz (Bromberg)	Dzierzynskiego
Czestochowa (Tschenstochau)	Warszawska
Gdańsk (Danzig)	Dabrowskiego
Jelenia Góra (Hirschberg)	Spoldzielcza
Katowice (Kattowitz)	Rozdzienskiego
Kolbaskowo	am Grenzübergang
Kraków (Krakau)	Koniewa
Lubin	an der Route Nr. 3
Lublin	Krasnicka
Lódź	Teresy
Miedzyzdroje (Misdroy)	Krzyzowka
Mragowo (Sensburg)	Rewolucyjna
Olsztyn (Allenstein)	Wojska Polskiego
Opole (Oppeln)	Wroclawska
Poznań (Posen)	Warszawska
Slupsk (Stolp)	Baltycka
Swiebodzin	70 km vom Grenzübergang
Walbrzych (Waldenburg)	Wieniawskiego
Warszawa (Warschau)	Emilii Plater Czerniakowska
Wroclaw (Breslau)	Zmigrodzka Autostrada
Zgorzelec (Görlitz)	Slowinska

Es gibt in Polen nur wenige Tankstellen (*Centrala Produktow Naftowych – CPN).* Zwischen ihnen ist der Abstand so groß, daß Sie im voraus planen sollten und mit Warteschlangen rechnen müssen. Das gilt vor allem im Süden Polens. Die Öffnungszeiten liegen im allgemeinen zwischen 6.00 und 22.00 Uhr (sonntags zwischen 7.00 und 17.00 Uhr), auch wenn an einigen Tankstellen rund um die Uhr Benzin verkauft wird. Früher mußte man, um in Polen als Ausländer tanken zu können, vorher Benzingutscheine in Devisen in einem Orbis-Büro kaufen. Diese Vorschrift ist jedoch in jüngster Vergangenheit aufgehoben worden. Heute erhalten auch ausländische Besucher Polens Benzin gegen Landeswährung.

Wenn Sie jemanden auf der Straße nach dem Weg fragen, sollten Sie die Adresse immer auf ein Stück Papier schreiben, um Mißverständnisse zu vermeiden. Die Büros des Polski Zwiazek Morotowy (des polnischen Automobilclubs) bieten in allen großen Städten eine Pannenhilfe (*Pomoc Drogowa)* sowie andere Hilfsleistungen für Autofahrer an. Wer zu Hause einem Automobilclub angehört, sollte seine Mitgliedskarte mitnehmen, um so möglicherweise kostenlos die Pannenhilfe oder die Rechtsberatung des PZM in Anspruch nehmen zu können.

Straßenverhältnisse: Von Polens 258.588 km Straßen sind 50 % befestigt (Asphalt, Beton oder Steinblöcke). Bei 9 % handelt es sich um schlechteren Belag (Schotter oder Kies), während 39 % der Straßen unbefestigte Wege und 2 % andere urbane Straßen sind. Sie sind im allgemeinen schmal, aber in gutem Zustand. Das Verkehrsaufkommen ist nicht sehr groß. Man muß jedoch überall mit schlecht beleuchteten landwirtschaftlichen Fahrzeugen und Pferdefuhrwerken sowie Fußgängern auf den Straßen rechnen.

Verkehrsregeln: Die zulässige Höchstgeschwindigkeit auf Schnellstraßen liegt für Pkw bei 110 km/h, für Pkw mit Anhänger bei 70 km/h und für Motorräder bei 90 km/h, auf Landstraßen für Pkw bei 90 km/h, für Pkw mit Anhänger bei 70 km/h und für Motorräder bei 90 km/h, in Ortschaften für Pkw, Pkw mit Anhänger und Motorräder bei 60 km/h. Außer in Ortschaften besteht in Polen Anschnallpflicht. Es ist nicht erlaubt, nachts in einem geparkten Fahrzeug auf einem Rastplatz zu übernachten. Bei Verstößen gegen die Verkehrsregeln verhängt die Polizei häufig Geldbußen, wobei der Betrag jedoch üblicherweise niedrig ist.

Keinen Spaß verstehen polnische Polizisten allerdings bei Verstößen gegen das Alkoholverbot für Kraftfahrer. Bereits mit mehr als 0,2 Promille Alkohol im Blut machen Sie sich strafbar.

Mietwagen: Die Autovermieter bieten in Polen hergestellte Wagen der Marke Fiat 125 für ca. 310 US $ pro Woche ohne Kilometerbegrenzung zuzüglich 6 US $ pro Tag für die obligatorische Versicherung an, aber auch größere Pkw. Sie können Mietwagen ohne Kilometerbegrenzung auch tageweise erhalten, was jedoch vergleichsweise teuer ist. Im allgemeinen ist es preiswerter, einen Mietwagen im voraus durch ein Orbis-Büro im Ausland zu buchen, als sich direkt an eine Agentur in Polen zu wenden. Außerhalb der Saison, d. h. von November bis März, sind die Miet-

preise niedriger. Zuletzt wurde uns berichtet, daß keine Steuern mehr auf Mietwagen erhoben werden. Es ist nicht gestattet, mit einem Mietwagen ohne Kilometerbegrenzung das Land zu verlassen. Das Mindestalter, um ein Auto mieten zu können, beträgt 21 Jahre.
Einige der Wagen sind in recht schlechtem Zustand, so daß Sie das Fahrzeug vor der Abfahrt sorgfältig prüfen sollten. Falls z. B. das Licht nicht in Ordnung ist, kann es Ihnen passieren, daß Sie eine Strafe zahlen müssen. Bestehen Sie darauf, daß Sie an der nächsten Vermietstation ein anderes Fahrzeug erhalten, falls Sie bemerken, daß man Ihnen ein Auto gegeben hat, das nicht in Ordnung ist. Es lohnt sich, daran zu denken, daß Mietwagen in Berlin im allgemeinen preiswerter und besser sind und die polnische Grenze nur ein paar Stunden entfernt ist.

TRAMPEN

Das Reisen per Anhalter ist in Polen praktisch und selbst bei polnischen Frauen durchaus üblich. Es existiert sogar eine offizielle „Autostop-Karte", die wie die Coupons für Fahrer in den PTTK-Büros erhältlich ist. Es sind vor allem größere Firmenfahrzeuge, deren Fahrer Tramper mitnehmen und die dafür ein Entgeld in Höhe des Busfahrpreises erwarten. Wer das berücksichtigt, wird wahrscheinlich eher des Abenteuers wegen per Anhalter fahren oder weil öffentliche Verkehrsmittel nicht zur Verfügung stehen, aber kaum, um Geld zu sparen.

SCHIFF

Eine schöne Möglichkeit, das Land zu bereisen, ist eine Fahrt an Bord eines Schiffes. Fahrten auf der Wisla (Weichsel) werden z. B. in Kraków (Krakau) und Toruń (Thorn) angeboten. In Bydgoszcz (Bromberg), Gdańsk (Danzig), Szczecin (Stettin) und Wroclaw (Breslau) besteht ebenfalls die Möglichkeit, eine Fahrt auf einem Fluß zu unternehmen. Auch die Tagesausflüge von Gdańsk (Danzig) oder Sopot (Zoppot) nach Hel (Hela) über die Bucht von Danzig sind uns empfohlen worden. Die meisten dieser Fahrten werden nur im Sommer angeboten. Lokale Fährverbindungen, die für Besucher von Interesse sind, gibt es ab Frombork (Frauenburg) und Swinoujscie (Swinemünde). Wer sich für eine Fahrt auf einem kleinen Boot auf den Wasserstraßen begeistert, wird es sicher nicht versäumen, an der Fahrt von Ostróda (Osterode) nach Elblag (Elbing) auf dem Elbaski-(Oberland-)Kanal teilzunehmen, wobei die Schiffe mehrfach mit Hilfe von Karren auf Schienen über kleine Hügel hinauf- und heruntergezogen werden. Ebenfalls im Nordosten von Polen pendelt täglich von Mai bis September die „Weiße Flotte" der masurischen Schiffahrtsgesellschaft zwischen Gizycko (Lötzen), Mikolajki (Nikolaiken) und Ruciane-Nida (Rudschanny). Weitere Touristenboote fahren ab Augustów und Ostróda (Osterode).

NAHVERKEHRSMITTEL

Eine Fahrt mit einem Nahverkehrsbus, einem O-Bus oder einer Straßenbahn im Stadtverkehr kostet ca. 0,05 US$. Die Fahrkarten müssen im voraus an einem Kiosk oder Ruch-Zeitungsstand gekauft werden. Nehmen Sie am besten gleich ein ganzes Päckchen, da die Fahrer keine Fahrkarten verkaufen. Es kann möglich sein, Fahrkarten aus einer Stadt auch in einer anderen Stadt zu verwenden, selbst wenn die Preise unterschiedlich sind. Sie sollten sich jedoch jeweils erkundigen. Man entwertet die Fahrkarten beim Einsteigen. Die öffentlichen Verkehrsmittel fahren normalerweise von 5.30 bis 23.00 Uhr. In Express-Bussen *(Pospieszny)* zahlt man den doppelten Preis, in Nachtbussen, die nach 23.00 Uhr verkehren, den dreifachen Fahrpreis. Für Gepäck wird ein Zuschlag erhoben. Auch wenn die Fahrkarten nicht häufig kontrolliert werden, sollten Sie daran denken, daß ein empfindliches Bußgeld erhoben wird, wenn man Sie bei einer der Stichproben ohne gültigen Fahrausweis antrifft.

Taxi: Seit der polnische Zloty zu einer harten Währung wurde, ist es sehr viel leichter geworden, ein Taxi zu bekommen. Vor den Bahnhöfen und in der Nähe der Märkte sowie an verschiedenen anderen wichtigen Stellen in den Städten gibt es immer Taxihalteplätze. Es ist zudem möglich, einen Wagen auf der Straße anzuhalten. Hüten Sie sich jedoch vor Taxis, die vor den Touristenhotels halten, sowie vor nicht gekennzeichneten „Piraten-Taxis" ohne Zähluhr, deren Fahrer nicht selten versuchen, ihre Fahrgäste zu übervorteilen. Bestehen Sie immer darauf, daß die Zähluhr angestellt wird, und nehmen Sie genug Kleingeld mit. Falls kein Taxameter vorhanden ist, sollten Sie den Preis im voraus aushandeln.

Die Zähluhren der Taxis haben Schwierigkeiten, mit der Inflation Schritt zu halten. Zuletzt wurde uns von Preisen berichtet, die das 140- bis 200fache des Zählwertes betrugen. Das könnte sich ändern, wenn die Zähluhren richtig eingestellt werden, so daß Sie sich am besten an einer Hotelrezeption oder bei polnischen Bekannten nach der derzeitigen Situation bei den Preisen für Taxifahrten erkundigen. Bei Taxifahrten ist es üblich, den Preis aufzurunden. Für Fahrten über die Stadtgrenzen hinaus und nach 23.00 Uhr verdoppelt sich der Fahrpreis. Das Gepäck und die Anzahl der Fahrgäste haben jedoch keinen Einfluß auf seine Höhe. Für eine kurze Strecke innerhalb der Stadt zahlt man ca. 1 US $. Für eine längere Suche nach einer Jugendherberge, die auch noch 10 km außerhalb liegt, können Sie einschließlich Trinkgeld mit ca. 6 US$ rechnen. Wenn ein Fahrer sehr zuvorkommend ist und Ihnen hilft, eine preiswerte Unterkunft zu finden, sollten Sie ihm ein großzügiges Trinkgeld geben.

Pauschalreisen: Unter den Pauschalreisen nach Polen, die von den Orbis-Büros im Ausland angeboten werden, sind diejenigen am interessantesten, die auf bestimmte Aktivitäten ausgerichtet sind, wie z. B. reiten, skifahren, segeln, kuren usw., und die auf eigene Faust nicht so leicht organisiert werden können. Für einen zweiwöchigen Skiurlaub in Karpacz (Krummhübel), in der Nähe von Jelenia Góra, oder Zakopane beispielsweise muß man ohne Kosten für die An- und Abreise pro Person im Doppelzimmer ca. 700 DM bezahlen. Auch Kuraufenthalte in polnischen Heilbädern mit medizinischer Behandlung sind möglich.

Ausflugsfahrten: Von den Orbis-Büros in Polen werden auch organisierte Stadtrundfahrten in Warszawa (Warschau), Kraków (Krakau) und mehreren anderen Städten angeboten. Die besten Fahrten in Warszawa (Warschau) führen zum Schoß Wilanow und zum Geburtshaus von Chopin in Zelazowa Wola. In Kraków (Krakau) können Sie zwischen einer Fahrt zu den Salzbergwerken oder nach Auschwitz und Birkenau wählen. Im allgemeinen sind diese Angebote auf die Zeit von Mitte Mai bis September beschränkt.

WARSZAWA (WARSCHAU)

Warszawa (Warschau), eine Stadt mit annähernd 2 Millionen Einwohnern in der nordöstlichen Ecke Polens, liegt etwa gleich weit von Berlin (579 km), Prag (625 km), Wien (689 km) und Budapest (679 km) entfernt. Aus einem anderen Blickwinkel betrachtet ist es von Warszawa (Warschau) auch ungefähr genauso weit nach London (1.432 km) wie nach Sofia (1.466 km). Die Stadt liegt auf halbem Weg der Wisla (Weichsel), die sich ihren Lauf kurvenförmig von den Karpaten im Süden zur Ostsee im Norden bahnt. Damit befindet sich Warszawa (Warschau) ein Stück vom Zentrum des Landes entfernt, nachdem die beiden Grenzen des Landes nach Westen verschoben wurden.

Die strategisch günstige Lage in der Mitte des masowischen Tieflandes führte dazu, daß der Ort im 14. Jahrhundert befestigt wurde. 1596 verlagerte König Sigismund III. aus der Vasa-Dynastie die Hauptstadt von Kraków (Krakau) hierher. Warszawa (Warschau) hat lange der Fremdherrschaft Widerstand geleistet, zuerst den Schweden im 17. Jahrhundert, dann dem zaristischen Rußland im 19. Jahrhundert und schließlich dem Nazi-Deutschland sowie der Sowjetunion im 20. Jahrhundert.

Zahlreiche der schönsten Straßen, Parks und Schlösser von Warszawa (Warschau) wurden im 18. Jahrhundert erbaut, während das 19. Jahrhundert durch den Niedergang gekennzeichnet war, als die Stadt nur noch die Rolle eines provinziellen Zentrums des russischen Reiches spielte. Dieser Abstieg ist jedoch bei weitem nicht mit dem Zweiten Weltkrieg zu vergleichen, in dem Hunderttausende der Einwohner getötet und alle Überlebenden schließlich vertrieben wurden, bevor die Stadt Straßenzug um Straßenzug dem Erdboden gleichgemacht wurde. Vor dem Zweiten Weltkrieg bestand ein Drittel der Bevölkerung der Stadt aus Juden, von denen heute noch gerade eine Handvoll übriggeblieben ist. In gewisser Weise symbolisiert Warszawa (Warschau), das nach dem Krieg aus dem Nichts wiederentstand, die polnische Situation. Die Fähigkeit zum meisterhaften Wiederaufbau des alten Warszawa (Warschau) in seinem harmonischen Einklang, heute verbunden mit den neuen Symbolen der Entschlossenheit des polnischen Volkes zur Entwicklung und zum Aufbau, ohne die Identität zu opfern, war immer die größte Stärke der Einwohner dieser Stadt. Zeugnisse dieser Identität sind in den Museen und den Kirchen zu sehen, aber noch direkter in den überraschend offenen Menschen. Warszawa (Warschau) ist eine viel-

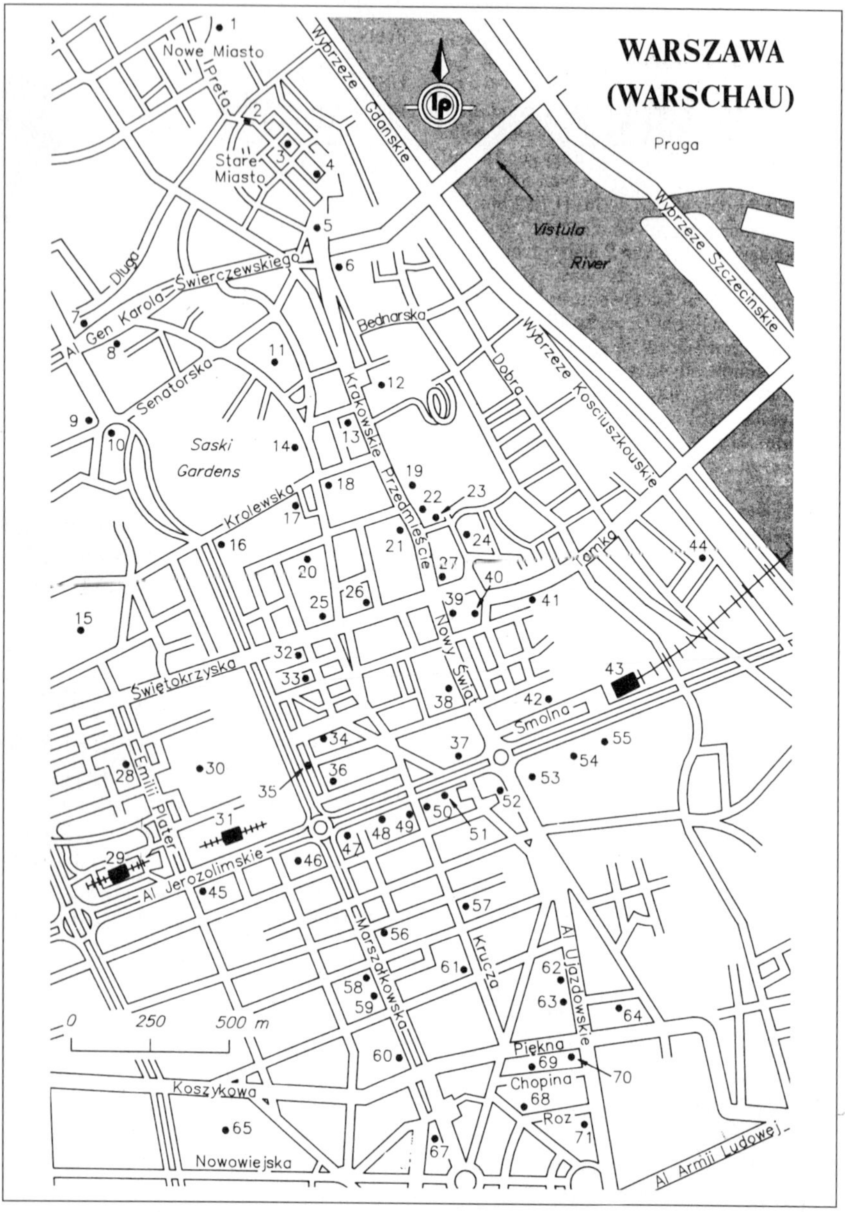
WARSZAWA
(WARSCHAU)
Nowe Miasto
Stare Miasto
Praga
Vistula River
Wybrzeze Gdanskie
Wybrzeze Szczecinskie
Wybrzeze Kosciuszkouskie
Dobra
Bednarska
Krakowskie Przedmieście
Nowy Świat
Długa
Al Gen Karola Świerczewskiego
Senatorska
Saski Gardens
Krolewska
Świętokrzyska
Smolna
Emilii Plater
Al Jerozolimskie
Marszałkowska
Krucza
Al Ujazdowskie
Piękna
Chopina
Koszykowa
Nowowiejska
Al Armii Ludowej
0 250 500 m

1. Neustädter Markt
2. Barbakane
3. Altstädter Markt
4. Kathedrale
5. Plac Zamkowy (Schloßplatz)
6. Annenkirche
7. Cafeteria Gruba Kaska
8. Jüdisches Historisches Museum
9. Johannes Paul II.-Museum
10. Hotel Saski
11. Wielki-Opernhaus
12. Palais Radziwill
13. Hotel Europejski
14. Grab des unbekannten Soldaten
15. Synagoge
16. Reisebüro Orbis
17. Galerie Zacheta
18. Hotel Victoria-Intercontinental
19. Universität von Warschau
20. Ethnologisches Museum
21. Heiligkreuzkirche
22. Milchbar Universytecki
23. PTTK-Touristenhotel
24. Teatr Polski
25. Restaurant U Matysiakow
26. Antykwariat Warszawski
27. Akademie der Bildenden Künste
28. Club Akwarium
29. Hauptbahnhof
30. Palast der Kultur und Wissenschaft
31. Bahnhof Srodmiescie
32. Hauptpostamt
33. Philharmonie
34. Bar Hybrydy
35. Kaufhäuser
36. Bar Zodiak
37. Reisebüro Orbis
38. Milchbar Familijny
39. Reisebüro Wagon Lits
40. Reisebüro Almatur
41. Chopin-Museum
42. Jugendherberge Smolna
43. Bahnhof Powisle
44. Hotel Dom Nauczyciela
45. Polnischer Automobilclub
46. Hotel Polonia und Hotel Metropol
47. Hotel Forum
48. Kasy Teatralne
49. Reisebüro Intourist
50. Interflug
51. Bar Praha
52. Restaurant Rybka
53. Früheres Haus der Kommunistischen Partei
54. Nationalmuseum
55. Armeemuseum
56. Ungarisches Kulturzentrum
57. Grand Hotel
58. Reisebüro Balkantourist
59. Tschechoslowakisches Kulturzentrum
60. Milchbar Zlota Kurka
61. Reisebüro Syrena
62. Bulgarisches Konsulat
63. Botschaft der USA
64. Kanadische Botschaft
65. Politechnische Universität
67. Hotel MDM
68. Tschechoslowakisches Konsulat
69. Rumänisches Konsulat
70. Ungarisches und jugoslawisches Konsulat
71. Britische Botschaft

schichtige Stadt, für die man mehrere Tage benötigt, um sie ein wenig kennenzulernen.

PRAKTISCHE HINWEISE

Orientierung: Wer mit einem Zug nach Warszawa (Warschau) fährt, wird wahrscheinlich am Hauptbahnhof neben dem Palast der Kultur und Wissenschaft, in der Nähe der Aleje Jerozolimskie und der Marszalkowska, ankommen. Deponieren Sie dann am besten Ihr Gepäck in der Aufbewahrung und beginnen Sie mit der Suche nach einer Unterkunft, bei der Ihnen die Aufstellung weiter unten behilflich ist. Informationen über den Flughafenzubringer finden Sie im Abschnitt über die Nahverkehrsmittel.

In Warszawa (Warschau) gibt es zahlreiche Verkehrsknotenpunkte, sicher werden Sie jedoch nach kurzer Zeit Bekanntschaft mit dem Plac Zamkowy, dem Tor zum alten Warszawa (Warschau), sowie mit dem Königsweg machen, der sich auf 10 km Länge von hier aus in Richtung Südosten bis zum Schloß Wilanow zieht. Dabei ändert sich der Name der Straße von Krakowskie Przedmiescie in Nowy Swiat, Aleje Ujazdowskie, Belwederska, Jana Sobieskiego und schließlich in Aleje Wilanowska. Sie sollte der Ausgangspunkt für Ihre Stadtbesichtigung sein.

Informationen: Ein Andenkenladen am Plac Zamkowy 1 in der Altstadt mit dem Schild „IT" dient gleichzeitig als Fremdenverkehrsbüro.

Auskunft erhalten Sie auch am Informationsschalter von Orbis in der ulica Bracka 16, Ecke Aleje Jerozolimskie. Es handelt sich jedoch um ein Reisebüro und nicht um ein Fremdenverkehrsamt. Im allgemeinen ist hier auch immer sehr viel Betrieb. Weitere Büros von Orbis befinden sich in der Marszalkowska 142, Ecke Krolewska, sowie im Obergeschoß des Hotels Metropol in der Marszalkowska 99 a.

Direkt gegenüber vom Bahnhof ist der Polski Zwiazek Morotowy (der Polnische Automobilclub) vertreten, und zwar in der Aleje Jerozolimskie 63, wo gute Stadtpläne von Warszawa (Warschau) mit Register verkauft werden.

Weitere Informationsbüros: Almatur in der ulica Kopernica 23 organisiert vorwiegend Studentenreisen. Hier ist man jedoch auch ansonsten hilfsbereit. Das Büro ist werktags von 9.00 bis 15.50 Uhr geöffnet. Sie erhalten hier auch Auskunft über die Studentenhotels, die nur im Juli und im August eingerichtet werden. Versuchen Sie, Unterkünfte in anderen polnischen Städten auf Ihrer Reise hier ebenfalls zu buchen, und erkundigen Sie sich nach den einwöchigen Segeltörns und Reitausflügen von Almatur. Wer kein Internationales Jugendherbergsverzeichnis besitzt, der kann eine Liste aller polnischen Jugendherbergen bei PTSM (Polski Towarzstwo Schronisk Mlodziezowych) erhalten. Diese Organisation ist in der ulica Chocimska 28, in der Nähe des Lazienkowski-Parks, werktags von 8.00 bis 13.00 Uhr zu erreichen (4. Stock, Zimmer 423).

Nützliche Organisationen: Die Mitglieder eines polnischen Reiseclubs treffen sich jeden Freitag um 19.00 Uhr im Dom Kultury Ochota in der ulica Mikolaja Reja 9, nicht weit vom Campingplatz OST Gromada entfernt. Viele von ihnen sprechen Deutsch oder Englisch, so daß ein Besuch einer dieser Veranstaltungen eine Möglichkeit bietet, einige interessante Einheimische kennenzulernen.

Geld: Reiseschecks können Sie in der Bank Polska Kasa Opieki SA (PKO) an der Ecke der Aleje Jerozolimskie und der Marszalkowska, gegenüber vom Hotel Forum, einlösen. Die privaten Wechselstuben hinter der Bank sind zwar effizienter, nehmen aber nur Bargeld an.

Post: Postlagernde Sendungen werden am Schalter 12 des Hauptpostamtes in der ulica Swietokrzyska 31-33 ausgegeben.

Ausländische Botschaften: Zahlreiche Botschaften, die Sie möglicherweise besuchen, um Post oder ein Visum abzuholen, befinden sich an der Aleje Ujazdowskie zwischen der Aleje Jerozolimskie und dem Lazienki-Park. Die größte von ihnen ist die Botschaft der Vereinigten Staaten (Tel. 28 30 41) in der Aleje Ujazdowskie 29-31. Die deutsche Botschaft befindet sich in der ulica Walecznych 10. Sie ist werktags von 9.00 bis 12.30 Uhr für den Publikumsverkehr geöffnet. Die österreichische Botschaft in der ulica Gagarina 34 liegt direkt im Südosten des Lazienki-Parks.

Die Botschaften der osteuropäischen Länder finden Sie alle in der Nähe der Botschaft der USA. Das bulgarische Konsulat in der Aleje Ujazdowskie 31 (geöffnet montags, mittwochs und freitags von 10.00 bis 12.00 Uhr) erteilt Touristenvisa für drei Monate, die vom Tag der Ausstellung an gültig sind. Mitzubringen sind 19 US $ sowie ein Foto. Die Wartezeit beträgt 7 Arbeitstage. Wer sofort ein Touristenvisum benötigt, der zahlt 38 US $. Transitvisa, gültig 48 Stunden, werden immer sofort ausgestellt. Sie kosten 12 US $ für die einmalige Einreise bzw. 18 US $ für die zweimalige Einreise (kein Foto erforderlich).
Visa für die anderen osteuropäischen Länder sind unproblematischer erhältlich. Das jugoslawische und das ungarische Konsulat befinden sich nebeneinander in der Aleje Ujazdowskie, einen Block südlich der Botschaft der USA. Beide sind montags, mittwochs und freitags von 9.00 bis 12.00 Uhr geöffnet. Ein Visum für Ungarn kostet 20 US $ (für eine Einreise). Dafür sind zwei Fotos mitzubringen. 33 US $ und vier Fotos sind für die Erlaubnis zur zweimaligen Einreise erforderlich. Beide Visa sind sofort erhältlich. Achten Sie aber darauf, daß Ihnen ein Touristen- und kein Transitvisum ausgestellt wird. Das rumänische Konsulat, um die Ecke in der ulica Chopina 10, hat die gleichen Öffnungszeiten, ist jedoch, was die Visaabteilung betrifft, wesentlich langsamer.
Ganz in der Nähe, in der ulica Koszykowa 18, und zwar an der Ecke der Aleje Roz, findet man das tschechoslowaki-

sche Konsulat, das montags bis freitags von 8.00 bis 11.00 Uhr geöffnet wird. Hier erhalten Sie gegen 7 US $ und zwei Fotos ein Visum für eine Einreise bzw. gegen 22 US $ und vier Fotos ein Visum für zwei Einreisen. Angehörige einiger Staaten müssen jedoch mehr bezahlen. Es empfiehlt sich, früh dort zu sein, da der Andrang unter Umständen groß sein kann.

Kulturzentren: Das tschechoslowakische Kulturzentrum in der Marszalkowska 81 bietet Informationen für Touristen. Gleich daneben befindet sich eine tschechische Buchhandlung, die auch Landkarten, Stadtpläne und Reiseliteratur führt. Balkantourist in der Marszalkowska 83 gibt Auskunft über Bulgarien. Im ungarischen Kulturzentrum in der Marszalkowska 76-80 erhält man Material über Reisen nach Ungarn sowie Bücher. Um die Ecke herum befindet sich ein ungarisches Reisebüro (Ibusz).

Reisebüros: Bei Sawa Tour in der ulica Wspolna 65 a können Sie billige Flüge ab Berlin buchen.

SEHENSWÜRDIGKEITEN

Altstadt: Vom Plac Zamkowy (Schloßplatz) aus gelangt man über die ulica Swietojanska in die Altstadt. Nach einem kurzen Stück Weg erreicht man die St. Johanniskathedrale, einen gotischen Bau aus dem 14. Jahrhundert, und dann den Altstädter Marktplatz (Rynek Starego Miasta). Wer um 10.00 Uhr dort ist, der sollte sich unbedingt den Film im

Historischen Museum der Stadt am Rynek Starego Miasta 33 ansehen (montags geschlossen), der in eindrucksvoller Weise die Zerstörung der Stadt im Zweiten Weltkrieg beschreibt. Es ist schwer zu glauben, daß alle Bauten des 17. und 18. Jahrhunderts, die um den Platz herum zu sehen sind, von den Fundamenten an vollständig wieder aufgebaut wurden. Machen Sie einen Spaziergang und sehen Sie sich in den Geschäften, Galerien und Restaurants um.

Einen Block weiter entlang der ulica Nowomiejska in Richtung Barbakane (1548) gelangt man zu einem mittelalterlichen Wall um Warszawa (Warschau). Innerhalb der Mauern führt der Weg zum Fluß hin vorbei am Wahrzeichen der Stadt, der Sirene (1855). Einst erhob sich eine Meerjungfrau bzw. Sirene aus dem Fluß und gebot dem Fischer Wars und seiner Frau Sawa, hier eine Stadt zu gründen. Alle Gebiete nördlich der Mauern gehören zur Neustadt, der Nowe Miasto. Geradeaus auf der Freta, vorbei an mehreren historischen Kirchen, gelangt man zum Rynek Nowego Miasta mit weiteren Gotteshäusern. Die schönen Straßen in der Altstadt und der Neustadt erkunden Sie am besten auf gut Glück und eigene Faust ohne einen Stadtführer.

Königsweg: Auf einer hohen Säule aus dem Jahre 1644 thront über dem Plac Zamkowy die Statue von König Sigismund III. Das Königsschloß (1615) befindet sich an der Ostseite des Platzes. Es wurde über Jahrhunderte von den jeweiligen Königen um neue Flügel erweitert und mit zusätzlichen Dekorationen der Innenräume versehen. 1945 existierte von alldem nicht mehr als nur ein wenig Schutt. Von 1971 bis 1974 wurde das Schloß mit Sorgfalt völlig wieder aufgebaut. Die Eintrittskarten erhalten Sie an einem Schalter an der Nordseite. Im Sommer überwiegt die Nachfrage das Angebot bei weitem, so daß Sie früh hier sein und sich auf längere Wartezeiten gefaßt machen sollten (montags geschlossen, dienstags Eintritt frei).
An der Südseite des Plac Zamkowy befindet sich die Annenkirche (1454), eines der schönsten Gotteshäuser der Stadt. Wer Zeit hat, der sollte auf die Slaski Dabrowski-Brücke hinter dem Königsschloß gehen, um den schönen Blick auf Warszawa (Warschau) zu genießen. Der Straßentunnel, der unter dem Plac Zamkowy entlangführt, stammt aus dem Jahr 1949.
Wenn man in Richtung Süden der Krakowskie Przedmiescie folgt, sieht man zahlreiche Residenzen der Aristokratie, darunter insbesondere das Palais Radziwill (1643) zur Linken neben einer Kirche. In diesem Gebäude wurde am 14. Mai 1955 auch der Warschauer Pakt unterzeichnet. Fast genau gegenüber vom Palast liegen das neobarocke Hotel Europejski (1877) und dahinter der Sächsische Garten mit dem Grab des unbekannten Soldaten und der ständigen Ehrenwache, die ein Fragment eines im Zweiten Weltkrieg zerstörten königlichen Palastes aus dem 18. Jahrhundert bewacht. Die zeremonielle Wachablösung findet hier sonntags um 12.00 Uhr statt.
Im Norden des Platzes, vor dem Grab, erhebt sich das wuchtige Wielki-Opernhaus (1965), im Süden das moderne Hotel Victoria-Intercontinental. An der Westseite des Hotels befindet sich die Kunstgalerie Zacheta (montags geschlossen), in der im Sommer häufig großartige Kunstausstellungen zu sehen sind. In Richtung Süden, einen Block hinter der runden evangelischen Kirche (1781), liegt in der ulica Kredytowa 1 das Ethnologische Museum (montags geschlossen). Der große Bau beherbergt eine Sammlung mit Stammeskunst aus Afrika, Ozeanien und Lateinamerika, aber auch polnische Folklore.
Wenn man vom Museum aus der ulica Traugutta in Richtung Osten einen Block zurück zum Königsweg folgt, gelangt man um die Ecke herum auf der rechten Seite zur Heiligkreuzkirche aus dem 17. Jahrhundert. Hier wurde das Herz von Frederik Chopin in einer Urne in der zweiten Säule auf der linken

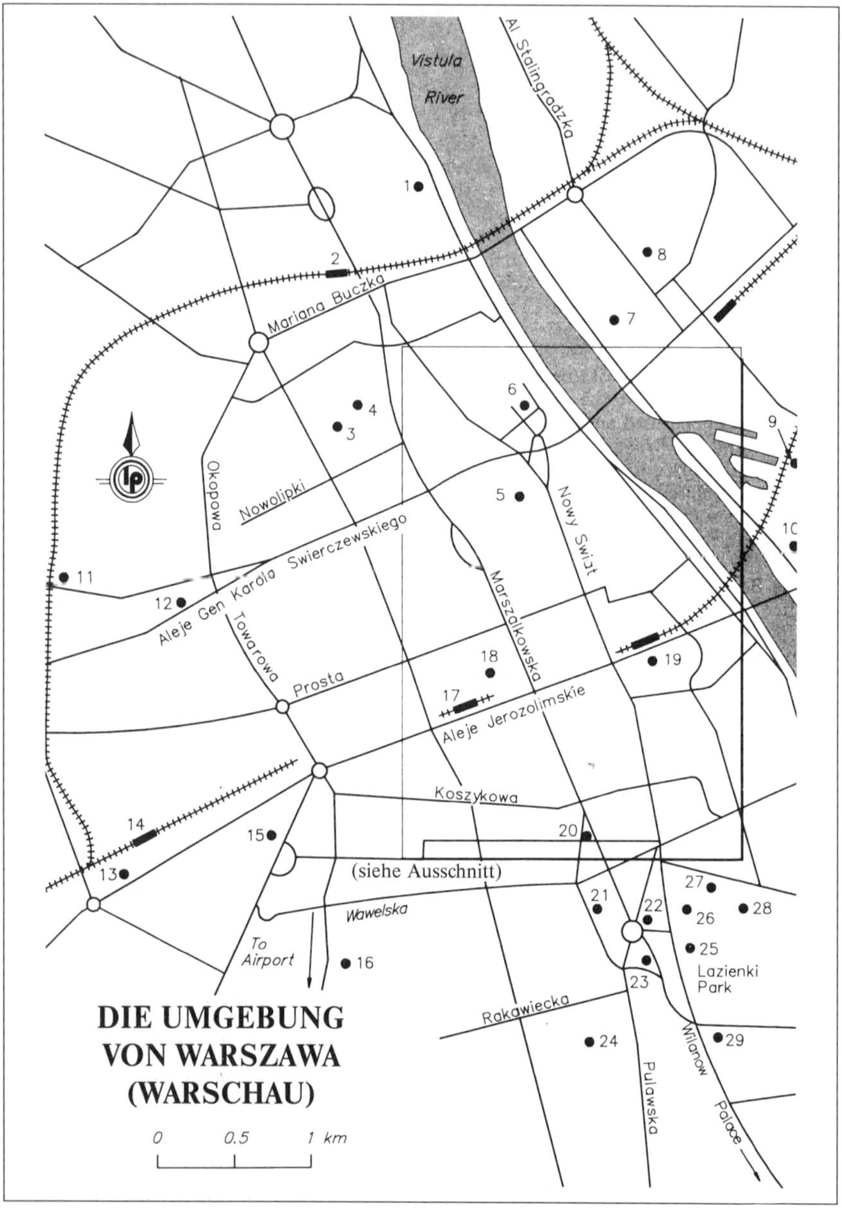
Vistula River
Al Stalingradzka
Mariana Buczka
Okopowa
Nowolipki
Aleje Gen Karola Swierczewskiego
Nowy Swiat
Marszalkowska
Towarowa
Prosta
Aleje Jerozolimskie
Koszykowa
(siehe Ausschnitt)
Wawelska
To Airport
Rakawiecka
Pulawska
Wilanow Palace
Lazienki Park
1
2
3
4
5
6
7
8
9
10
11
12
13
14
15
16
17
18
19
20
21
22
23
24
25
26
27
28
29
DIE UMGEBUNG VON WARSZAWA (WARSCHAU)
0
0.5
1 km

1. Zitadelle
2. Bahnhof Gdanska
3. Waschsalon
4. Ghetto-Denkmal
5. Opernhaus
6. Altstädter Markt (Rynek)
7. Zoo
8. Hotel Nowa Praga
9. Busbahnhof Stadion
10. Stadion
11. Hotel Syrena
12. Jugendherberge Karolkowa
13. Zentraler Busbahnhof
14. Bahnhof Zachodnia
15. Hotel Druh
16. Campingplatz Gromada
17. Hauptbahnhof
18. Palast der Kultur und Wissenschaft
19. Nationalmuseum
20. Hotel MDM
21. Studentenclub Remont
22. Schweizer Botschaft
23. Polnischer Jugendherbergsverband
24. Biuro Autostop
25. Belvedere
26. Chopin-Denkmal
27. Orangerie
28. Lazienki-Palast
29. Buchhandlung PDK

Seite des Hauptschiffs eingemauert. Frederik Chopin verließ Warszawa (Warschau) zwar mit 20 Jahren und starb mit nur 39 Jahren in Paris an Tuberkulose, war jedoch bis zu seinem Ende ein polnischer Nationalist.

Vor der Akademie der Wissenschaften (Staszic-Palast) aus dem 19. Jahrhundert unweit der Kirche steht die berühmte Statue des polnischen Astronomen Nikolaus Kopernikus, die der dänische Bildhauer Bertel Thorvaldsen im Jahre 1830 schuf. Unterhalb der Akademie, zum Fluß hin, befindet sich das Chopin-Museum, und zwar in der ulica Tamka 41 (sonntags geschlossen), in dem unter anderem der letzte Flügel Chopins zu sehen ist, wie auch eine der besten Sammlungen seiner Notenschriften in der ganzen Welt. Auf Wunsch werden Aufnahmen seiner Musik vom Band gespielt.

Weitere Museen: Geht man zum Königsweg zurück und dann in Richtung Süden auf der Nowy Swiat (Straße der

Frederik Chopin

Neuen Welt) und überquert die Aleje Jerozolimskie (Jerusalem-Allee), kommt man zum ehemaligen Parteihaus (1951), in dem einst das Zentralkomitee der Polnischen Vereinigten Arbeiterpartei tagte. Das große Gebäude daneben in der Aleje Jerozolimskie ist das Nationalmuseum (montags geschlossen), das eine ausgezeichnete Sammlung von Gemälden beherbergt. Versäumen Sie es auf keinen Fall, sich das Bild mit der Darstellung der Schlacht bei Grunwald von Jan Matejko anzusehen. Während des Zweiten Weltkrieges wurde dieses riesige Gemälde nach Lublin gebracht und dort versteckt vergraben. Die Nazis boten eine Belohnung von 10 Millionen Reichsmark für Informationen über den Verbleib des Werkes an, die zu seiner Auffindung führen würden. Es fand sich jedoch niemand dazu bereit. Nach dem Krieg wurde das Werk Matejkos wieder ausgegraben und restauriert.
In Richtung Fluß, unweit des Nationalmuseums, befindet sich das Armeemuseum (montags und dienstags geschlossen). Es enthält eine große Sammlung alter Waffen, Panzer und Flugzeuge, die auf einer Terrasse zu sehen sind.

Königsschloß: Geht man wieder in Richtung Süden den Königsweg und dann die Aleje Ujazdowskie entlang, so gelangt man vorbei an zahlreichen ausländischen Botschaften zum Lazienki-Park. Das ist jedoch ein längeres Stück Weg, so daß es sich empfiehlt, einen Bus oder ein Taxi zu nehmen. Der Park ist insbesondere für das Wasserschloß aus dem 18. Jahrhundert bekannt (montags sowie bei schlechtem Wetter geschlossen), der Sommerresidenz von Stanislaus Augustus Poniatowski, dem letzten König von Polen. Dieser vom Reformgeist getragene Monarch, der Polen im Jahre 1791 die zweite schriftliche Verfassung der Welt gab, sollte von der russischen Armee und einer Konföderation reaktionärer polnischer Magnaten 1792 abgesetzt werden.
Die Orangerie (1788) im Park ist wegen ihrer Theater und der Skulpturen-Galerie ebenfalls einen Besuch wert (montags geschlossen). An Nachmittagen im Sommer finden in der Galerie häufig Konzerte statt. Das beeindruckende Chopin-Denkmal (1926) befindet sich ganz in der Nähe der Aleje Ujazdowskie, jedoch noch im Park. Im Sommer sind hier sonntags um 12.00 und 17.00 Uhr ausgezeichnete Klavierkonzerte zu hören. Polens Staatsoberhaupt residiert im Palais Belvedere (1818), direkt im Süden des Denkmals.
Sechs Kilometer weiter südlich, zu erreichen mit dem Bus Nr. 193, befindet sich Schloß Wilanow (1696), die barokke Sommerresidenz von König Johannes III. Sobieski, der die Türken 1683 bei Wien schlug und damit die Gefahr der Osmanen für Mitteleuropa für immer bannte. Im Sommer ist es schwer, Eintrittskarten für den Palast zu bekommen (dienstags geschlossen), da ihn fast immer große Gruppen in Beschlag nehmen und die Kapazitäten begrenzt sind. Selbst wenn man sich das Schloß nur von außen ansehen kann, sind der Bau sowie der französische Park einen Be-

such wert. Von 9.30 bis 14.30 Uhr werden alle 15 Minuten Führungen veranstaltet, aber nur jeweils 35 Personen dürfen daran teilnehmen. An Werktagen sind die Karten dafür häufig allein für Teilnehmer an Ausflugsfahrten reserviert. Samstags, sonntags und an Feiertagen haben jedoch nur Einzelpersonen Zutritt, so daß dies gute Tage für eine Besichtigung sind. Man sollte allerdings früh genug dort sein und sich darauf vorbereiten, eine Weile anstehen zu müssen. Dienstags und an den Tagen, die einem Feiertag folgen, sind das Schloß und der Park geschlossen. Wer Schloß Wilanow besucht, sollte sich auch das Plakatmuseum (Muszeum Plakatu) in den ehemaligen königlichen Stallungen neben dem Palast ansehen. Es ist jedoch montags geschlossen. Zwei schöne Restaurants zwischen der Bushaltestelle und dem Schloß bieten die Möglichkeit, mittags etwas zu essen.

Weitere Sehenswürdigkeiten: Beim Palast der Kultur und Wissenschaft (1955) in der Nähe des Hauptbahnhofs handelt es sich um ein depressiv stimmendes Gebäude aus der Stalin-Ära. Man kann allerdings mit einem Aufzug zu einer Aussichtsterrasse im 30. Stock fahren, um einen Blick über die ganze Stadt zu werfen. Im Gebäude befinden sich zudem das Technikmuseum (montags geschlossen), mehrere Bühnen sowie eine Kongresshalle.

Der überwiegende Teil der Zitadelle (1834) im Norden der Stadt wird noch immer vom Militär genutzt, auch wenn sie in geringem Umfang für Besucher über das Brana Stracen, ein großes Tor ungefähr in der Mitte der Befestigungsmauer, das zum Fluß weist, zugänglich ist. Diese riesige Festungsanlage wurde nach dem polnischen Aufstand im Jahre 1830 von den Russen errichtet. Man kann sich hier ein Museum (montags geschlossen) und Tafeln zur Erinnerung an die Polen ansehen, die an dieser Stelle vor mehr als einem Jahrhundert von den zaristischen Truppen exekutiert wurden. Busse der Linien 118 und 185 halten in der Nähe der Zitadelle.

Westlich der Festung, in der Nähe des Plac Komuny Paryskiej, befindet sich die Kirche Sw. Stanislawa Kostki, in dessen Hof die Grabstätte von Pater Jerzy Popieluszko aus rotem Granit liegt. Der 37 Jahre alte Priester hatte sich vor seiner Ermordung durch Angehörige des Geheimdienstes die Feindschaft der Vertreter der harten kommunistischen Linie zugezogen, indem er in seinen Predigten die Solidarität unterstützte und den Opponenten gegen das seinerzeitige Regime einen Versammlungsort zur Verfügung stellte. Die damalige Regierung konnte die Emotionen der Öffentlichkeit nach der Ermordung beruhigen, indem sie die vier verantwortlichen Offiziere öffentlich anklagen und zu langen Haftstrafen verurteilen ließ. Sie sollten es nicht versäumen, sich auch die Fotos hinter dem Altar anzusehen, die Pater Popieluszkos Aktivitäten illustrieren. Ebenfalls auf dem Kirchhof erinnert ein bewegendes Denkmal an die Menschen, die während des Zweiten Weltkrieges in den Nazi-Lagern starben.

AUSFLÜGE

Im Orbis-Büro in der ulica Swietokrzyska 20, gegenüber vom Hauptpostamt, besteht in den Monaten Juni bis September die Möglichkeit, Besichtigungsfahrten zu buchen. Unproblematischer ist dies jedoch an den Rezeptionen des Hotels Forum, des Grand Hotel, des Holiday Inn oder des Hotels Europejski. Sie kosten zwischen 7 und 14 US $ pro Person.

Die fünfstündigen Stadtrundfahrten finden täglich außer sonntags statt. Mittwochs wird eine Fahrt zum Schloß Wilanow angeboten, wobei eine Führung eingeschlossen ist. Der Sonntagsausflug zum Haus der Familie Chopin in Zelazowa Wola (50 km westlich von Warszawa/Warschau) umfaßt eine Live-Darbietung seiner Musik durch einen führenden Pianisten und ist sehr empfohlen worden. Auf eigene Faust gelangt man zum Chopin-Museum mit einem Zug vom Bahnhof Srodmiescie bis nach Sochaczew und dann mit einem Bus der Linie Nr. 6, der stündlich bis nach Zelazowa Wola fährt.

Zur Zeit verkehren von Warszawa (Warschau) aus keine Ausflugsboote auf der Wisla (Weichsel).

UNTERKUNFT

Zelten: Von Mai bis September ist der Campingplatz OST Gromada (Tel. 25 43 91) in der ulica Zwirki i Wigury 32, südöstlich der Stadt an der Straße vom und zum Flughafen (Bus Nr. 175 hält am Tor), einer der besten Plätze, um in Warszawa (Warschau) preiswert zu übernachten. Ein Zeltplatz kostet hier 2,50 US $ pro Person, während man für einen Bungalow für 2 Personen 8 US $ und für 4 Personen 14 US $ bezahlt. In einem großen Pavillon innerhalb der Anlage sind, falls die Bungalows belegt sind, zum gleichen Preis ebenfalls Zimmer vorhanden. Daneben gibt es noch ein großes Restaurant. Die Atmosphäre ist ungezwungen und nett.

Jugendherbergen: Die Jugendherberge (Tel. 27 89 52) in der ulica Smolna 30 befindet sich im obersten Stock eines großen Betonklotzes einige Minuten zu Fuß vom Bahnhof Powisle entfernt in der Stadtmitte. Der Eingang ist durch ein grünes Dreieck gekennzeichnet. Dann geht es 108 Stufen treppauf. Hier sind jedoch weder Duschen noch heißes Wasser vorhanden. Außerdem ist es staubig und überfüllt, aber der Preis für eine Übernachtung liegt unter 2 US $. Sein Gepäck sollte man tagsüber in einem Schließfach lassen. Um 22.30 Uhr wird das Haus abgeschlossen.

Die Jugendherberge in der ulica Karolkowa 53 a (Tel. 32 88 29) liegt weniger günstig ein kurzes Stück abseits der Aleje Gen Karola Swierczewskiego. Man erreicht sie mit einer der Straßenbahnlinien nach Norden oder Westen (1, 13, 20, 24, 26, 27 oder 34). Steigen Sie an der Haltestelle Centrum-Wola, bei einem Einkaufszentrum, aus und gehen Sie dann ein Stück auf der rechten Seite zurück. Dort sollten Sie Ausschau nach einem dreistöckigen Gebäude inmitten von Bäumen hinter der Bar Wenecja halten.

Privatzimmer: Das Reisebüro Syrena (Tel. 25 72 01) in der ulica Krucza 17, gegenüber vom Fremdenverkehrsamt Syrena, vermittelt Privatzimmer. Hier zahlt man 8 US $ für ein Einzelzimmer und 11 US $ für ein Doppelzimmer. Auch wenn das Büro bis 20.00 Uhr geöffnet bleibt, sollten Sie versuchen, vor 16.00 Uhr dort zu sein. Die Zimmer können allerdings erst ab 18.00 Uhr bezogen werden, so daß es sich empfiehlt, sein Gepäck am Bahnhof zu deponieren.

Preiswerte Hotels: Das Dom Nauczyciela ZNP (Tel. 27 92 11) in der Wybrzeze Kosciuszkowskie 31-33 am Weichselufer bietet eine gute Möglichkeit, um in Warszawa (Warschau) zu wohnen. Sie erreichen es am besten mit einem Taxi. Das moderne Hotel ist eigentlich eine Unterkunft für Lehrer, aber falls Zimmer zur Verfügung stehen, werden auch andere Gäste aufgenommen. Der Preis liegt bei 6-8 US $ für ein Einzel- bzw. Doppelzimmer ohne Bad und bei 12-15 US $ für ein Zimmer mit Bad. Einige der Zimmer in den oberen Stockwerken bieten einen ausgezeichneten Blick über die Wisla (Weichsel).

Im PTTK Dom Turysty (Tel. 26 30 11) in der Krakowskie Przedmiescie 4-6, gegenüber der Akademie der Wissenschaften, werden Einzel- bzw. Doppelzimmer ohne Bad für 11 bzw. 14 US $, Einzel- bzw. Doppelzimmer mit Bad für 17 bzw. 24 US $ sowie Dreibettzimmer ohne Bad für 16 US $ vermietet. Seien Sie auf schmutzige Toiletten vorbereitet, wenn Sie kein Zimmer mit eigenem Bad nehmen, sowie auf aufgeregte polnische Schulkinder, die durch die Hallen laufen. Die Sechsbettzimmer sind für sie reserviert.

Im Hotel Saski (Tel. 20 46 11) am Plac Dzierzynskiego 1 kosten die Einzel- bzw. Doppelzimmer ohne Bad 11 bzw. 18 US $. Für die Benutzung der Duschen wird allerdings ein gesondertes Entgeld verlangt. Dieses Hotel mit 141 Betten hat eine eigene Atmosphäre und ist schön gelegen.

Das Hotel Syrena (Tel. 32 12 57) in der ulica Syreny 23, unweit der Gorczewska, ist größer als das Saski, so daß die Aussichten, ein Zimmer zu bekommen, hier besser sind (10 bzw. 12 US $ für ein Einzel- bzw. Doppelzimmer ohne Bad, aber mit Frühstück). Ein Nachteil ist die Lage am westlichen Stadtrand von Warszawa (Warschau), auch wenn häufig Busse ins Zentrum fahren.

Wenn in den anderen Hotels nichts frei ist, können Sie es auch im Hotel Nowa

Praga (Tel. 19 50 01) versuchen, das sich in einer ungünstigen Lage östlich des Zoos an der gegenüberliegenden Ostseite des Flusses befindet. Im Nowa Praga, das etwas besser als das Syrena ist, werden für ein Zimmer ohne Bad 9 bzw. 18 $ und für ein Zimmer mit Bad und Frühstück 12 bzw. 24 US $ pro Tag verlangt.

Teurere Hotels: Alle anderen Hotels in Warszawa (Warschau) gehören zu den luxuriösen Häusern, die auf den Pauschaltourismus eingestellt sind. Das Polonia (37 bzw. 49 US $ für ein Einzel- bzw. Doppelzimmer mit Bad) und das Metropol direkt gegenüber vom Palast der Kultur und Wissenschaft, nur einen Häuserblock vom Hauptbahnhof entfernt, sind keine schlechte Wahl, wenn man völlig erschöpft in der Stadt ankommt. Das Hotel Forum mit 751 Zimmern entspricht exakt einem beliebigen Hilton-Hochhaus.

Die sterilen Hotels Dom Chlopa, Marriott, Holiday Inn, Victoria-Intercontinental und Grand Hotel sind nicht weit vom Forum entfernt, während das Hotel Europejski mit 4 Sternen (Tel. 26 50 51) in der Krakowskie Przedmiescie 13 sowohl von der Lage als auch von der Ausstattung und der Atmosphäre her in dieser Preisklasse die beste Wahl ist. Der Bau wurde im Jahre 1877 im Stil der Neo-Renaissance errichtet und war das erste moderne Hotel in Warszawa (Warschau). Seien Sie jedoch auf Preise ab 44 bzw. 66 US $ für ein kleines Einzel- bzw. Doppelzimmer mit Bad und Frühstück vorbereitet. Für ein größeres Zimmer müssen Sie 83 bzw. 123 US $ bezahlen. Das Hotel Bristol (1901) gegenüber ist seit langen Jahren geschlossen. Falls es je wieder eröffnet werden sollte, wäre es sicher eine ausgezeichnete Alternative.

Im Hotel Warszawa, einem Hotel mit 3 Sternen aus der Stalin-Zeit mit 17 Stockwerken am Plac Powstancow Warszawy 9, unweit der Stadtmitte, kosten die Einzel- bzw. Doppelzimmer ohne Bad 23 bzw. 29 US $, mit Bad und Frühstück 28 bzw. 38 US $.

Weniger bekannt ist das Hotel MDM (Tel. 21 62 11) am Plac Konstytucji 1, ein Stück weiter südlich vom Hotel Forum in der Marszalkowska. Die Preise beginnen bei 19 US $ für ein Einzelzimmer ohne Bad und bei 30 bzw. 38 US $ für ein Einzel- bzw. Doppelzimmer mit Bad. Das Haus liegt ein wenig abseits vom Zentrum, aber die Verkehrsverbindungen dorthin sind gut. Der Plac Konstytucji ist das beste Beispiel für einen übertriebenen stalinistischen Platz, der das MDM zu einem witzigen Gebäude macht.

ESSEN

In der Altstadt befinden sich die besten Restaurants von Warszawa (Warschau) am Rynek Starego Miasta, dem Altstädter Marktplatz. Das berühmteste von ihnen ist das Bazyliszek am Rynek Starego Miasta 5 (im Obergeschoß), in dem Wildgerichte, z. B. von Wildschweinen und Rehen, serviert werden. Saloppe Kleidung ist hier unerwünscht. Spezialität des Kamienne Schodki am Rynek Starego Miasta 26 ist gebratene Ente

mit Äpfeln. Hier ist auch eine Speisekarte in Deutsch vorhanden.
Das Rycerska in der ulica Szeroki Dunaj 11, eineinhalb Häuserblocks vom Altstädter Marktplatz entfernt, wurde vor einiger Zeit veredelt und zählt heute zu den anspruchsvolleren Restaurants (keine Shorts erlaubt).
Beim Pod Barbakanen in der Mostowa 27-29, gleich nördlich vom alten Stadttor (Barbakane), handelt es sich um eine preiswerte Milchbar mit blaukarierten Tischdecken. Im Pod Samsonem in der ulica Freta 3 werden ebenfalls preiswerte und einfache Gerichte angeboten.

Königsweg: An dieser geschäftigen Straße befinden sich zahlreiche Restaurants und Imbisse. Die Preise sind sowohl in der Milchbar Universytecki (Krakowskie Przedmiescie 20) als auch in der Milchbar Familijny (Nowy Swiat 39) niedrig. Das elegante Restaurant Staropolska in der Krakowskie Przedmiescie 8, neben dem Dom Turysty, vermittelt den Gästen einen Eindruck vom alten Warszawa (Warschau), wenn sie bei Kerzenschein speisen (gemäßigt teuer). Das U Matysiakow in der ulica Swietokrzyska 18 bietet herzhafte, einfache Gerichte mit Bedienung.
Weiter südlich, in der Nähe des Nationalmuseum, liegen die Milchbar Szwajcarski (Nowy Swiat 5) und das benachbarte Restaurant Zlota Rybka (Nowy Swiat 7), das sich auf Fischgerichte spezialisiert hat. Das Zlota Rybka ist häufig mit Betrunkenen gefüllt, die zu einer Stimmung wie unter Seeleuten beitragen. Das Essen ist jedoch gut, wenn auch nicht billig.

Stadtzentrum: Zwei große Cafeterias findet man im Stadtzentrum, nämlich die Bar Praha, in der Mitte des Blocks in der Aleje Jerozolimskie 11-19, und die Bar Zodiak hinter dem Kaufhaus Wars Centrum. Das Zodiak ist preiswert und unkompliziert. Hier zahlt man am Ende des Buffets. Allerdings ist das Essen schwer und wenig verlockend.
In der Milchbar Bambino (Krucza 21), neben dem Büro von Air France und schräg gegenüber vom Grand Hotel, erhalten Sie typisch polnische Gerichte zu niedrigen Preisen. Die Milchbar Zlota Kurka in der Marszalkowska 55-57 liegt in der Nähe des Hotels MDM am Plac Konstytucji.
Im 42 Stock hohen Hotel Marriott gegenüber vom Hauptbahnhof befindet sich im 2. Stock auch ein Selbstbedienungs-Buffet (gehen Sie durch den Haupteingang und nehmen Sie dann den Aufzug). Man sollte allerdings keinen Rucksack mitbringen, nicht schäbig gekleidet sein und sich so benehmen, als wäre man der Besitzer.

Bars und Cafés: Die Winiarnia Fukier am Rynek Starego Miasta 27 ist eine alte Weinstube mit einer wunderschönen Atmosphäre und guter Musik. Das Kawiarnia Gwiazdeczka in der ulica Piwna 40, einen Block vom Rynek Starego Miasta enfernt, ist ein ungezwungenes, nettes Lokal, um etwas zu trinken, z. B. wenn das Fukier geschlossen ist.

Mit dem Fukier vergleichbar ist die Weinstube U Hopfera in der Krakowskie Przedmiescie 53, unweit des Plac Zamkowy. Ebenfalls gut geeignet, um ein wenig zusammenzusitzen und am Abend bei einem Gläschen zu plaudern, ist die Bar Boruta in der ulica Freta 38.

UNTERHALTUNG

Informieren Sie sich am besten in den Tageszeitungen über die Spiel- und Konzertpläne sowie das Kinoprogramm. Theaterkarten sind bei Kasy Teatralne in der Aleje Jerozolimskie 25 erhältlich, wo es Karten für zahlreiche verschiedene Veranstaltungen gibt. Der Konzertkartenverkauf für die Filharmonia befindet sich in der ulica Sienkiewicza 12. Karten für den kleineren Sala Kameralna werden am Eingang in der ulica Moniuszki, auf der anderen Seite des Gebäudes, verkauft. Die Nationale Philharmonie von Warszawa (Warschau) ist das beste Orchester Polens.
Karten für Aufführungen im Wielki-Opernhaus am Plac Teatralny und im Operettenhaus in der ulica Nowogrodzka 49, in der Nähe des Hauptbahnhofs, werden ebenfalls an der Theaterkasse verkauft. Die Oper ist häufig einige Tage im voraus ausverkauft (was nicht erstaunt, da die besten Plätze nur einen US $ kosten!). Mehr Glück haben Sie möglicherweise bei der kleinen Warschauer Kammeroper in der ulica Swierczewskiego 76 b (im Hinterhof). Der Kartenvorverkauf findet ebenfalls bei der Kasy Teatralne in der Aleje Jerozolimskie 25 statt.
Von Juni bis September wird ab 20.00 Uhr ein Folkloreabend mit traditionellen polnischen Gerichten im Restaurant des Hotels Europejski veranstaltet (ca. 14 $ pro Person). Es empfiehlt sich, dafür im voraus am Empfang des Europejski Plätze zu reservieren.
Der Club Akwarium in der Emilii Plater 49, zwischen dem Palast der Kultur und Wissenschaft und dem Holiday Inn, ist der beste Ort, um gute Jazzmusik zu hören, und Mittelpunkt der Aktivitäten der Einheimischen. Sie sollten allerdings, bevor Sie 2 US $ Eintritt zahlen, die Treppen hinaufgehen und sich überzeugen, daß die Musik live gespielt wird und nicht von einer Compact Disc stammt! Fragen Sie auch, wielange noch gespielt wird, damit Sie nicht nur für die letzten 10 Minuten zahlen. Unten wird kein Eintritt verlangt.
Freitags und samstags wird die Bar Hybrydy in der ulica Kniewskiego 7-9, einen Block östlich vom Palast der Kultur und Wissenschaft, in eine Disco für Studenten umgewandelt.

Festivals: Jährliche Veranstaltungen, nach denen es sich lohnt zu fragen, sind das „Zlota Tarka" („Goldenes Waschbrett"), ein Jazz-Festival Anfang des Frühlings, das Festival der zeitgenössischen Musik im September und Oktober sowie das „Jazz Jaboree" Ende Oktober.

EINKÄUFE

Andenken, Bernsteinschmuck, Kleidung usw. können Sie am besten in den Geschäften und Boutiquen in der ulica

Krucza 23-31 kaufen, direkt gegenüber vom Grand Hotel. Die hohen Preise sind wegen der guten Qualität gerechtfertigt.
Zeitgenössische Kunst findet man bei Desa in der Nowy Swiat 23, einer Galerie, in der Bilder in den jeweils aktuellen Strömungen der Malerei ausgestellt werden. Ganz in der Nähe, ebenfalls in der Nowy Swiat, bieten sich weitere Einkaufsmöglichkeiten.
Die Warenhäuser an der Ostseite des Palastes der Kultur und Wissenschaft sind eher eine öffentliche Kuriosität als ein Ziel für Einkäufe. In der ulica Nowomiejska 17, neben dem Barbakane, finden Sie eine große Auswahl an polnischen Postkarten.

AN- UND WEITERREISE

Flug: Das Büro von LOT befindet sich im Gebäude des Hotels Marriott in der Aleje Jerozolimskie, gegenüber vom Hauptbahnhof. Lufthansa ist im Hotel Victoria-Intercontinental (Tel. 27 54 36) und ebenfalls im Hotel Marriott (Tel. 21 70 21) vertreten, Swissair im Hotel Victoria-Intercontinental (Tel. 27 50 16) und Austrian Airlines in der ulica Szpitalna 6 (Tel. 26 11 19 und 27 67 23). Im Büro der jugoslawischen Fluggesellschaft JAT in der Nowogrodzka 31, unweit des Hotels Forum, kann man Direktflüge von Warszawa (Warschau) nach Belgrad für 144 US $ (einfacher Flug) buchen.

Bus: Bei Orbis in der Pulawska 43 (es gibt noch ein anderes Orbis-Büro ganz in der Nähe, so daß Sie auf die Hausnummer achten sollten) kann man im voraus Fahrkarten für die PKP-Busse kaufen, die zu den verschiedensten Orten in Polen fahren. Der zentrale Busbahnhof, von dem aus sowohl die Busse nach Westpolen als auch nach Südpolen abfahren, befindet sich im Westen der Stadt in der Nähe des Bahnhofs Zachodnia.
Vom Busbahnhof am Stadion, östlich der Wisla (Weichsel), fahren die Busse in das nordöstliche Polen ab, darunter auch zu den Seenplatten. Am besten erreichen Sie ihn mit dem Pendler-Zug vom Bahnhof Srodmiescie gegenüber vom Palast der Kultur und Wissenschaft und fahren bis zum Bahnhof Stadion, der an den Busbahnhof angrenzt.

Zug: Die Züge ins Ausland nach Berlin, Bukarest, Budapest, Köln, Paris, Frankfurt/Main, Holland, Leipzig, Prag und Wien fahren vom Hauptbahnhof ab. Weitere Informationen hierzu finden Sie in der Einführung. Inlandsschnellzüge verkehren nach allen Regionen des Landes. Einzelheiten zu den Zügen mit Namen ab Warszawa (Warschau) nach verschiedenen Städten in Polen können Sie dem Abschnitt über den jeweiligen Zielort entnehmen. Für diese Züge ist eine Platzreservierung vorgeschrieben.
Für die meisten Express-Züge ab Warszawa (Warschau) werden Fahrkarten nur in Verbindung mit einer Platzreservierung verkauft. Sitz-, Liegewagen- und Schlafwagenplätze können im Hauptbahnhof oder bei Orbis in der ulica Bracka 16 reserviert werden. Gegen

westliche Devisen sind im Orbis-Büro auch Fahrkarten für Fahrten ins osteuropäische Ausland erhältlich.
Sowohl Inlands- als auch Auslandsfahrkarten werden zudem in einem kleineren Orbis-Büro im Hotel Metropol verkauft (Marszalkowska 99 a). Der Schalter für Fahrkarten in das Ausland wird jedoch bereits um 14.00 Uhr geschlossen. Bei Orbis in der Marszalkowska 142 werden ebenfalls Zugfahrkarten verkauft. Hier ist gelegentlich auch weniger Andrang.
Im Reisebüro Wagon Lits in der Nowy Swiat 64 bekommt man sowohl Zugfahrkarten als auch Flugscheine für Reisen ins osteuropäische Ausland.

Autovermietung: Mietwagen von Hertz kann man über Orbis in der Nowogrodzka 27 erhalten.

NAHVERKEHR

Flughafenzubringer: Mit der Buslinie Nr. 175 gelangt man zum internationalen Teil des Flughafens Okecie (10 km). Er fährt vor dem Hauptbahnhof, gegenüber vom LOT-Büro, ab. Für die Fahrt gelten normale Busfahrkarten. Die Linie Nr. 114 ist der Zubringer zum Flughafengebäude für Inlandsflüge. Um vom einen zum anderen Teil des Flughafen zu gelangen (ca. 3 km), können Sie entweder den Bus nehmen, der in der ulica Zwirki i Wigury hält, und einige Stationen mitfahren, oder in ein Taxi einsteigen.
Ein Bus der „Linia Specjalna" zum Terminal 1 am Internationalen Flughafen fährt zwischen 4.30 Und 22.30 Uhr alle 20 Minuten von der ulica Emilii Plater, zwischen Hauptbahnhof und Palast der Kultur und Wissenschaft, ab. Fahrkarten sind beim Fahrer erhältlich (0,30 US $).

Bus und Straßenbahn: Innerhalb von Warszawa (Warschau) gelten in den Stadtbussen der Linien 100-599 sowie den Straßenbahnen und O-Bussen nur Einzelfahrkarten für 0,05 US $. Dabei sind beide Enden der Fahrkarten zu entwerten. Für eine Fahrt mit den Vorortbussen der Linien 700-899 sowie mit den Express-Bussen, die mit Buchstaben statt mit Nummern gekennzeichnet sind, sind zwei Fahrkarten erforderlich, die jeweils an beiden Enden entwertet werden müssen. Nachtbusse der Linien 600-699 verkehren zwischen 23.00 und 5.00 Uhr. Hierfür benötigt man 4 Fahrkarten, die ebenfalls jeweils an beiden Enden entwertet werden müssen. Für größere Gepäckstücke muß in allen Bussen ein Zuschlag gezahlt werden.
Fahrkarten sind vor Fahrtantritt an einem Zeitungsstand (Ruch) zu kaufen und dann im Automaten im Bus oder in der Bahn in der Nähe der Tür zu entwerten. Wer bei einer Kontrolle ohne gültigen Fahrausweis angetroffen wird, muß eine Strafe von 5 US $ zahlen.

Taxi: Zahlreiche Taxifahrer werden wahrscheinlich versuchen, ausländische Besucher zu übervorteilen. Häufig ist man jedoch auf die Fahrt mit einem Taxi angewiesen. Erkundigen Sie sich am besten, wie hoch derzeit der Multiplikator des Betrages ist, der auf der Zähluhr angezeigt wird (zuletzt soll er bei 140 gelegen haben). Achten Sie ferner darauf, daß die Uhr auch angestellt wird. Wenn Sie mit einem der staatlichen Taxis fahren, die die Aufschrift „Radio Taxi 919" tragen, sind die Aussichten, keine Probleme zu bekommen, am günstigsten. Hüten Sie sich vor Taxis, die vor Luxushotels parken.

MALOPOLSKA (KLEINPOLEN)

In weiten Gebieten des südöstlichen Polen herrscht noch eine freundliche, ländliche Atmosphäre. Hier in Malopolska (Kleinpolen) sieht man häufig noch Menschen wie vor Jahrhunderten auf den Feldern arbeiten und lange, hölzerne Pferdewagen auf den Straßen fahren. Bis zum Jahre 1918 war die Region zweigeteilt. Die Gebiete nördlich der Wisla (Weichsel) und einer Linie östlich von Sandomierz (einschließlich Lublin und Zamość) waren 1815 unter die Herrschaft Rußlands gefallen. Südlich dieser Grenze erstreckte sich Galizien, das zum Österreich der Habsburger gehörte. Kraków (Krakau) blieb allerdings bis 1846 und der Annexion durch Österreich zumindest halb unabhängig. Nach einem gescheiterten Aufstand in den Jahren 1863-64 unterdrückte das zaristische Rußland die polnische Kultur in den besetzten Gebieten, während sich die südliche Region während der Zugehörigkeit zum österreichisch-ungarischen Reich bemerkenswerter Autonomie erfreute. 1915 vertrieben Soldaten des deutschen Kaiserreichs die Russen, und 1918, nach Ende des Ersten Weltkrieges, wurde das gesamte Gebiet polnisch. Der Einfluß dieser unterschiedlichen Geschichte ist heute noch zu sehen.

Während die nahegelegenen Industriestädte wie Katowice (Kattowitz) und Lódź für Touristen wenig zu bieten haben, zieht es fast alle ausländischen Besucher nach Kraków (Krakau), eines der bedeutendsten Kunstzentren Europas. Einige von ihnen schließen sich auch den zahlreichen polnischen Ausflüglern auf ihrem Weg in die Berge um Zakopane an. Wesentlich mehr ist allerdings im südöstlichen Polen zu sehen, angefangen vom Klosterberg Jasna Góra in Czestochowa (Tschenstochau) bis zur vollständig erhaltenen Renaissance-Stadt Zamość, dem wunderschönen Barockschloß in Lańcut oder dem Grauen von Auschwitz, Birkenau und Majdanek. In den unberührten Gebirgen an der südlichen Grenze ist es einfach, die Menschenmengen hinter sich zu lassen. Hier ist man dem historischen Polen auf der Spur.

LUBLIN

Lublin, lange Zeit ein Handelszentrum, war einst ein wichtiger Verbindungspunkt zwischen Polen und Litauen. 1569 wurde hier die politische Union zwischen den beiden Königreichen besiegelt und damit der größte europäische Staat dieser Zeit gegründet. Seit dem 17. Jahrhundert erlebte Lublin jedoch wiederholte ausländische Invasionen seitens der Schweden, der Österreicher, der Russen und der Deutschen, die ihren schrecklichsten Höhepunkt in der Einrichtung des Todeslagers der Nazis in Majdanek fanden. 1944 war Lublin eine Zeitlang Hauptstadt des befreiten Polen.

In gewisser Weise hat sich die gedrängte Altstadt (Stare Miasto) die Atmosphäre der bewegten Vergangenheit mit ihren engen Straßen, den Verteidigungstürmen und der bedrohlich isolierten Burg, die lange Zeit als Gefängnis diente, bewahrt. Im 19. Jahrhundert dehnte sich die Stadt jedoch in Richtung Westen bis zum Plac Litewski aus und wucherte in der Nachkriegszeit plötzlich wie ein Pilz in alle Richtungen. Zahlreiche ausländische Studenten sind an der Katholischen Universität von Lublin eingeschrieben, der ältesten privaten Universität des Landes. Lublin liegt ein wenig abseits der üblichen Touristenwege, so daß die Menschen hier eher daran interessiert sind, mit Besuchern in Kontakt zu kommen, was allein schon einen Besuch wert ist.

PRAKTISCHE HINWEISE

Orientierung: Die Architektur des Bahnhofes ist ein Spiegel der Burg Lublin, die einige Kilometer südlich des Stadtzentrums liegt und mit einem O-Bus oder Taxi zu erreichen ist. Der Plac Lokietka vor dem Krakauer Tor markiert die Grenze zwischen dem alten und dem neuen Teil der Stadt. Wenn Sie durch das Tor gehen, kommen Sie bald zum Rynek, dem alten Marktplatz.

Die Krakowskie Przedmiescie führt vom Krakauer Tor nach Westen. Die meisten Hotels, Restaurants und größeren Geschäfte liegen an dieser ein wenig dekadenten Avenue. An der Aleje Raclawickie, der westlichen Verlängerung der Straße, finden Sie das Orbis-Hotel Unia, die Universität, Parks und moderne Bauten.

Informationen: Im Fremdenverkehrsamt in der ulica Krakowskie Przedmiescie 78 werden gute Landkarten und Stadtpläne verkauft. Man ist hier auch sonst ganz hilfsbereit.

SEHENSWÜRDIGKEITEN

Altstadt: Das Krakauer Tor aus dem 14. Jahrhundert wurde einst errichtet, um

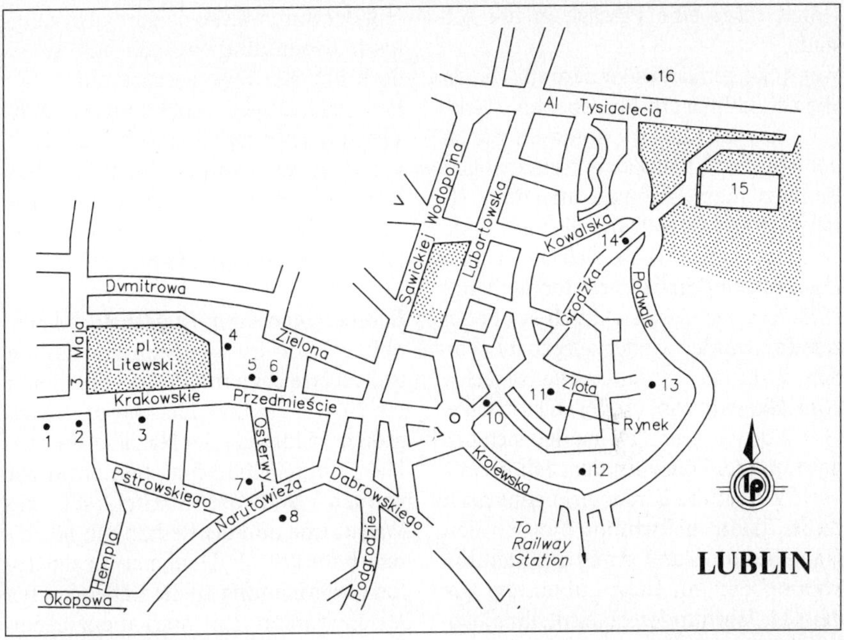

1. Restaurant Powszechna
2. Hotel Lublinianka
3. Postamt
4. Restaurant Karczma Lubelska
5. PTTK-Touristenhotel Dom Wycieczkowy
6. Reisebüro Orbis
7. J Osterina-Theater und Philharmonie
8. Brigittinenkirche
10. Krakauer Tor
11. Altes Tribunal
12. Kathedrale
13. Dominikanerkirche
14. Stadttor
15. Burg von Lublin
16. Busbahnhof

Lublin vor den Tataren zu schützen. Heute beherbergt es das Historische Museum der Stadt (montags und dienstags geschlossen). Vom obersten Stockwerk aus hat man einen herrlichen Blick auf Lublin. Der Eingang ist ein wenig versteckt, so daß man aufpassen muß, um ihn nicht zu übersehen. Anstelle direkt geradeaus in die Altstadt zu gehen, sollten Sie einen Block auf der ulica Krolewska in südöstliche Richtung gehen, um die barocke Kathedrale aus dem Jahre 1596 zu besichtigen. Im neugotischen Turm der Trinitarier neben der Kathedrale aus dem 19. Jahrhundert befindet sich ein Museum für religiöse Kunst sowie einem weiteren Panorama von Lublin.

Unten führt eine Passage in die Altstadt.
Wenn Sie geradeaus zu dem mit vielen alten Stadthäusern umgebenen Marktplatz (Rynak) gehen, kommen Sie in der Mitte des Platzes zum ehemaligen Rathaus, dem Tribunal aus dem 16. Jahrhundert. Östlich von hier, am Ende der ulica Zlota, erhebt sich die schöne Dominikanerkirche aus dem Jahre 1575, die, nachdem sie durch ein Feuer zerstört wurde, wieder aufgebaut worden ist. In der ersten Kapelle ist rechts vom Eingang ein großes historisches Gemälde zu sehen. Es handelt sich um das Lubliner Feuer aus dem Jahre 1719. Verläßt man die Kirche und geht nach rechts, dann in Richtung Norden den Hang hinunter und durch das Stadttor, kommt man zur Burg Lublin, die aus dem 14. Jahrhundert stammt, ihre jetzige neugotische Form jedoch erst 1826 erhielt. Während des Zweiten Weltkrieges diente sie der Gestapo als Gefängnis. 450 Gefangene wurden hier wenige Stunden vor der Befreitung Lublins im Juli 1944 ermordet. Wer vor der Burg steht, hat einen herrlichen Blick. Heute beherbergt sie ein beeindruckendes Museum (montags und dienstags geschlossen). Ein großes Gemälde von Jan Matejko beschreibt den Zusammenschluß Polens und Litauens im Jahre 1569 in Lublin. Das Bild *Die Pfote des Teufels (Czarcia Lapa)* im Museum erzählt die Legende, daß im Lubliner Gerichtshof ein Teufelsgericht ein Mitternachtsverdikt zugunsten einer armen Witwe beschlossen habe. Die Kapelle der Heiligen Dreieinigkeit (1415) beim Hof der Burg weist einzigartige byzantinisch beeinflußte Fresken auf, ist jedoch üblicherweise geschlossen.
Ein geschäftiger Straßenmarkt zieht sich von der Burg bis zum Busbahnhof, von dem aus man mit einem Stadtbus oder Taxi bis zum Konzentrationslager Majdanek oder mit einem anderen Bus bis nach Kazimierz Dolny gelangt.

Konzentrationslager Majdanek: Majdanek, gelegen im Südosten von Lublin und zu erreichen mit Bussen der Linien Nr. 23, 28, 153 und 156, war das zweitgrößte Todeslager der Nazis in Europa. Hier, wo 360.000 Menschen ermordet wurden, sind der Stacheldraht, die Wachtürme und die Reihen mit hölzernen Baracken als Denkmal für die Toten und Mahnung an die Lebenden belassen worden. Ein noch mehr beeindruckendes Mahnmal bildet die riesige Betonkuppel, unter der sich die Asche der Opfer befindet. Die Polen legen hier häufig Blumen nieder.
Bei der Ankunft sieht man neben der Straße ein riesiges Steinmonument. Von hier aus kann man das ganze Lager überblicken. Das Museum (täglich außer montags von 8.00 bis 15.00 Uhr geöffnet) befindet sich in den Baracken zur rechten außerhalb des Stacheldrahtzaunes an der Westseite. Zu den einen Eindruck vom Grauen vermittelnden Ausstellungsstücken gehören auch zwei große Gebäude mit Hunderten von Schuhen. Das riesige Lager, das heute zu sehen ist, bildet nur einen Bruchteil der Anlage, die die Nazis zur „Endlösung" ihres Ausrottungswahns

auch an diesem Ort planten. Die Sowjetarmee setzte diesem Vorhaben hier ein Ende.

UNTERKUNFT

Zelten: Wer ein Zelt bei sich hat, der sollte versuchen, auf dem Campingplatz (geöffnet von Juni bis September) in der ulica Slawinkowska 46 im Westen der Stadt zu übernachten. Er liegt ein kleines Stück hinter dem Botanischen Garten. Die Busse der Linien Nr. 18 und 32 halten an einer Straße hinter dem Platz. Der Weg führt durch einen kleinen Wald, über einen schmalen Weg und um die Umzäunung der Anlage bis zum Haupteingang. Einfache und preiswerte Bungalows werden hier ebenfalls vermietet, sind aber häufig ausgebucht.

Jugendherberge: Die Jugendherberge befindet sich in der ulica Dlugosza 6, gegenüber vom Miejski-Park und nicht weit vom Orbis-Hotel Unia entfernt. Es ist nicht ganz einfach, die Jugendherberge zu finden, da ein Hinweisschild an der Straße fehlt. Man kann nur Ausschau nach einem niedrigen, gelben Gebäude zwischen zwei großen Schulen halten, vor dem ein roter Briefkasten steht. Der Eingang ist an der Seite. Man muß also suchen.
Im Dom Noclegowy in der ulica Akademicka 4 (Tel. 3 82 85), unweit des Orbis-Hotels Unia und neben der Universität, kosten die Einzelzimmer mit Badbenutzung 5 US $ und Doppelzimmer mit Badbenutzung 7 US $. Dieses saubere, acht Stockwerke hohe Studentenwohnheim ist preiswert, jedoch häufig belegt. Almatur in der ulica Langiewicza 10, westlich des Dom Noclegowy, kann Ihnen möglicherweise Unterkunft in einem anderen der während der Monate Juli und August leerstehenden Zimmer im Studentenwohnheim vermitteln. Falls das Büro geschlossen sein sollte, fragen Sie am besten einen der Studenten, wo sich das diesjährige Quartier von Almatur befindet.

Hotels: Im PTTK Dom Wycieczkowy (früher Hotel Europa) in der ulica Krakowskie Przedmiescie 29 werden Doppelzimmer für 11 $ und Betten in einem Vierbettzimmer für 3 US $ angeboten. Das ist preiswert.
Das alte Hotel Lublinianka in der ulica Krakowskie Przedmiescie 56, das im Jahre 1900 seine Türen öffnete, ist mit 14 bzw. 23 US $ für ein Einzel- bzw. Doppelzimmer ohne Bad und mit 18 bzw. 45 US $ für ein Einzel- bzw. Doppelzimmer mit Bad etwas zu teuer.
In Lublin gibt es zwei Hotels der oberen Kategorie. Im Drei-Sterne-Hotel Victoria in der ulica Narutowicza 58 werden 23 bzw. 32 US $ für ein Einzel- bzw. Doppelzimmer mit Bad pro Tag verlangt. Im Vier-Sterne-Hotel Unia in der Aleje Raclawickie 12, neben der Katholischen Universität, zahlt man für ein Einzel- bzw. Doppelzimmer mit Frühstück 38 bzw. 53 US $. Die Preise werden allerdings von Oktober bis März etwas gesenkt.

ESSEN

Sowohl die Milchbar Ogrodowy in der ulica Krakowskie Przedmiescie 5 als

auch die Milchbar Turystyczny in der ulica Krakowskie Przedmiescie 29 sind preiswert. Vergleichbar ist auch die Milchbar Staromiejski in der ulica Trybunalska 1, im Krakauer Tor in der Altstadt. Das Restaurant im Orbis-Hotel Unia in der Aleje Raclawickie 18 gilt als das beste in Lublin und ist die einzige Gaststätte in der Stadt, in der Sie ein kaltes Bier bekommen. Die Speisekarte ist hier sowohl in Englisch als auch in Französisch erhältlich. Im Restauraja Karczma Slupska in der Aleje Raclawickie 22, einem Folklore-Lokal gleich westlich neben dem Hotel Unia, wird abends Musik live gespielt (Eintritt).
Das Essen im Restaurant Powszechna des Hotels Lublinianka ist sättigend und wird mit einem gutem Weißwein serviert. Abends wird hier ebenfalls Live-Musik geboten. Ein Treffpunkt der Einheimischen ist das Restaurant Karczma Lubelska am Plac Litewski 2, in dem man gelegentlich ebenfalls Live-Musik hören kann.

UNTERHALTUNG

Karten für die Philharmonie erhalten Sie in der Vorverkaufsstelle in der ulica Osterwy 7. Die Konzerte finden im allgemeinen am Samstagabend statt. Gegenüber der Brigittinen-Kirche, direkt um die Ecke, befindet sich die Kasse des J Osterina-Theaters (1886). Auch wenn hier in erster Linie polnische Stücke aufgeführt werden, hat man, wenn man z. B. bis zur ersten Pause bleibt, die Möglichkeit, das Theater kennenzulernen und einen Eindruck vom Schauspiel zu erhalten.
Karten für das Teatr Muzyczny sind im Verwaltungsbüro des Hauses in der ulica Krakowskie Przedmiescie 21 erhältlich. Das ist in der Stadtmitte. Operetten werden in mehreren Häusern gezeigt, so daß es sich empfiehlt, danach zu fragen. Der Spielplan der Bühnen von Lublin wird auch in den Tageszeitungen veröffentlicht.

AN- UND WEITERREISE

Bus: Von Lublin bestehen Busverbindungen in Richtung Westen nach Kazimierz Dolny und Lódź, in Richtung Südwesten nach Kraków (Krakau), Czestochowa (Tschenstochau), Rzeszów und Zakopane, in Richtung Südosten nach Zamość und in Richtung Nordwesten nach Warszawa (Warschau). Ein Bus nach Kazimierz Dolny fährt ungefähr stündlich von der Haltestelle Nr. 3 am Busbahnhof ab. Er benötigt ca. 1 bis 1 1/2 Stunden. Fahrkarten erhalten Sie im Innenraum am Schalter 5. Nehmen Sie einen Bus nach Pulawy, da nicht alle Linien über Kazimierz Dolny führen.

Zug: Die Fahrt mit einem der Schnellzüge von Lublin nach Warszawa (Warschau) dauert drei Stunden (175 km). Nahverkehrszüge verkehren auf den Strecken nach Przemyśl (über Rozwadow) und Zamość. Ein Nachtzug mit Liegewagen fährt von Lublin nach Kraków (Krakau) und zurück. Reservierungen für einen Sitzplatz oder einen Liegeplatz nimmt Orbis in der ulica Krakowskie Przedmiescie 29, neben dem Dom Wycieczkowy, vor.

KAZIMIERZ DOLNY

Kazimierz Dolny, eine alte polnische Stadt mit Charme am Ufer der Wisla (Weichsel), besucht man am besten in einem Tagesausflug von Lublin (40 km westlich). Es gibt nämlich kaum Übernachtungsmöglichkeiten in der Stadt. Zudem können alle Sehenswürdigkeiten innerhalb von einigen Stunden besichtigt werden. Im Sommer besteht die Möglichkeit, von hier aus mit einem Ausflugsdampfer die 13 km flußabwärts bis Pulawy zurückzulegen, von wo aus in kürzeren Abständen Busse und Züge nach Lublin fahren.

Kazimierz Dolny (d. h. Niederkazimierz, um es vom Stadtteil Kazimierz in Krakau unterscheiden zu können) wurde im 16. Jahrhundert gegründet und erlangte als Handelszentrum Wohlstand. Von hier aus nahmen Salz und Getreide im Tausch gegen gesalzene Heringe auf Flößen den Weg flußabwärts nach Gdańsk (Danzig). Der Legende nach soll Esterka, die jüdische Geliebte von Kasimir dem Großen, dem Gründer der Stadt, in einer nahegelegenen Burg gewohnt haben, die mit seiner Residenz durch einen Tunnel verbunden gewesen sein soll. Bis zum Zweiten Weltkrieg war die Bevölkerung von Kazimierz Dolny überwiegend jüdisch. Die Juden wurden jedoch alle umgebracht.

Alles in Kazimierz Dolny liegt in Fußwegentfernung von den Bürgerhäusern am Rynek. Der schöne Innenraum der Pfarrkirche aus dem Jahre 1613 oberhalb des Platzes beherbergt eine der ältesten Orgeln Polens, die 1620 gebaut wurde. Von den nahegelegenen Ruinen der Burg aus dem 14. Jahrhundert, die Kasimir der Große errichten ließ, hat man einen herrlichen Blick über die ganze Stadt, den Fluß und die Umgebung. In der ulica Senatorska befindet sich ein Museum (montags geschlossen), aber vielleicht ziehen Sie ja auch eine Flasche des lokalen Warka-Biers im Biergarten hinter der Kirche vor. Zahlreiche polnische Touristen besuchen Kazimierz Dolny jeden Sommer. Im Juli findet hier ein Festival mit Folklore-Sängern und Musikgruppen statt.

ZAMOŚĆ

Seit dem 16. Jahrhundert hat sich Zamość kaum verändert. Zu jener Zeit wurde das schachbrettartige Straßennetz von dem italienischen Architekten Bernardo Morando entworfen. Der erhaltene Marktplatz mit seinen langen

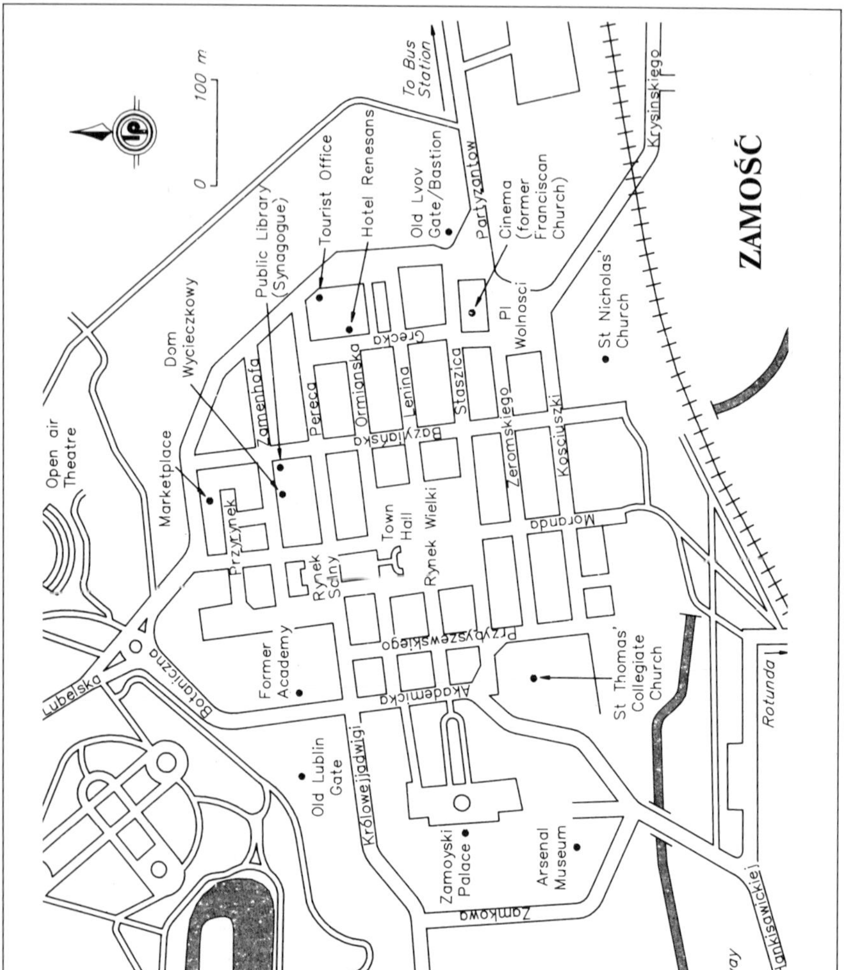
ZAMOŚĆ
0
100 m
To Bus Station
Open air Theatre
Marketplace
Dom Wycieczkowy
Public Library (Synagogue)
Tourist Office
Hotel Renesans
Old Lvov Gate/Bastion
Partyzantow
Cinema (former Franciscan Church)
Krysinskiego
Pl Wolnosci
St Nicholas' Church
Zamenhofa
Pereca
Ormianska
Grecka
Lenina
Staszica
Bazylianska
Zeromskiego
Kosciuszki
Morando
Przyrynek
Rynek Solny
Town Hall
Rynek Wielki
Former Academy
Przybyszewskiego
Akademicka
St Thomas' Collegiate Church
Lubelska
Botaniczna
Rotunda
Old Lublin Gate
Krolowej Jadwigi
Zamoyski Palace
Arsenal Museum
Zamkowa
Hankisawickiej
To Railway Station
To Camping Area

Arkarden und Pastelltönen vermittelt ein fast schon lateinamerikanisches Flair.
Jan Zamoyski, Kanzler und Oberbefehlshaber im Polen der Renaissance, gründete Zamość im Jahre 1580 als eine ideale urbane Siedlung und uneinnehmbare Festung gegen die Überfälle der Kosaken und Tataren aus dem Osten. Die Lage an einer wichtigen Handelsroute auf halbem Weg zwischen Lublin und Lwow (Lemberg) veranlaßte Kaufleute unterschiedlicher Nationalitäten, sich hier niederzulassen. Die Festungsanlagen von Zamość widerstanden den Angriffen der Kosaken und der Schweden in den Jahren 1648 und 1656, aber im 18. Jahrhundert war seine militärische Bedeutung zurückgegangen. Später wurde die Festung als Militärgefängnis genutzt.
Die Nazis benannten Zamość in „Himmlerstadt" um und verbannten die polnischen Einwohner aus der Stadt und 292 umliegenden Dörfern. Ihr Platz wurde von deutschen Siedlern eingenommen, die hier ein östliches Bollwerk des „Dritten Reiches" bilden sollten. Zamość, das von Parks umgeben und bis heute völlig unzerstört blieb, ist einzigartig in Osteuropa. Es zieht nicht viele westliche Besucher hierher, so daß Sie damit rechnen sollten, möglicherweise ein wenig angestarrt zu werden.

PRAKTISCHE HINWEISE

Orientierung: Der Busbahnhof und der Bahnhof für die Züge liegen an den entgegengesetzten Seiten der Stadt, jeder ca. 2 km vom Zentrum entfernt. Der Marktplatz befindet sich am nördlichen Rand der Altstadt in der ulica Przyrynek.

Informationen: Im Fremdenverkehrsamt (Tel. 7 10 06) in der ulica Lukasinskiego 5 a, hinter dem Hotel Renesans, können Sie möglicherweise Auskunft über Privatzimmer erhalten. Es ist werktags von 7.00 bis 16.00 Uhr und samstags von 9.00 bis 12.00 Uhr geöffnet. Sie können auch versuchen, im Orbis-Büro in der ulica Grodzka 18 Informationen zu erhalten.

SEHENSWÜRDIGKEITEN

Am besten beginnt man mit einem Rundgang am Rynek Wielki, der von Wohnhäusern mit Arkaden im italienischen Stil umgeben ist. Sie gehörten einst wohlhabenden griechischen und armenischen Kaufleuten. Die verzierten Außentreppen des Rathauses wurden im Jahre 1768 angefügt. Das „Haus zum Engel" (1634), Ormianska 26 am Rynek Wielki, beherbergt ein Museum (montags geschlossen) mit einer guten Sammlung historischer Gemälde und bietet zudem die Gelegenheit, das Innere eines armenischen Kaufmannshauses zu besichtigen. An der südwestlichen Ecke des Platzes, in der ulica Staszica 37, wurde im Jahre 1870 die berühmte Revolutionärin Rosa Luxemburg geboren.
Geht man ein Stück weiter in Richtung Westen, gelangt man zur Kollegienkirche (1598), einer manieristischen Basilika mit drei Seitenschiffen. Südwestlich

der Kirche befindet sich das alte Zeughaus (1583), heute ein Museum für alte Waffen (montags geschlossen). Das Zamoyski-Palais (1585) hat viel von seinem einstigen Glanz verloren, nachdem es 1831 in ein Militärkrankenhaus umgebaut wurde. Folgt man wiederum in Richtung Norden der ulica Akademicka, kommt man zur ehemaligen Akademie aus dem Jahre 1648. Die Festungsanlage gegenüber diesem Gebäude wurde schön gestaltet und in einen Park umgewandelt, der sich in Richtung Osten an der Nordseite von Zamość bis zum Freilichttheater erstreckt.

Von hier kann man in Richtung Süden wieder in die Stadt hineingehen zur alten Synagoge aus dem Jahre 1620, die sich an der Ecke der Zamenhofa und Bazylianka befindet und heute als öffentliche Bücherei dient. Sie lohnt einen Besuch des Inneren. Folgt man weiter in östlicher Richtung der Zamenhofa, erreicht man wieder die Festungsanlagen von Zamość. Rechts geht es in südliche Richtung zum Lwow-Tor (Lemberger Tor) aus dem Jahre 1820 und einer Bastion aus dem 16. Jahrhundert mit endlosen Durchgängen, die von Gruppen besichtigt werden können.

Gehen Sie nun zum Rynek Wielki zurück und nehmen Sie die ulica Moranda in Richtung Süden, durch den Park, über die Schienen und über eine Brücke bis zum Rotunde (1831). Das war früher eine runde Geschützstellung, in der die Nazis Tausende umbrachten. Heute ist hier der Platz einer polnischen Gedenkstätte.

UNTERKUNFT

Im PTTK Dom Wycieczkowy (Tel. 26 39) neben der alten Synagoge in der ulica Zamenhofa werden 2 US $ pro Person für eine Übernachtung in einem Fünfbettzimmer und 3 US $ in einem Vierbettzimmer berechnet.

Als Alternativen bieten sich der Campingplatz der PTTK (Tel. 24 99) an der ulica Krolowej Jadwigi, einen Kilometer westlich der Stadt, sowie das Hotel Sportowy (Tel. 60 11) hinter dem Stadion, zwischen dem Campingplatz und der Stadt, an. Im Hotel zahlt man 3 US $ für ein Doppelzimmer bzw. 9 US $ für ein Apartment, es ist jedoch im allgemeinen von Sportlergruppen belegt. Das graue Holzhaus in der ulica Krolowej Jadwigi 7, gegenüber vom Hotel Sportowy, dient im Juli und August als Jugendherberge.

Im Fremdenverkehrsamt erhalten Sie möglicherweise Auskunft über Privatzimmer. Davon abgesehen ist das beste Quartier, um zu übernachten, das moderne Hotel Renesans (Tel. 20 01) in der ulica Grecka in der Altstadt. Hier zahlt man für ein hübsches Zimmer mit Bad 7 bzw. 10 US $. Das Haus ist allerdings häufig ausgebucht, so daß es sich empfiehlt, vorher telefonisch ein Zimmer zu reservieren.

Das dreistöckige Hotel Jubilat mit 3 Sternen, rechts neben dem Busbahnhof, ist mit 9 bzw. 14 US $ für ein Einzel- bzw. Doppelzimmer mit Bad teurer, weniger günstig gelegen und nicht so schön wie das Renesans. Diese Nachteile bedeuten jedoch, daß es hier fast immer freie Zimmer gibt.

Beim Hotel Pracowniczy No 4 in der ulica Mlodziezowa 6, einer Nebenstraße der ulica Partyzantow zwischen dem Busbahnhof und dem Zentrum, handelt es sich um eine Unterkunft für Arbeiter, in der Zimmer mit Bad und Fernsehgerät für 4 US $ pro Tag vermietet werden.

ESSEN

Am besten ißt man in Zamość im Restaurant Hetmanska in der ulica Staszica, gegenüber vom Lwow-Tor (Lemberger Tor), dessen Spezialitäten eine Cremesuppe mit Fleischstücken sowie Schweinerollbraten à la Zamoyski sind. Die Atmosphäre ist fröhlich, wenn sich die Rufe der Kellner mit dem lauten Lachen der Gäste mischen und von den gewölbten Decken zurückschallen.

AN- UND WEITERREISE

Zwischen Lublin und Zamość verkehren sowohl Züge als auch Busse. Mit einem Zug sind es von Lublin aus auf einer Strecke mit Umwegen ca. 3 Stunden, so daß es sich empfiehlt, einen der wesentlich schnelleren Busse zu nehmen, die im Abstand von einer halben Stunde fahren.

Die Verbindungen in südöstliche Richtung sind von Zamość aus nicht gut, da keine Direktzüge und am Morgen nur ein Bus nach Rzeszów (über Jaroslaw und Lańcut) sowie nachmittags ein Bus nach Jaroslaw verkehren. Auf dem Weg von oder nach Przemyśl muß man in Jaroslaw umsteigen, wo der Busbahnhof und der Bahnhof nebeneinander liegen. Die Fahrkarten muß man sich vor Fahrtantritt kaufen.

PRZEMYŚL

Przemyśl, an der sowjetischen Grenze und 80 km südöstlich von Rzeszów gelegen, war lange die Grenzstadt zwischen Polen und den Ländern des Ostens. Hier bahnt sich der San sein Bett durch die bewaldeten Ausläufer der Karpaten. In der an einem Hang gelegenen Stadt erheben sich sechs riesige Kirchen und ihre Türme. Um das Grenzgebiet zu sichern, bauten die Österreicher in Przemyśl vom Jahre 1873 an eine Festung an den Berghängen in einem weiten Radius um die Stadt. In den Jahren 1914 und 1915 wurde hier erbittert gegen die Armee des Zaren gekämpft.

Wenn man einen Blick auf die Landkarte von Osteuropa wirft, stellt man fest, das Przemyśl nur ein kleines Stück von der Stelle entfernt liegt, an der Polen, die UdSSR sowie die Tschechoslowakei aneinander grenzen und es auch nach Ungarn und Rumänien nicht weit ist, also direkt im Herzen der Region. Lwow (Lemberg) liegt nur 92 km im Osten. Am Bahnhof von Przemyśl kann man zahlreiche Sowjets inmitten von riesigen Türmen mit Gepäck auf ihre Züge über die Grenze warten sehen. In Prze-

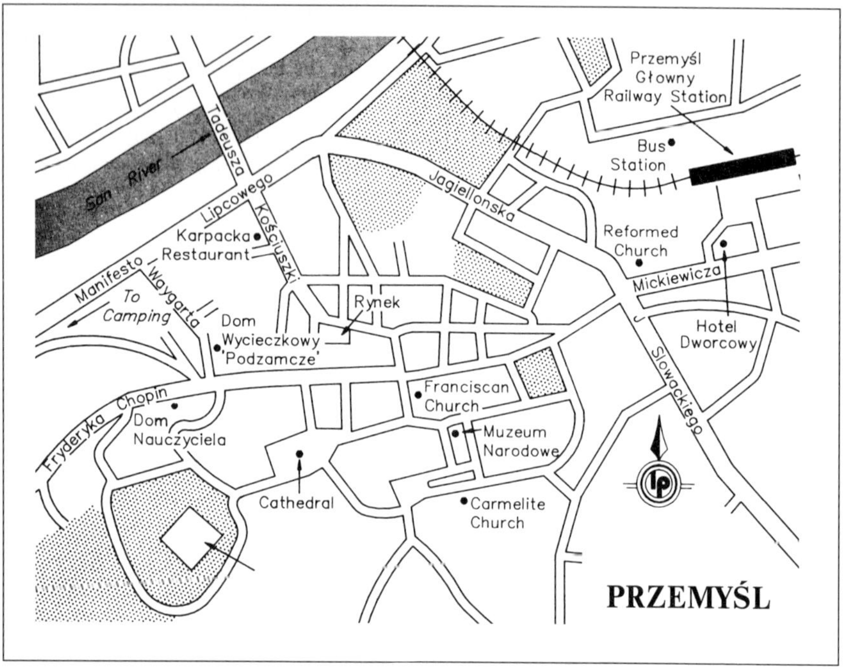

myśl herrscht ein wenig die Atmosphäre einer Grenzstadt. Die Stadt würde die perfekte Szenerie für einen Roman abgeben, der in der Zeit nach dem Kalten Krieg angesiedelt ist.

Przemyśl ist die Endstation zahlreicher Züge, die von den verschiedensten Orten in Polen abfahren, und liegt zudem auf dem Weg der Direktverbindung von Rumänien durch die UdSSR nach Polen. Dadurch wird es zu einem der Tore ins Land. Zugleich dient es als Ausgangspunkt für einen Besuch des Bieszczady-Gebirges weiter südlich. Seien Sie jedoch gewarnt, es gibt hier nichts Besonderes zu sehen. Wenn Sie allerdings lange genug bleiben, werden Sie vielleicht selbst zu einer der Figuren in dem oben vorgeschlagenen Roman.

PRAKTISCHE HINWEISE

Orientierung: Vom Bahnhof Przemyśl Glowny aus führt der Weg hangaufwärts über die ulica Mickiewicza, dann nach rechts und nun immer wieder geradeaus in die Stadt. Der Busbahnhof befindet sich an der entgegengesetzten Seite der Schienen, unter denen jedoch eine Unterführung verläuft.

Informationen: Das Fremdenverkehrsamt (Centrum Informacji San) in der ulica Dworskiego 2, Ecke ulica Mickiewicza, ist nur einen Block vom Bahnhof entfernt.

SEHENSWÜRDIGKEITEN

Przemyśl ist eine Stadt der Kirchen und Parks, deren Herz der Rynek bildet. An der südöstlichen Ecke des Rynek steht die barocke Franziskanerkirche (1778), ein mit außerordentlich reichen Gemälden und schmückenden Details versehener Bau. Direkt oberhalb der Kirche beherbergt das Muzeum Narodowe (montags geschlossen) eine gute Sammlung ukrainischer Trachten und Ikonen. Die Karmeliterkirche, ebenfalls oberhalb und ein Stück hinter dem Museum gelegen, ist schön verziert und enthält eine Kanzel in Form eines Segelschiffes mit voller Takelage. Der Dom von Przemyśl (1571) mit seinem mächtigen freistehenden Turm liegt von hier aus gesehen im Westen. Auf einer kleinen, bewaldeten Anhöhe oberhalb des Doms kann man sich eine kleine Burg ansehen.

UNTERKUNFT UND ESSEN

Im alten Hotel Dworcowy in der ulica Dworskiego 4, gegenüber vom Bahnhof, das auch unter dem Namen Dom Wycieczkowy Przemyślaw bekannt ist, werden große Einzel- und Doppelzimmer mit Badbenutzung für 6 bzw. 7 US $ vermietet. Das Haus ist jedoch häufig voll belegt.

Im Dom Wycieczkowy Sportowy in der ulica Mieckiewicza 30, sieben Minuten zu Fuß vom Stadion nach links entfernt, kosten die Doppelzimmer 5 US $ pro Tag. Das Sportowy ist zwar groß und sauber, aber die Gäste müssen die Toiletten unten in der Halle benutzen. Weniger günstig vom Stadion aus gelegen, jedoch gerade noch am Rand der Altstadt, ist das Lehrerwohnheim Dom Nauczyciela im 2. Stock der ulica Chopina 1 (Tel. 2768). Die Zimmerpreise beginnen hier bei 3 US $ pro Person. Das PTTK Pokoje Goscinne Podzamcze, ganz in der Nähe in der ulica Waygarta 5, ist einen Versuch wert, wenn im Dom Nauczyciela alles belegt ist.

Der Campingplatz Zamek, einen Kilometer flußaufwärts von der Brücke aus, vom Bahnhof und Busbahnhof aus gesehen auf der gegenüberliegenden Seite der Stadt, bietet 15 Bungalows sowie natürlich Zeltplätze.

Essen können Sie u. a. im Restaurant Karpacka in der ulica Kosciuszki 5, unweit der Brücke, das täglich bis 22.00 Uhr geöffnet ist. Abends füllt sich das Karpacka bis oben hin mit Studenten und dient als lokaler Treffpunkt. In Przemyśl sieht man auch zahlreiche Betrunkene durch die Stadt taumeln.

AN- UND WEITERREISE

Drei wichtige Bahnlinien laufen in Przemyśl zusammen. Zwei davon führen von Warszawa (Warschau) hierher, die eine davon über Lublin und die andere über Radom. Die dritte ist die Strecke von Szczecin (Stettin) über Poznań (Posen), Wroclaw (Breslau), Katowice (Kattowitz), Kraków (Krakau) und Rzeszów. Von Wroclaw (Breslau) und Szczecin (Stettin) aus führt der Zug einen Liegewagen. Zwischen Kraków (Krakau) und Przemyśl (245 km) ver-

kehren zahlreiche Züge. Regelmäßige Verbindungen in kürzeren Abständen bestehen auch zwischen Rzeszów und Przemyśl (87 km). Um nach Zamość zu gelangen, muß man in Jaroslav in einen Bus umsteigen. Die Züge ins Ausland nach Lwow (Lemberg), Bukarest, Sofia und Varna (durch die UdSSR) nehmen ebenfalls den Weg über Przemyśl.
Der *Pieniny* fährt das ganze Jahr über täglich in 7 Stunden von Warszawa (Warschau) nach Przemyśl (542 km). Er verläßt Warszawa (Warschau) nachmittags und erreicht Przemyśl mitten in der Nacht. Die Strecke führt über Kraków (Krakau) Glowny und Rzeszów. Eine Reservierung ist erforderlich.
Im Büro von Orbis am Plac Legionow 1, vor dem Bahnhof, kann man Ihnen auf kompliziertere Fragen über die Zugverbindungen Auskunft geben. Dort werden auch Reservierungen und Buchungen für die Liegewagen vorgenommen.

BIESZCZADY-GEBIRGE (BESKIDEN)

Die weiten Almen dieser dünn besiedelten Region an der südöstlichen Ecke Polens bieten im Sommer die Möglichkeit zum Wandern und im Winter Gelegenheit zum Langlauf. Nach dem Zweiten Weltkrieg führten ukrainische Nationalisten hier einen Guerilla-Krieg, der sich über mehrere Jahre fortsetzte, um sich der endgültigen Eingliederung der Region in den polnischen Staat zu widersetzen. Bei einem Anschlag im Jahre 1947 überfielen sie einen polnischen Militärkonvoy und töteten dabei den Zweiten Armeekommandanten General Karol Swierczewski, den berühmten General Walter, der im Spanischen Bürgerkrieg zwei Internationale Brigaden geführt hatte.

Einige der zahlreichen Jugendherbergen in diesem Gebiet sind im Internationalen Jugendherbergsverzeichnis aufgeführt, aber die meisten von ihnen werden nur im Juli und August geöffnet. Es existieren zudem noch Touristenhotels und Campingplätze. Am besten ist, Sie versuchen, die Landkarte *Bieszczady Mapa Turystyczna* im Maßstab 1:75.000 zu erhalten, in der diese aufgeführt sind.
Sie erreichen die Region mit einem Zug von Przemyśl nach Ustrzyki Dolne und von hier aus mit einem Bus bis zu dem Dorf Ustrzyki Gorne, das direkt im Herzen des Gebirges in der Nähe der slowakischen und der sowjetischen Grenze liegt. Die Zugfahrt von Przemyśl nach Ustrzyki Dolne ist interessant, da sie überwiegend durch sowjetisches Territorium führt. So steigt z. B. Wachpersonal zu, um sicherzustellen, daß alle Fenster geschlossen werden.
Im Juli und im August verkehren drei Züge täglich auf dieser Strecke, in den restlichen Monaten des Jahres jedoch nur einer. Mehrere Busse fahren täglich ebenfalls von Przemyśl nach Ustrzyki Dolne, nehmen allerdings nicht den Weg durch die UdSSR. Wenn Sie damit fahren wollen, sollten Sie die Busfahrkarten einen Tag im voraus kaufen.

LAŃCUT

Das wunderschöne Renaissance-Schloß in Lańcut, unweit von Rzeszów, ließ der feudale Fürst Stanislaw Lubomirski im Jahre 1629 erbauen. Ursprünglich war es von mächtigen Befestigungsmauern umgeben, die jedoch im 18. Jahrhundert abgerissen wurden. Am Ende des 19. Jahrhunderts wurde das Schloß im Auftrag der Familie Potocki im Stil des französischen Barock umgebaut.
1944, nur eine Woche vor der Ankunft der Sowjetarmee, floh der damalige Eigentümer Graf Alfred Potocki in die Schweiz und folgte damit 11 Eisenbahnwaggons voller Kunstwerke, die er aus dem Schloß entfernt hatte. Man mag das kaum glauben, wenn man das reiche Mobiliar des heutigen Museums für Inneneinrichtung betrachtet. Am entgegengesetzten Ende des Parks befindet sich ein Pavillon, in dem eine Sammlung alter Kutschen zu sehen ist. Die Eintrittskarten für beide Museen sind in einem separaten Gebäude außerhalb der Anlage erhältlich. Fragen Sie nach der *Kasy.* Das Schloß ist montags und dienstags ganztägig sowie an mehreren anderen Tagen bereits ab 14.00 Uhr für Besucher geschlossen, während der Park bis zum Sonnenuntergang zugänglich ist. Im Mai findet im Palast ein Fest der Kammermusik statt.
Am anderen Ende des Blocks, im Süden der *Kasy,* steht eine alte jüdische Synagoge, die heute ebenfalls als Museum dient (es handelt sich um das zweistöckige, gelbe Eckhaus).

UNTERKUNFT UND ESSEN

Ein Flügel des Palastes beherbergt heute das Hotel Zamkowy (Tel. 2671). Ein Doppel- bzw. Dreibettzimmer ohne Bad kostet hier 6 US $ pro Tag, mit Bad 16 bzw. 20 US $. Einzelzimmer sind nicht vorhanden. Es ist ein ausgesprochen schönes Hotel, aber leider häufig belegt. Die Spezialität des Restaurants Zamkowa hinter dem Hotel sind *Zur Slowianski* (Sahnesuppe mit Fleischeinlage) und *Omlet z Serem i Sosem Czekoloadowym* (Omelett mit Frischkäse und Schokolade). Das ausgezeichnete Lezajsk-Bier, das nördlich von Lańcut gebraut wird, ist ebenfalls einen Versuch wert.

In der ulica Dominikanska 1, an einer Ecke des Rynek (Marktplatzes) von Lańcut, befindet sich das PTTK Dom Wycieczkowy.

AN- UND WEITERREISE

Lańcut liegt an der Hauptstrecke der Eisenbahn zwischen Przemyśl und Kraków (Krakau). Mehrmals stündlich verkehren zudem Busse von Lańcut nach Rzeszów. Der Busbahnhof grenzt an den Park, während der Bahnhof ca. 2 km entfernt ist. Von dort bis zum Schloß nehmen Sie am besten ein Taxi. Im Gebäude des Busbahnhofs hängt ein Stadtplan aus.

RZESZÓW

Rzeszów eignet sich gut als Ausgangspunkt für einen Besuch des Schlosses in Lańcut, das 17 km östlich liegt. Das historische Zentrum des Ortes wird zur Zeit in großem Umfang restauriert, was in Zukunft in großem Maße seine Attraktivität für Touristen erhöhen wird. Alle Wohnanlagen (osiedle), die Rzeszów umgeben, wurden nach 1945 errichtet und bilden ein eindrückliches Beispiel dafür, was der Kommunismus in der bedrückenden Vergangenheit geleistet hat.

PRAKTISCHE HINWEISE

Orientierung: Der Busbahnhof und der Bahnhof für die Züge liegen nebeneinander im Norden der Altstadt. Die wichtigsten Punkte in Rzeszów bilden der Plac Farny, der Rynek (Marktplatz) sowie die ulica 3 Maja, die nahegelegene Hauptstraße.

Informationen: Das Fremdenverkehrsamt (Informacja Turystyczna) befindet sich in der ulica Asnyka 10, unweit des Busbahnhofs und des Bahnhofs. In der ulica Matejki 2, neben der Jugendherberge am Rynek, erhält man im Informationsbüro des PTTK ebenfalls Auskunft.

SEHENSWÜRDIGKEITEN

In der Bernhardinerkirche der Stadt aus dem Jahre 1629 in der ulica 3 Maja ist

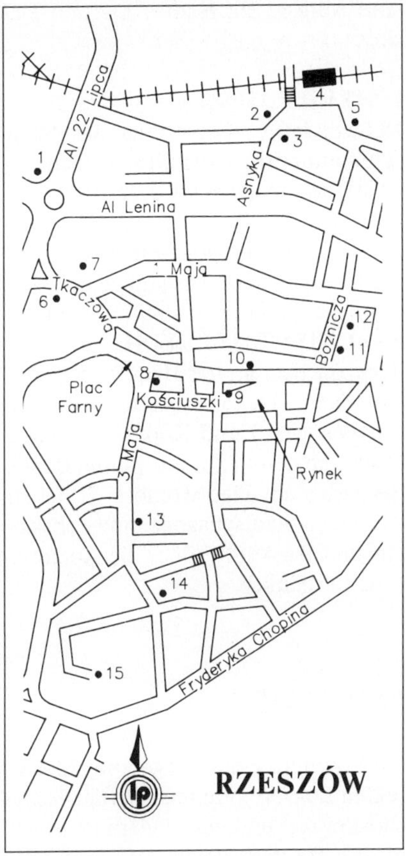

1. Hotel Rzeszów
2. Busbahnhof
3. Hotel Polonia
4. Bahnhof
5. PTTK-Touristenhotel
6. Nationaltheater
7. Bernhardinerkirche
8. Pfarrkirche
9. Altes Rathaus
10. Jugendherberge
11. Altstadt-Synagoge
12. Neustadt-Synagoge
13. Museum
14. Schloß Lubomirski
15. Burg

ein schöner Altar aus der Spätrenaissance zu sehen. Von der Pfarrkirche am Plac Farny gelangen Sie über die ulica 3 Maja in Richtung Süden zum Museum (montags geschlossen), das im Piaristen-Kloster aus dem 17. Jahrhundert eingerichtet wurde. Weiter südlich, hinter dem Schloß Lubomirski, erstreckt sich eine große Festungsanlage, die von den Österreichern Anfang des 20. Jahrhunderts als Gefängnis genutzt wurde.

Das Rathaus aus dem 16. Jahrhundert (umgebaut 1879) steht in der Mitte des Rynek. Ganz in der Nähe, im Haus Nr. 6, befindet sich das Ethnologische Museum. Auf dem Rynek erinnert eine Statue an Tadeusz Kosciuszko, der im Jahre 1795 für die polnische Unabhängigkeit und gegen die Russen kämpfte. Zwei alte Synagogen in der ulica Boznicza, gleich im Norden des Rynek, dienen heute als Kunstzentrum bzw. Archiv.

UNTERKUNFT

Das PTTK-Hotel am Plac Kilinskiego 6, direkt vor dem Busbahnhof und dem Bahnhof, bietet einfache Einzel- und Doppelzimmer mit Badbenutzung für 4 bzw. 6 US $. Ganz in der Nähe befindet sich das Hotel Polonia in der ulica Grottgera 16, in dem Einzel-, Doppel- und Dreibettzimmer mit Badbenutzung für 4, 7 bzw. 9 US $ vermietet wer-

den. Im Hotel Rzeszów in der Aleje 22 Lipca 2, einem 11 Stockwerke hohen Gebäude gegenüber von einem riesigen sozialistischen Monument, bezahlt man für ein Einzel- bzw. Doppelzimmer mit Bad 29 bzw. 44 US $ pro Tag.
Die Jugendherberge liegt am Rynek 25 über dem Nachtclub Alka, direkt im Herzen der Altstadt.

ESSEN

Der Eingang zur Milchbar U Wojciecha, unten im PTTK-Hotel, ist vom Hoteleingang aus gesehen um die Ecke herum. Im Rzeszówska in der ulica Kosciuszki 9 werden lokale Spezialitäten serviert, so z. B. gebratene Gans. Das Hortex in der ulica Slowackiego 18, hinter dem alten Rathaus, ist eine ausgezeichnete Adresse für Kaffee, Eis und Kuchen.

UNTERHALTUNG

Der moderne Konzertsaal der Stadt (Philharmonie) in der ulica Szopena 30 ist im Park, in der Nähe der Festung, gelegen. Alle drei Jahre findet in Rzeszów ein Festival mit polnischen Folkloregruppen aus dem Ausland statt.

AN- UND WEITERREISE

Rzeszów liegt an der Hauptstrecke der Eisenbahn von Przemyśl nach Warszawa (Warschau) und Kraków (Krakau). Nach Lublin und Zamość fahren Busse. Bei Orbis am Plac Wolnosci 2, neben der neuen Stadtsynagoge, sind Fahrkarten und Auskünfte über die Abfahrtszeiten erhältlich.

NOWY SACZ (NEU SANDEC)

Nowy Sacz (Neu Sandec) liegt in einem breiten Tal inmitten der niederen Beskiden, und zwar dort, wo die beiden Flüsse Dunajec und Kamienica zusammenfließen. Obstgärten mit Apfelbäumen bestimmen die umliegende Landschaft. Nowy Sacz (Neu Sandec), das im 13. Jahrhundert an der mittelalterlichen Handelsroute von Ungarn nach Polen lag, wurde Mitte des 15. Jahrhunderts durch seine einzigartige polnische Schule der gotischen Malerei bekannt. Heute bietet die Stadt die Möglichkeit, die ausgetretenen Touristenpfade zu verlassen, und bildet eine gute Basis für die Erkundung der Umgebung. Mit direkten Zugverbindungen aus der Tschechoslowakei und aus Ungarn ist es ein ideales Tor nach Polen.

PRAKTISCHE HINWEISE

Orientierung: In Nowy Sacz (Neu Sandec) gibt es zwei Bahnhöfe. Über den Hauptbahnhof führt die Strecke von Budapest nach Warszawa (Warschau), und am wesentlich kleineren Bahnhof Nowy Sacz Miasto halten die Züge aus Zakopane (über Chabowka). Wer sein Gepäck aufbewahren lassen möchte, der kann es nur am Hauptbahnhof abgeben. Falls Sie jedoch von Zakopane kommen und zum Hotel Panorama wollen, sollten Sie in Nowy Sacz Miasto aussteigen. Der Hauptbahnhof liegt 2 km südlich der Altstadt (Stare Miasto), ist allerdings mit in kurzen Abständen verkehrenden Bussen der Linie 7 zu erreichen.

Detaillierte Stadtpläne (mit den Strekken der Busse) hängen an allen Bushaltestellen der Stadtbusse in Nowy Sacz (Neu Sandec) aus.

Informationen: Auskunft erhalten Sie in den Orbis-Hotels Beskid und Panorama.

SEHENSWÜRDIGKEITEN

In der Mitte des historischen Marktplatzes von Nowy Sacz (Neu Sandec), dem Rynek, steht das alte Rathaus. Eine Sammlung alter griechisch-orthodoxer Ikonen und anderer Kunstwerke ist im Dom Gotycki-Museum in der ulica Lwowska 3, unweit des Rynek, zu sehen. Hinter dem Museum befindet sich die Margaretenkirche aus dem Jahre 1446. Eine alte Synagoge aus dem Jahre 1756 in der ulica Berka Jowselewicza 12, im Norden der Altstadt, beherbergt heute eine Kunstgalerie (montags und dienstags geschlossen).

Das Ethnographische Museumsdorf (Skansen) liegt ca. 2 km hinter dem PTTK-Hotel (Busse Nr. 14 und 15).

UNTERKUNFT

Im achtstöckigen Orbis-Hotel Beskid, einen Block vom Bahnhof entfernt, kann man in einem Einzel- bzw. Doppelzimmer mit Bad und Frühstück für 15 bzw. 28 US $ pro Tag übernachten. Preiswerter ist das PTTK-Hotel in der ulica Jamnicka 2, 3 km nordöstlich des Bahnhofs (7 US $ für ein Einzel- oder Doppelzimmer). Zum Hotel gelangen Sie, wenn Sie vom Bahnhof geradeaus zum Orbis-Hotel Beskid gehen, dann nach rechts, über die ulica Limaxnowskiego und ihre Verlängerung, die ulica Krolowej Jadwigi, in Richtung Osten und anschließend über die Fußgängerbrücke, die über den Fluß führt. Es ist das ganze Jahr über geöffnet und befindet sich auf dem Gelände eines Campingplatzes (geöffnet von Mai bis September) direkt hinter der Brücke. Sowohl die Busse der Linie Nr. 14 als auch die der Linie Nr. 15 fahren am Hotel vorbei.

Günstiger gelegen ist das Hotel Panorama, und zwar gleich hinter dem Rynek in der Altstadt in der ulica Romanowskiego 4 a. Von hier hat man einen Blick über die Dunajec. Die Einzel- bzw. Doppelzimmer mit Dusche kosten 8 bzw. 10 $. Von der Hotelrezeption werden auch Privatzimmer in der Stadt für 2 US $ pro Person und Tag vermittelt.

ESSEN

Im Gegensatz zu den meisten anderen stickigen, dunklen und verrauchten Gaststätten in Nowy Sacz ist das Restaurant im Hotel Panorama schön und luftig. Die Speisekarte (nur in Polnisch) ist umfangreich und enthält gute Gerichte. Probieren Sie z. B. *Rosol,* eine Bouillon mit kleinen, mit Fleisch gefüllten Klößchen.

Beim Restaurant Staropolska (Rynek 28) handelt es sich um ein elegantes Lokal zum Abendessen. Preiswerter ist eine Milchbar in der Nähe des Bahnhofs. Man findet sie in der ulica Batorego 81, zwischen dem Hotel Beskid und dem Bahnhof.

AN- UND WEITERREISE

Täglich verkehrt der *Cracovia* zwischen Kraków (Krakau) und Budapest und fährt über Nowy Sacz (Neu Sandec), Presov und Kosice. Er verläßt Nowy Sacz (Neu Sandec) abends in Richtung Süden und kommt aus der Tschechoslowakei in Nowy Sacz (Neu Sandec) am sehr frühen Morgen an. Wer zu dieser Zeit Geld wechseln möchte, sollte es im Hotel Beskid versuchen. Orbis in der ulica Dlugosza 10 nimmt auch die Reservierungen für diesen Zug vor und verkauft Fahrkarten.
Der *Tatry* fährt in Warszawa (Warschau) am frühen Morgen ab und erreicht Nowy Sacz (Neu Sandec) sechs Stunden später (464 km). Auf der Rückfahrt verläßt der *Tatry* Nowy Sacz (Neu Sandec) am Nachmittag. Der *Pieniny* fährt genau umgekehrt nachmittags in Warszawa (Warschau) und ganz früh morgens in Nowy Sacz (Neu Sandec) ab. Beide Züge nehmen den Weg über Kraków (Krakau), wo der *Tatry* am Bahnhof Kraków Plaszow und der *Pieniny* am Bahnhof Kraków Glowny hält. Der *Pieniny* fährt das ganze Jahr über täglich, der *Tatry* dagegen nur zu bestimmten Jahreszeiten, so daß Sie sich am besten näher erkundigen. Eine Reservierung ist in beiden Zügen erforderlich.
Wer mit einem Zug von Nowy Sacz (Neu Sandec) nach Zakopane fahren will, muß in Chabowka umsteigen. Die Strecke von Nowy Sacz (Neu Sandec) nach Chabowka ist recht schön und führt durch grün bewaldete Berge sowie abwechselnd durch Wälder und an Feldern vorbei. Häufig wird der Zug noch von einer Dampflokomotive gezogen.

STARY SACZ (ALT SANDEC)

Falls Ihnen Nowy Sacz (Neu Sandec) zu schnellebig ist, dann bringt Sie eine 15minütige Zugfahrt nach Stary Sacz (Alt Sandec), 8 km südwestlich der Stadt. Das ist ein friedlicher, unberührter Ort mit einstöckigen Wohnhäusern, hohen geschwungenen Dächern und ruhigen, mit Kopfstein gepflasterten Straßen. Hier lassen die Bauern der Umgebung an der einen Ecke des zentralen Platzes ihre Karren stehen und binden ihre Pferde neben dem rustikalen Markt unter freiem Himmel fest. Ein niedriger, bewaldeter Berg bildet den Hintergrund für das Bild des verschlafenen, kleinen Stary Sacz (Alt Sandec).

SEHENSWÜRDIGKEITEN

Die Geschichte von Stary Sacz (Alt Sandec) geht auf das Jahr 1257 zurück, als

eine ungarische Prinzessin hier das Klarissenkloster gründete. Die größte Sehenswürdigkeit der heutigen Konventkirche bildet eine Kanzel aus dem Jahr 1671. Sie ist von einem geschnitzten Baum umgeben, der aus einer ruhenden Jesus-Figur erwächst. Im Gebäude gegenüber der Kirche befindet sich eine Kunstgalerie mit neueren Gemälden aus dieser Region. In der letzten Juniwoche jedes Jahres finden im Konvent das Stary Sacz-Fest der Alten Musik statt.
Die einzige weitere Sehenswürdigkeit der Stadt stellt das Regionale Museum am Rynek 6 dar (geöffnet dienstags bis sonntags von 10.00 bis 13.00 Uhr), in dem eine staubige Ansammlung von alten Fotos und lokalen Ausstellungsstücken zu sehen ist.

UNTERKUNFT UND ESSEN

Außer in der Jugendherberge, die im Sommer in einer Schule neben der Pfarrkirche eingerichtet wird, gibt es keine Übernachtungsmöglichkeiten im Ort. Am besten eignet sich Stary Sacz (Alt Sandec) aus diesem Grund für einen Tagesausflug von Nowy Sacz (Neu Sandec) aus. Zahlreiche einfache Gaststätten am Rynek bieten die Möglichkeit, etwas zu essen und zu trinken.

AN- UND WEITERREISE

Zwischen Nowy Sacz (Neu Sandec) und Stary Sacz (Alt Sandec) bestehen Zug- wie auch Busverbindungen in kurzen Abständen. Der Bahnhof ist nur erfreuliche 10 Minuten vom Zentrum entfernt.

DIE TATRA

Polen ist überwiegend ein flaches, offenes Land mit Seen und Flüssen. Im Süden erheben sich jedoch die Sudeten und die Karpaten aus der Ebene. Die Tatra, 100 km von Kraków (Krakau) entfernt, ist der höchste Teil dieser Gebirgskette mit durchschnittlich über 2.000 Metern Höhe. Die Falten aus Granit und Kalkstein wurden von Gletschern geformt und bilden eine wirklich alpine Umwelt. Die polnisch-tschechoslowakische Grenze verläuft entlang der Bergkämme dieser zerklüfteten Gipfel der Karpaten.

Der gesamte polnische Teil des Gebirges ist in den Tatra-Nationalpark eingegliedert, der 217 qkm umfaßt (Eintritt frei). Zakopane, das regionale Zentrum, ist dank seiner Popularität als Skisportort als die Winterhauptstadt von Polen bekannt. Da so zahlreiche Touristen hierher kommen, ist alles recht gut organisiert. Es gibt hier eine gute Infrastruktur. Besucher, die den Sommer für einen Aufenthalt wählen, können wandern und die Polen in der natürlichen Umgebung kennenlernen. Da viele Studenten hier ihre Ferien verbringen, bleiben Gespräche mit ihnen möglicher-

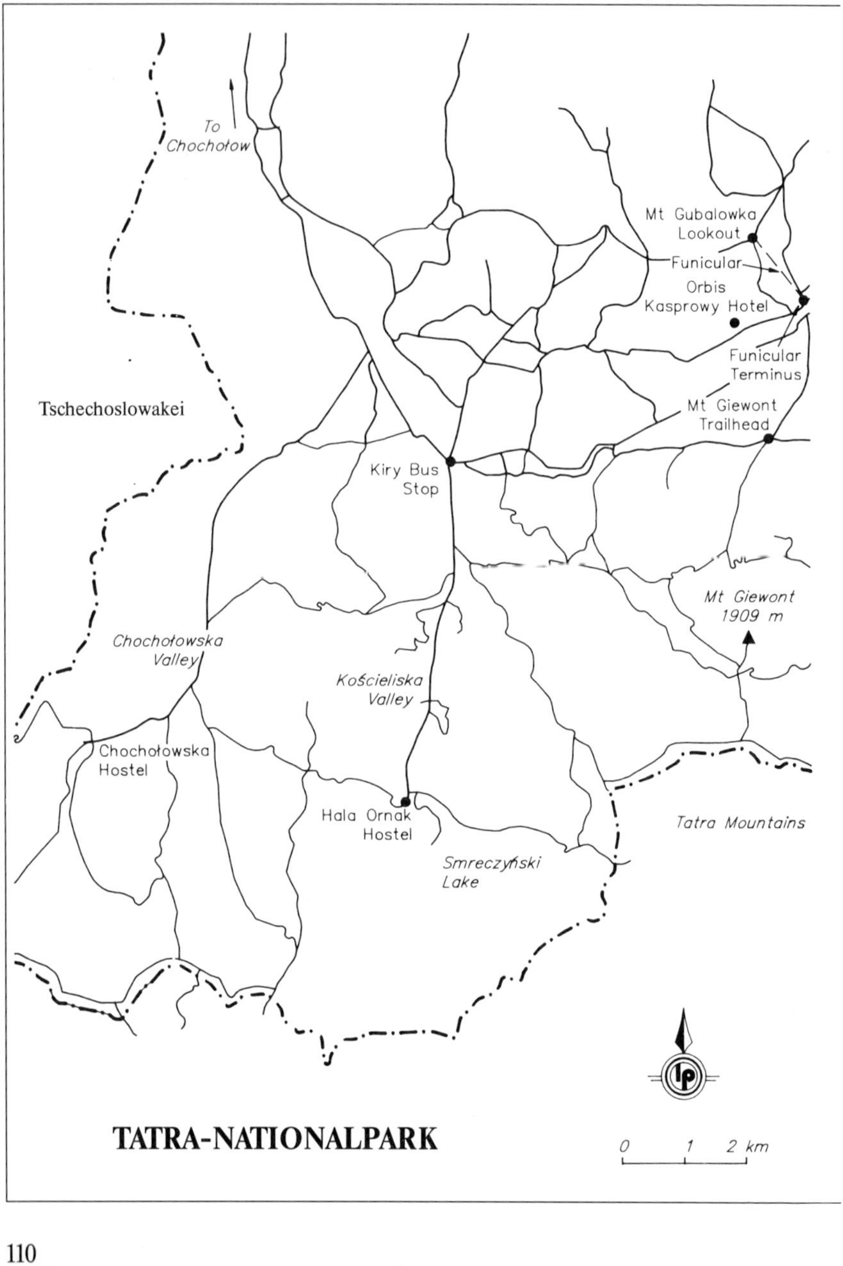
To Chochołow
Mt Gubalowka Lookout
Funicular
Orbis Kasprowy Hotel
Funicular Terminus
Mt Giewont Trailhead
Tschechoslowakei
Kiry Bus Stop
Mt Giewont 1909 m
Chochołowska Valley
Kościeliska Valley
Chochołowska Hostel
Hala Ornak Hostel
Tatra Mountains
Smreczyński Lake
TATRA-NATIONALPARK
0 1 2 km

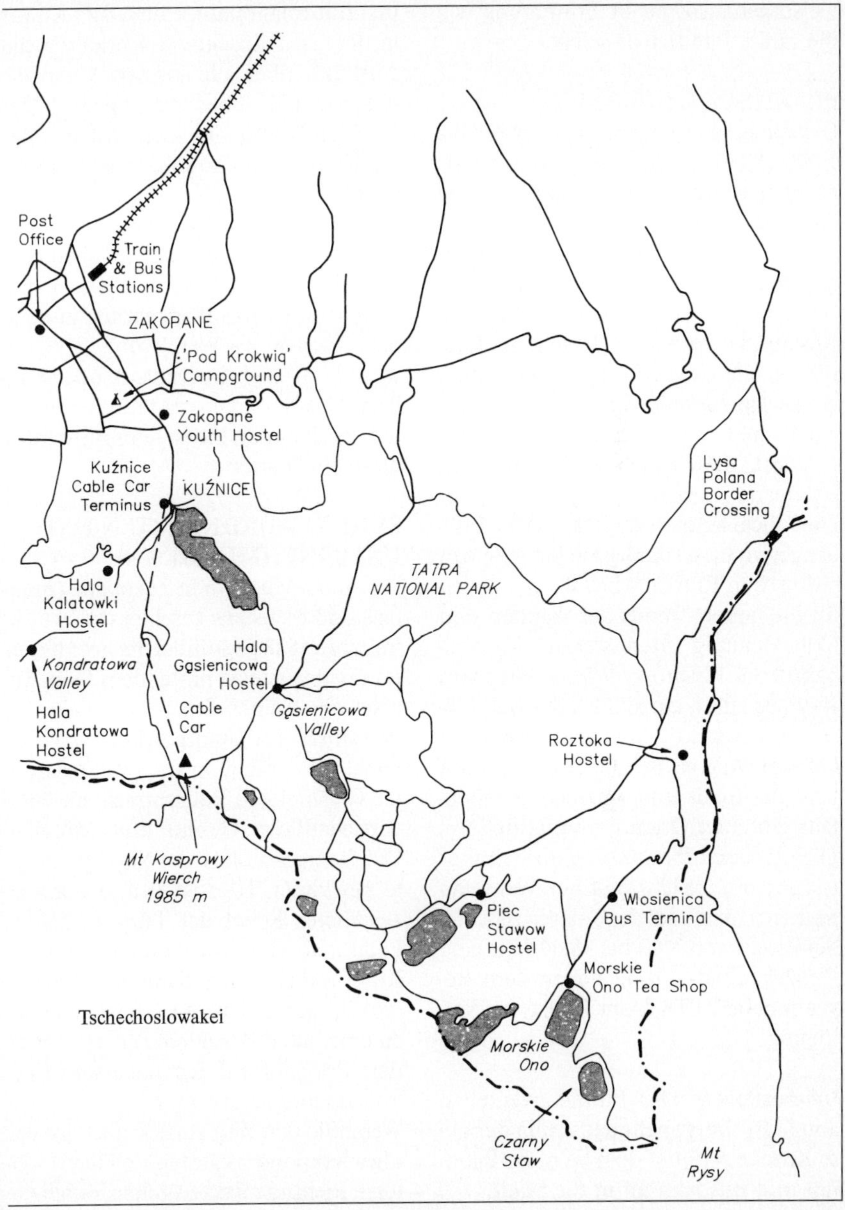
Post Office
Train & Bus Stations
ZAKOPANE
'Pod Krokwią' Campground
Zakopane Youth Hostel
Kuźnice Cable Car Terminus
KUŹNICE
Hala Kalatowki Hostel
Kondratowa Valley
Hala Kondratowa Hostel
Cable Car
Mt Kasprowy Wierch 1985 m
Hala Gąsienicowa Hostel
Gąsienicowa Valley
TATRA NATIONAL PARK
Lysa Polana Border Crossing
Roztoka Hostel
Włosienica Bus Terminal
Piec Stawow Hostel
Morskie Ono Tea Shop
Morskie Ono
Czarny Staw
Mt Rysy
Tschechoslowakei

weise genauso gut in Erinnerung wie die rauhe Landschaft selbst.

PRAKTISCHE HINWEISE

Orientierung: Zakopane, das auf 800 bis 1.000 m Höhe liegt, eignet sich gut als Ausgangspunkt für eine Erkundung der Gegend. Sowohl der Bahnhof als auch der Busbahnhof liegen nebeneinander am nordöstlichen Rand der Stadt. Vom Bahnhof führt der Weg über die ulica Kosciuszki, vorbei am Busbahnhof, direkt in die Stadt. Dabei kommt man rechts am Fremdenverkehrsamt, dann am Hotel Giewont und schließlich am Postamt, dem Orientierungspunkt in Zakopane, vorbei.

Die ulica Krupowki, Zakopanes Fußgängerzone, ist ständig mit Scharen von polnischen Touristen bevölkert, die sich für die neuen Trends der Wander- und Skibekleidung interessieren. Die Seilbahn zum Kasprowy Wierch fährt von Kuznice aus, 4 km südlich der Bahnhöfe. Der „Rondo", ein Kreisverkehr auf halbem Weg zwischen dem Bahnhof bzw. der Stadt und Kuznice, ist ebenfalls ein guter Orientierungspunkt.

Die Gepäckaufbewahrung im Bahnhof ist rund um die Uhr geöffnet. Wer seine Sachen in der Stadt deponieren möchte, dem steht von 8.00 bis 18.00 Uhr eine Gepäckaufbewahrung neben dem Restaurant im PTTK Dom Turysty zur Verfügung.

Informationen: Das Fremdenverkehrsamt (TPT Tatry) befindet sich in der ulica Kosciuszki 7, auf dem Weg von Bahnhof und Busbahnhof in die Stadt.

Im Informationszentrum für Kultur in der ulica Kosciuszki 4 erhalten Sie Auskunft über alle lokalen Veranstaltungen, z.B. über das Festival der Hochlandkultur im September oder die Karol Szymanowski-Musiktage im Oktober.

Im Informationsbüro für den Tatra-Nationalpark in der ulica Chalubinskiego 42, beim „Rondo", werden gute Landkarten zum Verkauf angeboten und zudem Fragen zu Wanderungen beantwortet, oft auch in Deutsch oder Englisch. Das Nationalpark-Museum inmitten von Bäumen hinter dem Büro führt dieselben Karten.

SEHENSWÜRDIGKEITEN UND UNTERNEHMUNGEN

Das Tatra-Museum in Zakopane (montags und dienstags geschlossen) wurde im Jahre 1888 gegründet. Es liegt hinter Bäumen versteckt hinter dem Dom Turysty ein kleines Stück unterhalb des Postamtes. Im Untergeschoß ist Volkskunst aus der Region ausgestellt, darunter Glasmalerei, Bauerntrachten, landwirtschaftliche Geräte und Mobiliar. Das Obergeschoß ist der Naturgeschichte gewidmet. Hier ist u. a. ein ausgezeichnetes Relief der Tatra zu sehen. Folgt man vom Museum aus der ulica Kurpowki und biegt dann nach links in die ulica Koscieliska ein, so gelangt man zu einer alten Holzkirche (1851) mit einem Friedhof, auf dem die ersten Siedler begraben liegen.

Wenn Sie den Weg zurück zur Ecke der ulica Krupowki nehmen und dann weiter in Richtung Westen gehen, durch die

Überführung, kommen Sie zur Talstation der Seilbahn aus dem Jahre 1938, die Sie auf den Gubalowka (1.123 m) bringt. Die letzte Bahn fährt um 20.00 Uhr auf den Berg und gleich wieder zurück (hin und zurück 0,65 US $). Von diesem Berg bietet sich ein herrlicher Blick über die Gegend.

Bergsteigen und Bergwandern: Das Beste, was man in Zakopane unternehmen kann, ist, den Giewont zu besteigen. Zu Fuß oder mit einem Taxi geht es zunächst einige Kilometer auf der ulica Strazyska bis zum Anfang des Weges. Von hier führt ein breiter Pfad durch den Wald hinauf zu einigen Hütten sowie einer kleinen Teestube und dann geradeaus und in Runden steil zum Bergrücken (rot gekennzeichneter Pfad). Vom Kreuz auf der Spitze des Giewont hat man einen weiten Blick über Zakopane und die Tatra – an einem klaren Tag wirklich ein wunderschönes Panorama.
Zurück nach Zakopane führt der blau markierte Pfad durch das Kondratowa-Tal (leichter), der bei der Talstation der Seilbahn in Kuznice endet. Erfrischungen erhalten Sie in der Hala Kondratowa-Herberge. Den gesamten Weg kann man ohne Schwierigkeiten in ca. 6 Stunden zurücklegen.

Kuznice: Das Werk des polnischen Avantgarde-Künstlers Wladyslaw Hasior ist in der Kunstgalerie Hasior in der ulica Jagiellonska 7 ausgestellt, ein Stück bergauf vom Bahnhof (montags und dienstags geschlossen).
Eine Einführung in die Naturgeschichte dieser Region bietet das Przyrodnicze-Museum des Tatra-Nationalparks (geöffnet dienstags bis sonntags von 9.00 bis 14.00 Uhr) im Wald direkt unterhalb des „Rondo" an der Straße zur Seilbahn von Kuznice.
Seit ihrer Inbetriebnahme im Jahre 1938 ist fast jeder polnische Tourist mit der Seilbahn von Kuznice zum Gipfel des Kasprowy Wierch (1.985 m) gefahren, auf dem man mit einem Fuß in Polen und mit dem anderen in der Tschechoslowakei stehen kann. Von hier hat man, falls keine Wolken aufziehen, einen ausgezeichneten Blick. Das Restaurant auf dem Gipfel wird um 9.00 Uhr morgens geöffnet. Viele Besucher gehen zu Fuß zurück durch das Gasienicowa-Tal oder entlang der Strecke über den Bergkamm, den ganzen Weg über Piec Stawow bis zum Morskie Oko-See. Das ist eine sehr anstrengende Wanderung, für die man bei gutem Wetter einen ganzen Tag benötigt.
Im Juni, Juli und August fährt die Seilbahn von 7.30 bis 20.30 Uhr, in den anderen Monaten von 8.00 bis 17.00 Uhr. Die Hin- und Rückfahrt kostet bis 13.00 Uhr 3 US $ und danach nur noch 2 US $. Wer eine Karte für die Hin- und Rückfahrt kauft, reserviert automatisch einen Platz für die Rückfahrt zwei Stunden später. Karten für die Seilbahn werden auch im voraus bei Orbis in der ulica Krupowki 22, neben dem Postamt, verkauft, und zwar im 3. Stock, Zimmer 6. Sie können die Karten auch an der Talstation der Seilbahn kaufen, nur tragen Sie dann das Risiko, bereits eine

lange Schlange vorzufinden und eine Stunde oder noch länger warten zu müssen. Aus diesem Grund empfiehlt es sich, Karten einen Tag im voraus bei Orbis zu holen.

Morskie Oko: Einer der Höhepunkte eines Besuches von Zakopane ist die Busfahrt zum Morskie Oko-See (der Name bedeutet „Meeresauge"). Er geht auf einen legendären Tunnel zurück, der den See mit der Adria verbinden soll. Am besten kaufen Sie die Hin- und Rückfahrkarten einige Tage im voraus am Busbahnhof, auch wenn häufig noch Karten im Bus erhältlich sind. Sie müssen den Bus nach Polana Palencia nehmen. Einige Stunden Aufenthalt am See genügen im allgemeinen.

Von Polana Palencia aus sind es noch 9 km (nicht allzu steil) bis zum See. Es besteht jedoch die Möglichkeit, eine Strecke für jeweils 1 US $ mit einem Pferdewagen zurückzulegen. In Wlosienica, 20 Minuten vor dem See, befindet sich ein Restaurant, und ca. 500 m weiter nach links gelangt man zu einem Campingplatz. Am Ufer des Sees selbst erhält man in einer großen Teestube auch Bigos.
Ein mit Steinen gepflasterter Weg führt rund um den von Bergen umgebenen Gletschersee und bietet die Möglichkeit zu einem schönen Spaziergang von ca. 40 Minuten Dauer. Man kann zudem zu einem weiteren, höher gelegenen See wandern, dem Czarny Staw. Das sind noch einmal ca. 20 Minuten Weg. Der Rysy, der mit 2.499 m höchste Berg der polnischen Tatra, erhebt sich direkt dahinter. Im Spätsommer, wenn der Schnee endlich geschmolzen ist, kann man den Aufstieg von der Teestube aus in ca. 4 Stunden bewältigen. Lenin bestieg den Rysy im Jahre 1913.

Abstecher nach Westen: Mit Bussen, die in kurzen Abständen fahren, gelangt man von Zakopane aus zum weiter westlich gelegenen Chocholow, einem sehr interessanten Dorf mit großen Bauernhäusern aus Holz, die in recht großen Abständen die Straße säumen. Es handelt sich um eine Art Freilichtmuseum für traditionelle Architektur, wenn man davon absieht, daß alle Gebäude von Bauern bewohnt werden, die ihre Jahrhunderte alte Lebensweise beibehalten haben. Bei dem Laden gegenüber der Kirche befindet sich ein kleines Museum.

Auf dem Rückweg nach Zakopane sollten Sie in Kiry aussteigen und durch das Koscieliska-Tal bis zur Hala Ornak-Herberge wandern. Eine breite, mit Steinen gepflasterte Straße führt direkt durch das Tal. Von der Herberge aus besteht die Möglichkeit, zum idyllischen Smreczynski-See zu wandern (ca. 15 Minuten). Nimmt man den orange markierten Weg, der vom Hala Ornak zum Chocholowska-Tal führt, gelangt man wieder zum Ausgangspunkt zurück. Von Kiry fahren in kürzeren Abständen Busse zurück nach Zakopane.

UNTERNEHMUNGEN

Von Mai bis September bietet Orbis Floßfahrten auf der Dunajec für 7 US $ pro Person an. Sie müssen jedoch eine Woche im voraus gebucht werden. Versuchen Sie dies durch ein Orbis-Büro in einer anderen polnischen Stadt.

UNTERKUNFT

Zelten: Der Campingplatz Pod Krokwia (geöffnet von Juni bis September) in der ulica Zeromskiego, zwischen der Stadt und Kuznice, bietet neben Zeltplätzen 7 große Bungalows mit mehreren Doppel- und Dreibettzimmern, die allerdings häufig belegt sind. Eine Übernachtung kostet im Doppelzimmer ohne Bad 4 US $ und in einem Doppelzimmer mit Bad 5 US $.

Jugendherbergen: Die Jugendherberge in der ulica Nowotarska 45 (Tel. 6 62 03) ist das ganze Jahr über geöffnet. Vom Bahnhof aus gehen Sie am besten geradeaus über die ulica Kosciuszki bis zu einer Brücke, die über einen schmalen Bach führt. Hier biegen Sie nach rechts ab und folgen der ulica Sienkiewicza bis zur Ecke der ulica Nowotarska. Es sind knapp 10 Minuten zu Fuß. Die Jugendherberge liegt dann am Ende der Zufahrt direkt vor Ihnen. Das Schild weist einen falschen Weg!

Eine Alternative stellt das Dom Wycieczkowy Kuznice im Hinterhaus eines Restaurants an der Talstation der Seilbahn dar. Hier kostet ein Doppelzimmer 4 US $ pro Tag. Für ein Bett im Drei- oder Vierbettzimmer zahlt man 2 US $.

Privatzimmer: Die bei weitem preiswerteste Möglichkeit, in Zakopane zu übernachten, ist es, über das Tatry Biuro Zakwaterowan in der ulica Kosciuszki 7 (geöffnet täglich von 8.00 bis 20.00 Uhr) ein Privatzimmer zu mieten. Die Preise für ein Einzel- bzw. Doppelzimmer in der 1. Kategorie liegen bei 2 bzw. 3 US $. Es gilt allerdings eine Mindestmietdauer von 4 Tagen. Häufig sind jedoch keine Einzelzimmer erhältlich. Wenn Sie nichts bekommen, kann Ihnen möglicherweise ein Taxifahrer dabei behilflich sein, ein Zimmer in einem Privathaus zu finden.

Das Orbis-Büro neben dem Postamt (3. Stock, Zimmer 6) vermittelt Kost und Logis in kleinen Pensionen (*Pensjonate)* in Zakopane für ca. 7 US $ pro Person und Tag. Die Orbis-Pension Orawa in der ulica Zeromskiego 23, ein Stück stadteinwärts vom Campingplatz aus, verfügt über Zimmer in verschiedenen Häusern der Gegend. Einige der

Orbis-Pensionen, wie z. B. die in der ulica Wierchowa, liegen weit vom Zentrum entfernt und sind nur zu empfehlen, wenn man motorisiert ist.

Hotels: Das PTTK Dom Turysty in der ulica Gen Zaruskiego 5 liegt einige Minuten zu Fuß vom Postamt entfernt an der Straße, die in die Berge führt. Für ein Einzel- bzw. Doppelzimmer ohne Bad zahlt man 5 bzw. 8 US $, für ein Doppelzimmer mit Bad 11 US $. Für eine Übernachtung im Vierbettzimmer werden pro Person 3 US $ verlangt, im Achtbettzimmer pro Person 2 US $ und im Schlafsaal mit 28 Betten pro Person 1,50 US $. Das Restaurant im Haus ist von 8.00 bis 21.30 Uhr geöffnet. Leider ist das Dom Turysty derartig von aufgeregten Gruppen mit Kindern überschwemmt, daß Sie es nur als letzte Möglichkeit wählen sollten.

Beim vor kurzem renovierten Hotel Morskie Oko in der ulica Krupowki, nur einige Minuten zu Fuß vom Hauptpostamt aus die Straße hinauf, handelt es sich um das preiswerteste reguläre Hotel im Zentrum, so daß es im allgemeinen ausgebucht ist. Die Einzel- bzw. Doppelzimmer ohne Bad werden für 4 bzw. 7 US $ vermietet. Für ein Doppelzimmer mit Bad werden 9 US $ verlangt. Die Preise im Restaurant des Hotels sind jedoch zu hoch.

Für nur wenig mehr Geld können Sie im modernen Gromada-Gazda in der ulica Zaruskiego 6, unweit vom Postamt, übernachten. Die hellen, sauberen Einzelzimmer mit Toilette, aber ohne Dusche, kosten 8 US $ pro Tag. Und für ein Doppelzimmer mit Bad und Frühstück muß man 14 US $ bezahlen. Das ist preiswert. Das Orbis-Hotel Giewont auf der gegenüberliegenden Straßenseite bietet Einzelzimmer von 9 bis 17 US $ pro Tag und Doppelzimmer von 10 bis 28 US $. Die Preise gelten allerdings ohne Frühstück.

Das Juventur-Sloneczny in der ulica Sloneczna 2 a, einer Seitenstraße der ulica Nowotarska, ist ein großes, modernes Hotel, das sich in erster Linie auf Studenten und junge Leute eingestellt hat. Hier zahlt man für ein Einzel- bzw. Doppelzimmer ohne Bad 5 bzw. 9 US $ und für ein Zimmer mit Bad und Frühstück 8 bzw. 13 US $. Das Haus ist nur einen Block von der Jugendherberge entfernt, so daß Sie es am besten hier versuchen, falls diese voll ist.

Im privaten Hotel Ermitage in der ulica Chalubinskiego 8 werden Doppelzimmer mit Balkon und Frühstück für 14 US $ pro Tag vermietet. Für ein Zimmer ohne Balkon werden 11 US $ verlangt. Es handelt sich um eine großes Wohnhaus, ca. 15 Minuten vom Postamt wie auch vom Bahnhof und vom Busbahnhof entfernt. Im Untergeschoß befindet sich ein gutes Restaurant, in dem Sie auch essen können, wenn Sie nicht hier wohnen.

Das Hotel Imperial in der ulica Balzera 1, bergauf vom „Rondo" aus, ist ein großes und modernes Sporthotel mit Einzel- und Doppelzimmern mit Bad für 5 bzw. 7 US $. Das Preis-/Leistungsverhältnis ist so gut, daß polnische Reisegruppen häufig alle Zimmer belegen. Versuchen Sie am besten, durch ein Reisebüro im voraus ein Zimmer in diesem Haus zu reservieren. Sie erreichen das Hotel mit einem Bus nach Kuznice bis zum „Rondo". Von dort aus sind es noch 5 Minuten zu Fuß. Erkundigen Sie sich bei den Einheimischen nach dem Weg. Einige der Zimmer im obersten Stockwerk bieten einen wunderschönen Blick auf die Berge. Zum Haus gehören auch ein großes Restaurant, ein Café und eine Bar. Das Imperial ist eine gute Wahl, wenn Sie motorisiert sind.

Alle Zimmerpreise sind außerhalb der Saison, d. h. von Oktober bis Mitte Dezember und von April bis Mai, erheblich niedriger. In der Skisaison (Mitte Dezember bis März) verdoppeln sich die Preise jedoch. Zakopane ist eines der beliebtesten Tourismuszentren in Polen, so daß an den Wochenenden und an Feiertagen häufig alles ausgebucht ist.

Berghütten: Im Tatra-Nationalpark gibt es einige Berghütten (große Herbergen), die Wanderern preiswert Unterkunft bieten (3 US $ pro Person). In allen kann man zudem einfache Verpflegung bekommen. Die Nachfrage nach den Betten in den Herbergen ist je nach Jahreszeit groß, denn das Zelten im Park ist nicht gestattet (Bären!). Es empfiehlt sich also, bevor Sie sich auf den Weg machen, im Biuro Obslugi Ruchu Turystyczego (PTTK) in der ulica Krupowki 12, in der Nähe des Tatra-Museums, nachzufragen, ob man noch unterkommt. Die Mitarbeiter in diesem Büro verwalten alle Herbergen und können mit Sicherheit sagen, welche von ihnen geöffnet sind. Man kann natürlich auch auf gut Glück versuchen, ein Bett zu bekommen. Dann sollte man jedoch nicht zu spät ankommen. Die Hütten sind im November und im Mai häufig wegen Reparaturarbeiten geschlossen, so daß Sie insbesondere in diesen Monaten vorher nachfragen sollten, welche von ihnen geöffnet sind. Davon abgesehen sind sie das ganze Jahre offen. Das beste Wetter zum Wandern herrscht im allgemeinen im August.

Die riesige Hala Kalatowki mit 84 Betten (4 US $ pro Person und Nacht), die in etwa 30 Minuten zu Fuß von der Talstation der Seilbahn in Kuznice entfernt ist (zu erreichen mit dem Nahverkehrsbus) erreicht man am einfachsten von Zakopane aus. Eine halbe Stunden hinter der Hala Kalatowki, am Weg zum Giewont, befindet sich die Hala Kondratowa mit 20 Betten. Die Lage und die Atmosphäre hier sind ausgezeichnet, aber dieses Quartier ist klein.

Wer durch den Nationalpark wandern möchte, der kann die Roztoka-Herberge als Ausgangspunkt wählen (96 Betten), zu der man mit dem Bus zum Morskie Oko gelangt. Wenn man sich früh genug von Zakopane aus auf den Weg macht, bietet sich morgens Zeit, sich den Morskie Oko anzusehen, so daß man danach noch bis zur Herberge Piec Stawow (70 Betten) wandern kann. Es sind einige Stunden auf dem blauen Pfad vom Morskie Oko aus über einen Paß. Piec Stawow („Fünf Seen") ist die bei weitem am schönsten gelegene Unterkunft in der polnischen Tatra.

Eine gute Tageswanderung westlich der Piec Stawow liegt die Hala Gasienicowa (100 Betten), von der aus ein Weg zurück nach Zakopane führt. Im westlichen Teil des Parks bieten die Häuser Ornak (175 Betten) und Chocholowska (161 Betten) Unterkunft und sind durch einen Pfad miteinander verbunden.

ESSEN

Warten Sie nicht zu lange, wenn Sie abends essen gehen möchten. Die Restaurants werden früh geschlossen, so daß Sie nach 19.30 Uhr möglicherweise nur noch Eis bekommen. Es empfiehlt sich, bereits vorher zu entscheiden, wo man zu Abend essen möchte, und sich dann nach den Öffnungszeiten und einer möglicherweise erforderlichen Reservierung zu erkundigen. Zu den preiswertesten Selbstbedienungsrestaurants gehört die Sam Bar in der ulica Krupowki 71, die allerdings nicht zu empfehlen ist.

Das schönste Restaurant in Zakopane befindet sich im Hotel Giewont, schräg gegenüber vom Postamt. Die Speisekarte kann man hier auch in Deutsch erhalten. Außerdem gibt es sogar kaltes Bier. Probieren Sie hier ein Gericht mit *Bryndza* (Schafskäse). Im Café des Hauses wird ein gutes Frühstück serviert. Auch wenn theoretisch bis 23.30 Uhr geöffnet ist, kann es Ihnen passieren, daß der Oberkellner Sie nicht mehr einläßt, falls Sie nicht einen Platz reserviert haben.

Im Restauracja Wierchy in der ulica Tetmajera 2 in Krupowki stehen regionale Gerichte auf der Speisekarte, die allerdings nur auf Polnisch existiert. Die Küche ist jedoch nur bis 19.00 Uhr geöffnet. Es ist kein schlechtes Lokal für ein Mittagessen. Von 20.00 bis 2.00 Uhr dient es als Discothek (Eintritt 2 US $ und mindestens 2 US $ für Getränke). Es lohnt auch, nach dem Karczma Obrochtowka, einem Restaurant im traditionellen Stil in der ulica Kraszenskiego 10, zu suchen. Das ist eine kleine Straße zwischen der ulica Zamoyskiego und der ulica Chalubinskiego auf halbem Weg zwischen dem „Rondo" und der Stadt. Wenn man aus der Stadt kommt, zweigt sie bei der ulica Zamoyskiego 13 a nach links ab. Hier werden typische polnische Gerichte im Keller eines großen Holzhauses aufgetischt (dienstags bis sonntags von 12.00 bis 23.00 Uhr).

Das Gubalowka im Obergeschoß neben der Bergstation der Seilbahn bietet nur eine begrenzte Speisekarte, ist jedoch vornehm und teuer genug, um die Horden der Jugendlichen vom Betreten abzuhalten. Zudem wird durch den nur schlecht zu erkennenden Eingang ebenfalls Massenanstürmen vorgebeugt. Wenn Sie dort etwas essen wollen, dann halten Sie also gründlich Ausschau. Eine Spezialität des Hauses bildet das *Placek po Zbojniku* (zwei große Kartoffelpfannkuchen mit Gulasch). Auf die Preise, die auf der Speisekarte stehen, werden noch 10 % für Bedienung aufgeschlagen.

Cafés: Das Kaviarna Kmicic in der Nähe des Stadtparks, unweit der ulica Krupowki, ist ein nettes Café, um nachmittags Kaffee zu trinken und Kuchen oder Eis zu essen oder abends etwas zu trinken. Es ist vom 9.00 Uhr morgens bis 21.00 Uhr abends geöffnet. Der angewärmte Tatrzanska Jesien-Wein wird Ihnen an einem kalten Abend gut tun. Eine Speisekarte in Deutsch ist hier erhältlich.

EINKÄUFE

Von den Straßenverkäufern in Zakopane werden Wollpullover, Wollmützen, Wollhandschuhe und Wollsocken zu sehr vernünftigen Preisen angeboten. Durch Handeln sollten Sie den zunächst geforderten Betrag um ca. 25 % senken können.

AN- UND WEITERREISE

Die Schnellzüge *Sawa* und *Tatry* (Reservierung erforderlich) benötigen knapp über 6 Stunden, um die 444 km von Warszawa (Warschau) nach Zakopane zurückzulegen. Sie fahren in Warszawa (Warschau) am frühen Morgen ab und erreichen Zakopane am Nachmittag. Der *Sawa* hält auf seinem Weg nach Zakopane am späten Morgen am Bahnhof Kraków Glowny. Beide Züge werden saisonabhängig eingesetzt, so daß es sich empfiehlt, vorher anzufragen, ob sie am gewünschten Tag auch verkehren.

Von Kraków (Krakau) gelangt man mit einem Bus schneller nach Zakopane (147 km) als mit einem Zug. Man sollte jedoch bereits im voraus am Busbahnhof eine Fahrkarte kaufen. Nachtzüge nach Zakopane fahren sowohl von Wroclaw (Breslau) als auch von Warszawa (Warschau). Plätze im Liegewagen oder Schlafwagen nach diesen beiden Städten können Sie in Zakopane bei Orbis in der ulica Krupowki 22, neben dem Postamt, reservieren, aber auch am Bahnhof. Von Zakopane nach Czestochowa (Tschenstochau) bestehen keine Busverbindungen. Es gibt zwar eine Zugverbindung, aber die ist schlecht, denn man kommt von Zakopane aus spät abends dort an.

Ein Direktbus fährt zweimal pro Woche (donnerstags und sonntags) von Zakopane nach Budapest (Fahrpreis 8 US $, Fahrzeit 9 Stunden). Auf diese Weise kann man ausgezeichnet von Polen nach Ungarn reisen, zumal ein Visum für die Fahrt durch die Tschechoslowakei für Deutsche, Österreicher und Schweizer nicht mehr erforderlich ist. Die Fahrkarten erhalten Sie beim Fahrer (keine Reservierung möglich). Fußgänger können den Grenzübergang an der Landstraße nach Lysa Polana nehmen, die von der Straße zum Morskie Oko abzweigt. Von Lysa Polana aus führt eine Straße über Zdiar (30 km) bis nach Tatranska Lomnica. Bei ausgezeichnetem Sommerwetter können geübte Rucksackwanderer, wenn sie früh genug losgehen, von der Grenze über den Bergpaß auf gut 2.000 m Höhe zum Zbojnicka- oder Teryho-Chalet in der Slowakei gelangen. Aus verschiedenen Gründen ist es praktischer, den Weg von Süden nach Norden zurückzulegen als umgekehrt.

NAHVERKEHR

Nach Kuznice fahren mehrmals stündlich Busse vom Halteplatz Nr. 7 am Busbahnhof. Die Fahrkarten sind im Busbahnhof erhältlich. Für eine Taxifahrt vom Zentrum in Zakopane bis nach Kuznice muß man ca. 2 US $ bezahlen.

KRAKÓW (KRAKAU)

Kraków (Krakau) ist mit rund 800.000 Einwohnern die drittgrößte Stadt Polens. Gegründet wurde sie vor über einem Jahrtausend von Prinz Krak, der auf dem Hügel Wawel oberhalb einer Biegung der sagenumwobenen Wisla (Weichsel) eine Siedlung bauen ließ. Boleslaw der Mutige errichtete hier im Jahre 1029 eine Kathedrale und verlegte 1039 die Hauptstadt von Poznań (Posen) nach Kraków (Krakau). Die Könige Polens regierten von der Burg auf dem Wawel bis zum Jahre 1596. Selbst später wurden in der Kathedrale weiterhin die polnischen Herrscher gekrönt und beigesetzt.

Dort, wo sich die Handelsrouten vom Westeuropa nach Byzanz und vom südlichen Europa zum Baltikum kreuzten, entwickelte sich eine große, mittelalterliche Stadt. Bei Angriffen der Tataren im 13. Jahrhundert wurde Kraków (Krakau) zwar verwüstet, aber wieder aufgebaut. Im Januar 1945 zwang ein überraschende Umzingelung der Stadt durch die Sowjetarmee die Deutschen dazu, sich schnell aus Kraków (Krakau) zurückzuziehen, so daß es vor der Zerstörung bewahrt wurde. Heute finden sich im alten Stadtkern, dem Stare Miasto, Museen von Weltrang und alte Kirchen. Kazimierz, das heute ruhige jüdische Viertel, erzählt von einem traurigeren Kapitel der jüngeren Geschichte, und Auschwitz ist nicht weit entfernt.

Kraków (Krakau) war eine mittelalterliche Universitätsstadt. Die Jagiellonen-Universität, die im Jahre 1364 in Kraków (Krakau) gegründet wurde, ist die älteste Hochschule Polens, an der schon Kopernikus studierte. Heute handelt es sich nach der von Warszawa (Warschau) immer noch um die zweitgrößte Universität des Landes. 10 % der Bevölkerung der Stadt sind derzeit Studenten. Kraków (Krakau) ist eine polnische Stadt, deren Besuch man einfach nicht versäumen darf.

PRAKTISCHE HINWEISE

Orientierung: Der Hauptbahnhof und der zentrale Busbahnhof liegen nebeneinander am äußersten nordöstlichen Ende der Altstadt. Im Westen grenzt die ulica Pawia mit dem Fremdenverkehrsamt und mehreren Hotels an die Bahnhöfe. Um in die Stadt zu gelangen, folgen Sie am besten der Menge durch die Unterführung an der Ecke der ulica Pawia und der ulica Lubicz, biegen dann halb nach rechts ab und lassen sich durch die alten Straßen treiben, bis Sie zum Rynek Glowny, dem berühmten Marktplatz von Kraków (Krakau), gelangen.

Die Züge von Przemyśl nach Wroclaw (Breslau) halten im allgemeinen am Bahnhof Kraków Plaszow im Süden des Zentrums, nicht aber am Bahnhof Kraków Glowny. Falls Sie bei der Anreise nicht zum Hauptbahnhof fahren, können Sie unweit vom Bahnhof Kraków Plaszow von der ulica Wielicka, einige Minuten geradeaus zu Fuß, eine Straßenbahn der Linie 3 oder 13 zur Poczta Glowna, dem Hauptpostamt in der ulica Westerplatte, nehmen.

Informationen: In der ulica Pawia 8, die man in einigen Minuten zu Fuß von den Bahnhöfen aus erreicht, befindet sich ein ausgezeichnetes Fremdenverkehrsamt. Hier werden Stadtpläne, Landkarten und Broschüren verkauft. Die Zimmervermittlung ist nebenan.

Konsulate: In Kraków (Krakau) gibt es drei Konsulate: das österreichische in der ulica Sw. Jana 12, das der USA (Tel. 22 97 64) in der ulica Stolarska 9 und das französische in der ulica Stolarska 15.

SEHENSWÜRDIGKEITEN

Marktplatz und Umgebung: Wahrscheinlich werden Sie Ihre Stadtbesichtigung am Rynek Glowny, dem wunderschönem Marktplatz von Kraków (Krakau), beginnnen, der als der größte mittelalterliche Platz Europas gilt. Hier rief am 24. März 1794 Tadeusz Kosciuszko den bewaffneten Aufstand zur Verhinderung der Teilung Polens aus. Die Tuchhallen (Sukiennice), ein Renaissance-Bau aus dem 16. Jahrhundert, beherrschen das Bild des Rynek. Unter den Bögen kann man sich einen großen Kunsthandwerksmarkt ansehen. Im Obergeschoß befindet sich ein Museum mit einer Sammlung von Gemälden aus dem 19. Jahrhundert, darunter auch mehreren bekannten Werken von Jan Matejko (montags und dienstags geschlossen).

In der nordöstlichen Ecke des Platzes steht die Marienkirche. Der riesige Hauptaltar (1489) von Veit Stoß aus Nürnberg gilt als die schönste bildhauerische Arbeit in ganz Polen. Die Altarflügel werden täglich um 12.00 Uhr geöffnet. Ein Trompetenruf erinnert stündlich von einem der Kirchtürme daran, daß im 13. Jahrhundert ein Trompeter von einem Pfeil der Tataren durchbohrt wurde.

Gegenüber von den Tuchhallen befindet sich der Rathausturm aus dem 14. Jahrhundert, in dessen Keller heißer Honigwein (*Miod*) serviert wird. Das Rathaus selbst wurde im Jahre 1820 zerstört. Die Aktfotografie-Ausstellung

Blumenmarkt

KRAKÓW
(KRAKAU)
Basztowa
Karmelicka
1 Maja
pl Szczepański
Szczepańska
Szewska
Podwale
Św Anny
Jagiellońska
Rynek Główny
Św Jana
Floriańska
Pijarska
Św Marka
Szpitalna
Westerplatte
Lubicz
Pawia
Sienna
Stolarska
pl Wiosny Ludów
Grodzka
Zwierzyniecka
Straszewskiego
Poselska
Bohaterów Stalingradu
Waryńskiego
Powiśle
Podzamcze
Wawel
Vistula River
Stradomska
Dietl
Szeroka
KAZIMIERZ
Krakowska
Paulinska
Skaleczna
Św Wawrzyńca
1
2
3
4
5
6
8
9
10
11
12
13
14
15
16
17
18
19
20
21
22
23
24
25
26
27
28
29
30
31
32
33
34
35
36
37
38
39
40
41
42
43
44
45
46
47
48
49
50
51

1. Karmeliterkirche	27. Bahnhof Kraków Glowny
2. Bar Kapitanski	28. Hotel Europejski
3. Dom Ksiazki	29. Büro von Almatur
4. Collegium Maius	30. Milchbar Pionier
5. Piccolo Pizza	31. Marienkirche
6. Stary Teatr	32. Philharmonie
8. Kulturzentrum (Palais Pod Baranami)	33. Franziskanerkirche
9. Historisches Stadtmuseum	34. Archäologisches Museum
10. Rathausturm	35. Restaurant Balaton
11. Tuchhallen (Sukiennice)	36. Restaurant Grodzka
12. Büro von Orbis (Bahnfahrkarten)	37. Dominikanerkirche
13. Comic-Galerie	38. Postamt
14. Hotel Francuski	39. PTTK-Touristenhotel (Dom Turysty)
15. Palais Czartoryski (Museum)	40. Peter- und Pauls-Kirche
16. Restaurant Zywiec	41. Museum Historii Fotografii
17. Büro von Orbis (Busfahrkarten)	42. Kathedrale
18. Hotel Pollera	43. Schloß
19. Restaurant Pod Baszta	44. Bernhardinerkirche
20. Teatr Im J Slowackiego	45. Anleger für Ausflugsboote
21. Florianstor	46. Paulinenkirche
22. Barbakane	47. Katharinenkirche
23. Hotel Polonia	48. Ethnographisches Museum
24. Hotel Warszawski	49. Fronleichnamskirche
25. Fremdenverkehrsamt	50. Jüdischer Friedhof
26. Busbahnhof	51. Jüdisches Museum

im Muzeum Historii Fotografii am Rynek Glowny 17 zieht zahlreiche Besucher an.

Geht man die ulica Sw. Anny (die von der dem Turm am nächsten gelegenen Ecke des Platzes nach Westen führt) einen Häuserblock hinunter, gelangt man zum Collegium Maius, dem ältesten noch bestehenden Teil der Jagiellonen-Universität, dessen gotischer Hof Aufmerksamkeit verdient. Das gilt auch für das Historische Museum am Rynek Glowny 35 (montags und dienstags geschlossen).

Nördlich der Tuchhallen kommt man in der ulica Sw. Jana 14 zu einer Kunstgalerie, die sich auf pornographische Comic-Bücher spezialisiert hat. Ein Stück weiter oben, in der ulica Sw. Jana 17, beherbergt das Palais Czartoryski heute ein Kunstmuseum (geschlossen mittwochs und donnerstags) mit einer Sammlung von Gemälden, Waffen und Kunsthandwerk, die der Stadt Kraków

(Krakau) vor über einem Jahrhundert von einer reichen polnischen Familie geschenkt wurde. Zu den berühmtesten Werken, die hier zu sehen sind, gehören Leonardo da Vincis *Dame mit dem Hermelin* und Rembrandts *Landschaft mit dem barmherzigen Samariter.* Raphaels Porträt eines jungen Mannes, das während des Zweiten Weltkrieges aus dem Museum gestohlen wurde, ist allerdings nie wieder aufgefunden worden. Die Beschreibungen der Bilder sind auch in Französisch angegeben.

Königsweg: Vom Palais Czartoryski aus gesehen um die Ecke herum, sind an der ulica Pijarska die Überreste der mittelalterlichen Stadtmauern zu sehen, die dort, wo sich der heutige Grüngürtel entlangzieht, einst ganz Kraków (Krakau) umgaben. Durch das Florianstor aus dem Jahre 1307 gelangen Sie zum Barbakane, einem Wehrturm, der im Jahre 1498 errichtet wurde. Der Königsweg in Kraków (Krakau) erstreckt sich in Richtung Süden vom Florianstor bis zum Schloß auf dem Wawel.

Wenn Sie wieder in die Stadt zurückgehen und der ulica Florianska in südliche Richtung bis zum Rynek Glowny und dann weiter der ulica Grodzka (Burggasse) folgen, kommen Sie zum Plac Wszystkich Swietych, dort wo die Straßenbahnschienen über die ulica Grodzka führen. Hier stehen zwei große Klosterkirchen aus dem 13. Jahrhundert, im Osten das Gotteshaus der Dominikaner und im Westen das der Franziskaner. Im erzbischöflichen Palais gegenüber der Franziskanerkirche wohnte ein gutes Jahrzehnt lang Kardinal Karol Wojtyla, bis er 1978 zum Papst Johannes Paul II. gewählt wurde. Ein Stück weiter südlich in der ulica Grodzka ist die barocke Jesuitenkirche St. Peter und Paul gelegen. Die romanische Andreaskirche (1086) daneben war das einzige Gebäude, das dem Angriff der Tataren im Jahre 1241 standhalten konnte. Die Menschen, die darin Zuflucht gesucht hatten, überlebten. Einen Block weiter südlich zweigt nach rechts die ulica Podzamcze ab, eine Gasse, die zum Aufstieg auf den Wawel mit dem Schloß führt. Bei dem riesigen Reiterstandbild von Tadeusz Kosciuszko handelt es sich um ein Geschenk der Bürger von Dresden, mit dem eine frühere, von den Nazis zerstörte Statue ersetzt wurde. Die Kathedrale (1364) liegt zur linken, wenn man auf dem Hügel ankommt. Bevor Sie die Kathedrale besichtigen, sollten Sie sich eine Karte für die Besteigung des Glockenturmes kaufen und

Sigismund-Kapelle

sich die Krypta bei dem kleinen Büro gegenüber ansehen (sonntags am Morgen geschlossen). Vier Jahrhunderte lang wurden hier die polnischen Könige gekrönt und bestattet. In der Krypta liegen 100 Königinnen und Könige begraben. Die Sigismund-Kapelle (1539), die sich an der Südseite anschließt und eine goldene Kuppel trägt, gilt als das schönste Renaissance-Bauwerk Polens.
Das Schloß liegt hinter der Kathedrale (montags geschlossen). Die Eintrittskarten, die Sie am Eingangstor erhalten, berechtigen zum Besuch der verschiedenen Abteilungen des Museums, die um den großartigen Hof, der im Stil der italienischen Renaissance gehalten ist, angesiedelt sind. Besonders berühmt ist die Sammlung flämischer Tapisserien, es gibt jedoch noch weit mehr zu sehen, das Interesse verdient, z. B. die Kronjuwelen und die Waffensammlung. Das wertvollste Stück im Schloß stellt ein Krönungsschwert der Piasten, das *Szczerbiec,* dar. Zahlreiche Ausstellungsstücke waren im Jahre 1939 bei Kriegsausbruch zunächst nach Rumänien und später nach Kanada ausgelagert worden, von wo sie Anfang der sechziger Jahre nach Polen zurückgebracht wurden. Hans Frank, der Generalgouverneur der Nazis, dem Polen unterstellt war (und der später in Nürnberg zum Tode verurteilt wurde), residierte während des Zweiten Weltkrieges im Schloß. Das Schloß ist für Besucher nur bis um 15.00 Uhr geöffnet. Da zudem jeden Tag nur eine begrenzte Anzahl an Eintrittskarten verkauft wird, empfiehlt es sich, vor 12.00 Uhr dort zu sein.
Nehmen Sie den Weg zurück vom Wawel zum Park an der Wisla (Weichsel). Einst soll ein sagenumwobener Drache in einer Höhle unterhalb des Hügels in der Nähe des Flusses gehaust haben. Die schreckliche Kreatur habe die schlimme Angewohnheit gehabt, sich von schönen Jungfrauen zu ernähren, bis Prinz Krak dieser Verwüstung ein Ende setzte, indem er ihm ein brennendes Schaf zuwarf, das er in Pech getaucht hatte. Der Drache fraß es und starb daran. Ein moderner Bronzedrachen steht heute vor dieser Höhle und spuckt echtes Feuer. Es handelt sich um ein Werk des Bildhauers Bronislaw Chromy. In der Nähe befindet sich auch der Anleger für die Ausflugsboote, die im Sommer auf der Wisla (Weichsel) in eineinhalb Stunden flußaufwärts bis nach Bielany fahren (1 US $).

Kazimierz: Das im 14. Jahrhundert von Kasimir dem Großen gegründete Kasimierz wurde ein Jahrhundert später von Juden besiedelt. Sie erreichen es vom Schloß aus, wenn Sie in südliche Richtung am Fluß entlang unter der Brücke zur Paulinenkirche aus dem 18. Jahrhundert durchgehen, die man durch eine kleine Tür in der hohen Mauer um die Anlage betritt. Besuchen Sie die Krypta und gehen Sie dann über die ulica Skaleczna an der gotischen Katharinenkirche (1373) zur ulica Krakowska, wo Sie wieder auf die Straßenbahnschienen stoßen. Folgen Sie diesen in Richtung Süden einen Block lang

bis zum Ethnographischen Museum (dienstags geschlossen). Im Osten, in der ulica Sw. Wawrzynca, liegt die gotische Fronleichnamskirche.
Die ulica Jozefa, die nächste Straße im Norden der Fronleichnamskirche, grenzt im Osten an eine Synagoge aus dem 15. Jahrhundert, die heute das jüdische Museum beherbergt (geöffnet von Mai bis September). Der alte jüdische Friedhof in der ulica Szeroka 40 erstreckt sich direkt im Norden der Synagoge. Östlich des Friedhofs stoßen Sie auf eine weitere Straßenbahnlinie, die Sie zurück zum Zentrum bringt (Linie Nr. 3 oder 13).

Nowa Huta: Nowa Huta, der Industrievorort von Kraków (Krakau) im Osten mit der Lenin-Stahlhütte, wurde von den Kommunisten Anfang der fünfziger Jahre gebaut, um einen Ausgleich zu den klerikalen und aristokratischen Traditionen der alten Hauptstadt zu schaffen. Weit entfernt davon, ein Bollwerk des Regimes zu bilden, trug der Streik von 20.000 Stahlarbeitern in Nowa Huta erheblich zu dem letztendlichen Sturz der alten Regierung bei. Heute bedrohen Zehntausende von Tonnen Kohlenmonoxid, Schwefeldioxid und andere umweltgefährdende Stoffe, die von der Stahlhütte ausgestoßen werden, die Monumente von Kraków (Krakau).

Wieliczka: Das Salzbergwerk in Wieliczka, 13 km südöstlich von Kraków (Krakau), erreichen Sie mit einem Bus oder Zug. Vom Bahnhof aus gelangen Sie, wenn Sie links ca. 10 Minuten in Richtung Süden und unter einer Brücke hindurch gehen, in die Stadt. Biegen Sie, wenn Sie links das Restaurant Kaviarna sehen, nach rechts ab und gehen Sie ca. 100 m den Berg hinauf. Das Salzbergwerk befindet sich dann auf der rechten Seite. Es empfiehlt sich, vor 14.00 Uhr dort anzukommen, um noch an einer Führung teilnehmen zu können (Dauer 2 1/2 Stunden, Eintritt 1 US $). Das Bergwerk ist täglich vom frühen Morgen an für Besucher geöffnet.
Man gelangt mit einem Aufzug in das Bergwerk und folgt dann einem Führer 5 km durch die vielen Räume, deren Mauern aus festem Salz bestehen. Die neun Stockwerke des Bergwerks erstrecken sich auf 120 km Länge, wo in über 700 Jahren ca. 20 Millionen Tonnen Salzgestein abgetragen wurden. Nach einer Legende wurden die Vorkommen im 13. Jahrhundert von einer ungarischen Prinzessin namens Kinga entdeckt, deren verlorener Ring in einem Salzblock aus dieser Gegend gefunden wurde. So überrascht es nicht, daß in die größte unterirdische Kammer die St. Kinga-Kapelle gehauen wurde, deren Fertigstellung 30 Jahre dauerte. Sie ist 54 m lang, 17 m breit und 12 m hoch.
Davon abgesehen ist das Salzbergwerk Wieliczka ein besonderer Kurort, 200 m unter dem Erdboden, in dem Patienten unter medizinischer Aufsicht gegen Allergien und Asthma behandelt werden. Sicherlich ist ein Ausflug hierhin eine Abwechslung von den Museen und Kirchen in Kraków (Krakau).

Ojców: In einem malerischen, bewaldeten Tal, 22 km nordwestlich von Kraków (Krakau), das mit Sandsteinfelsen und Höhlen durchsetzt ist, liegt der Ojców-Nationalpark. Verschiedene Wanderwege beginnen an der Bushaltestelle von Ojców.
Im großen Arkadenhof der Burg Pieskowa Skala, 9 km hinter Ojców, befindet sich ein Museum. Allerdings kann nur ein kleiner Teilbereich der Burg besichtigt werden. Hier warten häufig riesige Reisegruppen vor dem Tor, um ab 10.00 Uhr eingelassen zu werden (montags geschlossen).
Sowohl der Nationalpark als auch die Burg sind von Kraków (Krakau) aus leicht mit einem Bus nach Olkusz zu erreichen. Die Busfahrkarten sind im allgemeinen im Bus selbst erhältlich, Sie sollten jedoch auch versuchen, sie am Busbahnhof zu kaufen. Allerdings gibt es keine direkte Verbindung von Olkusz nach Oświecim (Auschwitz), so daß Sie für einen Besuch dieser Gegend am besten einen Tagesausflug vorsehen.

UNTERNEHMUNGEN

Ausflugsfahrten: Das Orbis-Büro im Hotel Cracovia (Aleje Puszkina 1) bietet von Mai bis September tägliche Stadtrundfahrten (9 US$, 3 Stunden) an, viermal pro Woche Tagesausflüge zum Salzbergwerk (12 US $, 5 Stunden) und dreimal wöchentlich Fahrten nach Auschwitz und Birkenau (14 US$, 5 Stunden).
Um die Kathedrale kennenzulernen, ist es empfehlenswert, einen Führer zu nehmen (7 US $). Im allgemeinen wartet ein Führer am Büro, wo die Eintrittskarten verkauft werden. Auch für das Schloß auf dem Wawel lohnt sich ein Führer.

UNTERKUNFT

Kraków (Krakau) ist Polens wichtigste Touristenattraktion, was zur Folge hat, daß die Hotels hier teurer sind als überall anders in Polen. Wenn Sie also eine Übernachtung sparen können, indem Sie morgens ankommen oder nachmittags abfahren, so ist das um so besser. Die Hotelpreise in Kraków (Krakau) liegen von November bis März geringfügig unter dem Jahresdurchschnitt.

Zelten: Von Juni bis September bietet der Campingplatz Krak an der Kreuzung der Straßen, die von Katowice (Kattowitz) und Czestochowa (Tschenstochau) am nordöstlichen Stadtrand von Kraków (Krakau) aufeinander stoßen, gute Campingmöglichkeiten für 3 US $ pro Tag (wenn ein eigenes Zelt mitgebracht wird). Der Verkehrslärm ist allerdings recht erheblich. Das Vier-Sterne-Motel neben dem Platz ist mit Einzel- und Doppelzimmern mit Bad für 34 bzw. 43 US $ teuer, aber die Motelbar ist praktisch (zu erreichen mit Bussen der Linie Nr. 208 vom Flughafen oder vom Bahnhof in Kraków/Krakau).

Jugendherbergen: Die beiden das ganze Jahr über geöffneten Jugendherbergen liegen im Westen der Altstadt. Am nächsten am Zentrum befindet sich der Betonbau in der ulica Oleandry 4 (hinter dem Hotel Cracovia). Hier gibt es auch heiße Duschen. Selbst wenn es sich um die größte Jugendherberge in Polen handelt, ist sie im Sommer doch häufig belegt.

Eine zweite Jugendherberge befindet sich hinter der großen Augustinerkirche in der ulica Tadeusz Kosciuszki 88, westlich des Zentrums (zu erreichen mit Straßenbahnen der Linien Nr. 1, 2, 6 oder 21 in Richtung Salwator bis zur Endhaltestelle). Hier wohnt man in einem ehemaligen Konvent mit Blick auf die Wisla (Weichsel).

Der Übernachtungspreis beträgt in einem Doppelzimmer 6 US $ und in einem Zimmer mit 8 bis 16 Betten 3 US $. Bis zum Alter von 26 Jahren zahlt man für eine Übernachtung in einem Doppelzimmer 5 US $ und in einem der größeren Zimmern 2 US $.

Preiswerte Hotels: Die einfachste Unterkunft in einem Hotel bietet das große, häufig überfüllte PTTK Dom Turysty in der ulica Westerplatte 15-17, 8 Minuten zu Fuß von Bahnhof und Busbahnhof entfernt. Die Einzel- und Doppelzimmer sind mit 14 bzw. 18 US $ jedoch zu teuer. Der einzige stichhaltige Grund, um hier zu wohnen, ist es, in einem der Achtbettzimmer für 5 US $ zu übernachten. Im Untergeschoß gibt es ein großes Selbstbedienungsrestaurant. Beim Dom Turysty handelt es sich um eine bessere Jugendherberge, so daß es kein schlechtes Quartier ist, um Kontakte zu knüpfen.

Im Juli und August können Sie sich bei Almatur am Rynek Glowny 7 (unter den Arkaden) nach den internationalen Studentenhotels in Kraków (Krakau) und in anderen polnischen Städten erkundigen, in denen man gut und preiswert wohnen kann. Wer über 35 Jahre alt ist, kann diese Hotels allerdings nicht in Anspruch nehmen.

Im Studentenhotel Kaczek in der Aleje 3 Maja 5, vom Orbis-Hotel Cracovia aus schräg gegenüber auf der anderen Seite des Parks, kostet eine Übernachtung pro Person im Einzelzimmer 11 US $, im Doppelzimmer 8 US $ und im Dreibettzimmer 7 US $. Das sechsstöckige Studentenwohnheim gehört zur Jagiellonen-Universität und dient von Juli bis September offiziell als Hotel. Den Rest des Jahres über werden hier ebenfalls Zimmer vermietet, aber man teilt das Haus dann mit Studenten (die Preise liegen im Winter etwas niedriger). Im selben Gebäude befindet sich die Discothek Rotunda. Eine der Jugendherbergen liegt direkt um die Ecke herum. Das Kaczek ist ein ausgezeichnetes Quartier, um polnische Studenten kennenzulernen. Hier scheint auch immer etwas los zu sein.

Privatzimmer: In der ulica Pawia 8, unweit des Bahnhofs und des Busbahnhofs, werden in einem Büro Unterkünfte in Privathäusern für ca. 12 bzw. 15 US $ pro Tag für ein Einzel- bzw. Doppelzimmer der 1. Klasse und für 10 bzw. 14 US $ für ein Einzel- bzw. Doppelzimmer der 2. Klasse vermittelt. Häufig liegen die Häuser weit vom Zentrum entfernt, so daß es sich empfiehlt, zunächst nach der Lage zu fragen. Die Mitarbei-

ter in der Zimmervermittlung, auch im Büro nebenan, können Ihnen auch dabei behilflich sein, ein Hotelzimmer zu finden.
Möglicherweise bietet Ihnen auch jemand draußen auf der Straße ein Privatzimmer an. Der Preis entspricht dem, der in der Zimmervermittlung verlangt wird. Es gibt jedoch keine Qualitätskontrolle, wie sie die Agentur garantiert. Bevor Sie zustimmen, sich auf den Weg zu einem auf derartige Weise angebotenen Zimmer zu machen, sollten Sie sich die Lage des Hauses auf einem guten Stadtplan von Kraków (Krakau) zeigen lassen.

Hotels: Neben dem Vermittlungsbüro befindet sich das Hotel Warszawski (ulica Pawia 6) mit Einzel- und Doppelzimmer ohne Bad für 16 bzw. 19 US $ pro Tag. Im ansprechenderen Hotel Polonia in der ulica Basztowa 23, vom Warszawski aus gesehen direkt um die Ecke herum, werden für ein Zimmer ohne Bad ebenfalls 16 bzw. 19 US $ berechnet. Bitten Sie hier um einen Raum zum ruhigeren Garten hinaus. Wenn die Nachfrage nicht groß ist, werden Ihnen im Polonia bei wenigstens 3 Übernachtungen 20 % Rabatt eingeräumt. Es gibt sogar einen funktionierenden Aufzug im Hotel!
Überraschenderweise ist das eher einfache Hotel Europejski in der ulica Lubicz 5, gegenüber vom Bahnhof, teurer als das Hotel Warszawski und das Polonia. Hier werden 18 bzw. 24 US $ für ein Einzel- bzw. Doppelzimmer mit Badbenutzung verlangt, so daß dies nur eine Notlösung sein sollte. Denken Sie auch an den Straßenlärm bei allen drei Hotels, den man meiden sollte. Das Hotel Pollera in der ulica Szpitalna 30, in der Altstadt, ist mit 16 bzw. 21 US $ für ein Einzel- bzw. Doppelzimmer ohne Bad und 26 US $ für ein Zimmer mit Bad ruhiger und bietet ein besseres Preis-/Leistungsverhältnis. Die hier angeführten vier Hotels werden alle von Wawel Tourist geführt. Die fehlende Konkurrenz schlägt sich in den Preisen nieder.
Ein kurzes Stück entfernt liegt das Hotel Saski, und zwar in der ulica Slawhowska 3, die vom Rynek Glowny abzweigt. Hier zahlt man für ein Einzelzimmer ohne Bad 23 US $, mit Bad und Frühstück im Einzelzimmer 29 US $ und in einem Doppelzimmer 39 US $.
Von den Orbis-Hotels ist das Francuski in der ulica Pijarska 13 das eleganteste, das am günstigsten gelegene und das preiswerteste. Das Haus mit 57 Zimmern wurde im Jahre 1912 erbaut und 1991 vollständig renoviert. Bei Drucklegung dieses Buches waren die neuen Preise jedoch noch nicht bekannt. Falls es Ihnen hier zu teuer ist, können Sie es z. B. im nahegelegenen Hotel Polski in der ulica Pijarska 17 versuchen, in dem 22 US $ für ein Einzelzimmer ohne Bad und 28 bzw. 29 US $ für ein Einzel- bzw. Doppelzimmer mit Bad und Frühstück verlangt werden. Für Paare ist das eine ausgezeichnete Wahl.
Wer ein modernes Hochhaus vorzieht, der kann im Orbis-Hotel Cracovia in der Aleje Puszkina 1 übernachten (67 bzw. 108 US $ für ein Einzel- bzw. Doppelzimmer). Es ist in 10 Minuten zu

Fuß von der Altstadt aus zu erreichen. Das Orbis-Hotel Forum (109 bzw. 129 US $ für ein Einzel- bzw. Doppelzimmer) ist ruhiger, aber weniger günstig im Süden des Wawelhügels auf der anderen Seite des Flusses gelegen. Wer als Pauschaltourist nach Kraków (Krakau) kommt, der wohnt möglicherweise im Holiday Inn, 4 km westlich vom Zentrum.

Das mit Abstand ungewöhnlichste Quartier, um in Kraków (Krakau) zu übernachten, ist das Hotel Pod Kopcem in der Aleje Waszyngtona (Tel. 2 20 55), das in einer österreichischen Festungsanlage auf einem Hügel mit Blick über die Stadt eingerichtet wurde, die noch aus dem 19. Jahrhundert stammt. Das Hotel liegt in einem kühlen Wald und bietet u. a. eine Kaffeestube und ein Restaurant. Die Übernachtungspreise beginnen bei 29 US $ für ein Doppelzimmer ohne Bad und bei 36 US $ für ein Zimmer mit Bad. Wer sich, gerade in Polen angekommen, etwas in Unkosten stürzen will, für den ist dies ein ideales Quartier! Busse der Linie Nr. 100 vom Plac Matejki 3, gegenüber vom Barbakane, halten vor dem Hotel (stündlich). Erkundigen Sie sich am besten vorher über das Fremdenverkehrsamt telefonisch, ob noch Zimmer frei sind. Selbst wenn Sie nicht hier wohnen, ist das Hotel einen Besuch wert.

ESSEN

Marktplatz und Umgebung: Die Milchbar Pionier in der ulica Sienna 1, einer Straße, die auf den Markt mündet, ist ein ausgezeichneter Ort für ein Frühstück. Sie liegt versteckt in einem roten Backsteinhaus auf halber Höhe des Häuserblocks. Im farbenprächtigen Restaurant Zywiec in der ulica Florinaska 19 herrscht zwar eine rauhe Bierzeltatmosphäre, aber die Portionen sind reichlich bemessen und preiswert.

Das exklusivste Restaurant der Stadt ist das Wierzynek am Rynek Glowny 15. Es empfiehlt sich, im voraus einen Tisch zu reservieren, wenn Sie sicher sein wollen, abends noch Platz zu finden. Auch das Restauracja Staropolska in der ulica Sienna 4, die vom Markt abzweigt, bietet polnische Haute Cuisine. In diesen beiden Restaurants wird von den Gästen ordentliche Kleidung erwartet.

Westlich des Marktplatzes: Beim Piccolo Pizza in der ulic Szewska 14 handelt es sich um ein Selbstbedienungsrestaurant, in dem die Schlange der wartenden Gäste gelegentlich recht lang ist. Ebenfalls preiswert kann man in der Nähe im Ludowa (ulica Sw. Anny 7) oder im Restauracja Cechowa in der ulica Jagiellonska 11, direkt um die Ecke herum, essen. In der Bar Kapitanski (ulica Karmelicka 16), weiter im Westen, werden riesige Stücke gebratenen Fisch aufgetischt, die man sich an der Theke abholt.

Südlich des Marktplatzes: Im Grodzka am Plac Dominikanski 6 wird in einer ungezwungenen Umgebung Essen angeboten, wobei am Tisch bedient wird. Eher förmlich geht es im Kurza Stopka, auf der anderen Seite des Platzes (Plac Wszystkich Swietych 10) zu. Ungarische Küche, die besser als in Ungarn selbst ist, bekommen Sie im hoch gelobten und vielfach empfohlenen Balaton in der ulica Grodzka 37 (die Speisekarte ist nur auf Polnisch erhältlich).

In der Nähe des Bahnhofs: Wer nur etwas Zeit am Bahnhof totzuschlagen hat oder spät ankommt und noch etwas essen möchte, nachdem er ein Zimmer in einem der nahegelegenen Hotels gefunden hat, der kann in das preiswerte Restauracja Armenia in der ulica Lubicz 3, unweit des Hotels Europejski, gehen und die ruhige Atmosphäre genießen (geöffnet bis 22.00 Uhr).

Cafés: Das Jama Michalika in der ulica Florianska 45 ist das elegante Café aus der Zeit der Jahrhundertwende, das Sie wahrscheinlich von Kraków (Krakau) erwarten. Zahlreiche berühmte Künstler und Dichter haben schon auf den waldgrünen, samtbezogenen Stühlen gesessen, umgeben von Art Deco-Kerzenleuchtern, Buntglas und dunklem Holz. Am Freitag, Samstag und Montag wird hier abends Kaberett geboten.
Unschlagbar sind der Kaffee und das Eis im Kawiarna Alvorada/Austropol am Rynek Glowny 30. Seltener von Touristen besucht wird das Kawiarna U Zalipianek in der ulica Szewska 24, in dem ebenfalls Kaffee und Kuchen angeboten werden. Im Sommer können Sie sich hier auf einer Terrasse zu einem Park hin entspannen.

UNTERHALTUNG

Werfen Sie am besten zunächst einen Blick auf den Veranstaltungskalender in den Tageszeitungen. Zu den ersten Unternehmungen sollte dann ein Besuch der Philharmonie von Kraków (Krakau) gehören. Die Kasse in der ulica Zwierzyniecka 1 ist werktags von 9.00 bis 12.00 Uhr sowie von 17.00 bis 19.00 Uhr geöffnet. Lassen Sie sich nicht von den niedrigen Eintrittspreisen irritieren. Das Orchester von Kraków (Krakau) gehört zu den besten der Welt.
Das vor kurzem renovierte Teatr Im J Slowackiego in der ulica Szpitalna bietet Aufführungen von klassischen Theaterstücken, Opern und Ballett. Das Teatr Miniatura befindet sich direkt dahinter und benutzt die gleiche Vorverkaufskasse. Das Operettenhaus von Kraków (Krakau) in der ulica Lubicz 48 liegt vom Bahnhof 10 Minuten zu Fuß in Richtung Osten entfernt. Für die Rückfahrt können Sie eine der zahlreichen Straßenbahnen benutzen, die hier vorbeifahren.
Abends kann man gelegentlich Jazzmusik im Studentenclub Pod Jaszczurami am Rynek Glowny 8 hören. Filmvorführungen und andere Veranstaltungen können Sie im Kulturzentrum, dem Palac Pod Baranami am Rynek Glowny 27, besuchen. Im Rotunda, einem Kulturzentrum für Studenten in der ulica Oleandry 1, gegenüber der Jugendherberge und unweit des Hotels Cracovia, gibt es mittwochs, freitags, samstags und sonntags eine gute Discothek.
Beim Maxime in der ulica Florianska 32 handelt es sich um die exklusivste Discothek von Kraków (Krakau), in der von 21.30 bis 4.00 Uhr getanzt wird.

Feste: Kraków (Krakau) hat einen der umfangreichsten Festkalender von ganz Polen zu bieten. Im April werden die Orgelmusiktage und das studentische Gesangsfest abgehalten, während das polnische Festival der Kurzfilme im Mai oder Juni stattfindet. Die Tage von Kraków (Krakau) und das Schwimmenlassen von Kränzen auf der Wisla (Weichsel) folgen im Juni, das Fest der Musik im alten Kraków (Krakau) im August, die Volkskunst-Messe im September, ein Jazz-Festival und der Polonez-Tanzwettbewerb im Oktober. Einen Überblick über das moderne Ballett kann man sich im November verschaffen und um Weihnachten herum sich eine Ausstellung von Weihnachtskrippen ansehen.
Während der Osterwoche werden die berühmten, eine Woche andauernden Passionsspiele aufgeführt. Im nahegelegenen Kalwaria Zebrzydowska findet an Mariä Himmelfahrt (15. August) eine feierliche Prozession in Trachten statt. Die Tage von Kraków (Krakau) werden an Fronleichnamstag (einem Donnerstag im Mai oder Juni) vom „Lajkonik" eröffnet, einer sagenumwobenen Figur, die als Tatar auf einem Steckenpferd dargestellt wird!

AN- UND WEITERREISE

Zug: Kraków (Krakau) liegt an der Haupteisenbahnstrecke von Przemyśl über Katowice (Kattowitz), Opole (Oppeln), Wroclaw (Breslau) und Poznań (Posen) nach Szczecin (Stettin) sowie an der ebenfalls wichtigen Verbindung von Warszawa (Warschau) nach Zakopane. Außerdem fährt der *Cracovia* direkt von Budapest über Kosice und Nowy Sacz (Neu Sandec) nach Kraków (Krakau). Wer von Prag oder Wien kommt, muß im allgemeinen in Katowice (Kattowitz) umsteigen. Im Sommer wird allerdings ein täglicher Direktzug von Wien nach Kraków (Krakau) eingesetzt. Von Deutschland aus verkehren Direktzüge ab Berlin, Köln, Frankfurt/Main und Leipzig nach Kraków (Krakau).
Der *Sawa* verläßt Warszawa (Warschau) am frühen Morgen und erreicht den Bahnhof Kraków Glowny (302 km) ca. 3 Stunden später, um abends wieder zurückzufahren. Sowohl der *Krakus* als auch der *Pieniny* verlassen Warszawa (Warschau) am späten Nachmittag und Kraków (Krakau) am frühen Morgen. Für diese ausgezeichneten Züge, die eine schnelle und unkomplizierte Verbindung zwischen den beiden Städten bieten, ist eine Reservierung erforderlich. Von Mitte Juni bis August verkehrt der *Lajkonik* direkt zwischen Kraków Glowny und Gdańsk (Danzig) und benötigt für die 621 km lange Strecke 7 Stunden. Er fährt am frühen Morgen in Kraków (Krakau) ab und erreicht Gdańsk (Danzig) am Nachmittag. Dieser Zug hält auch in Malbork (Marienburg), Sopot (Zoppot) und Gdynia (Gdingen). Reservierungen sind erforderlich.

Fahrkarten: Bei Orbis an der Nordseite des Marktplatzes erhalten Sie Zugfahrkarten und können Platzreservierungen (auch für Liegewagen) vornehmen lassen. Im Orbis-Büro in der ulica Sw. Marka 25 sind Fahrkarten für die Fernbusse ein bis zwei Tage vor dem Reisetag erhältlich. In beiden Büros sollten Sie jedoch auf lange Warteschlangen gefaßt sein.

NAHVERKEHR

Für die Straßenbahnen und die Stadtbusse gelten dieselben Fahrkarten (0,10 US $), so daß es sich empfiehlt, sich sofort nach der Ankunft ein Päckchen davon zu kaufen. Die meisten Ziele im Zentrum sind jedoch problemlos zu Fuß zu erreichen.

Flughafenzubringer: Der Flughafen Balice liegt 18 km westlich von Kraków (Krakau) an der Straße nach Katowice (Kattowitz) und ist mit Bussen der Linie Nr. 208 ohne Umsteigen zu erreichen.

OŚWIECIM (AUSCHWITZ)

Auschwitz (Oświecim) und Birkenau (Brzezinka), die beiden Konzentrationslager aus der Nazi-Zeit, 54 km westlich von Kraków (Krakau), wurden als Gedenkstätten für die 4 Millionen Menschen erhalten, die 28 Nationalitäten angehörten und hier ermordet wurden. Von ganz Europa brachten die deutschen Faschisten Juden und Nicht-Juden hierher, um Sklavenarbeit in den nahegelegenen Waffenfabriken zu leisten. Abgesehen von den beiden Hauptlagern wurden auch noch 40 Zweigstellen in der Gegend errichtet. Wenn eine Gruppe der hungernden Opfer zu schwach wurde, um weiterzuarbeiten, brachte man sie in die Gaskammern. Ihren Platz nahmen neu ankommende Menschen ein, die mit Zügen hierhergeschafft wurden.

Es ist schwierig, sich vorzustellen, wie ein Mensch ein derartiges System ersinnen konnte. Sogar Kinder (insbesondere Zwillinge) wurden in den Lagern für zweifelhafte medizinische Experimente mißbraucht. Pater Maximilian Kolbe, der 1941 freiwillig den Platz eines anderen zum Tode verurteilten Insassen einnahm, wurde von Papst Johannes Paul II. im Jahre 1982 heilig gesprochen. Heutigen Besuchern zeigen diese bedrückenden Gedenkstätten die unvor-

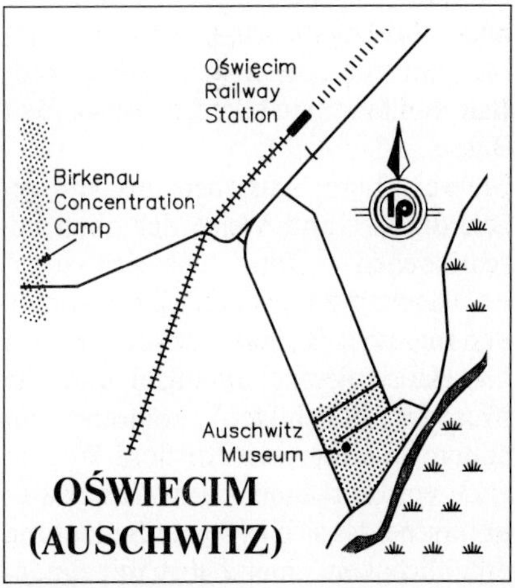

stellbare Brutalität des Krieges und die Gefahr, wenn Politik über die Menschen gestellt wird. Diese Lehre allein rechtfertigt bereits mehr als genug eine Fahrt hierhin.

PRAKTISCHE HINWEISE

Orientierung: Heute beherbergt das Hauptlager von Auschwitz ein Museum (geschlossen montags, Eintritt frei), ein Kino, ein Restaurant und ein Hotel, während Birkenau mehr oder weniger in dem Zustand belassen wurde, in dem es sich am Ende des Krieges befand. Der Bahnhof Oświecim (Auschwitz) liegt ca. 4 km nördlich des Museums. Das Lager Birkenau befindet sich 3 km nordwestlich von Auschwitz und 2 km südwestlich des Bahnhofs.

Es gibt kcine Busverbindungen nach Birkenau, so daß Sie am besten zuerst ein Taxi vom Bahnhof Oświecim nach Birkenau nehmen. Lassen Sie sich bis zum Denkmal am Ende des Lagers fahren und das Taxi warten, um weiter nach Auschwitz zu gelangen. Vom Museum in Auschwitz zurück zum Bahnhof fahren in kürzeren Abständen Busse.

Mehrere Leser schrieben uns, um gegen die Art und Weise der oben beschriebenen „Touristenbesichtigung" der Lager zu protestieren. Einer von ihnen meinte z. B., man müsse „zunächst die Hausaufgaben erledigen und das Museum besichtigen", während ein anderer meinte, „der trostlose Weg zu Fuß von Birkenau nach Ausschwitz unterscheidet sich in seiner Bedeutung erheblich von einer Fahrt mit einem Taxi". Vielleicht sollten Sie das Wetter am Tage Ihres Besuchs entscheiden lassen.

WAS MAN SICH ANSEHEN SOLLTE

Birkenau: Das Museum und ein Film, der in Auschwitz gezeigt wird, führen in die schreckliche Geschichte der Lager ein, um jedoch einen Eindruck vom wahren Ausmaß der Verbrechen zu erhalten, muß man sich Birkenau ansehen. Birkenau überrascht durch seine riesige Größe. Am Ende des Lagers befindet sich ein Denkmal, das an jeder Seite von den düsteren Ruinen der Gaskammern und Krematorien flankiert wird, die von den Nazis vor ihrem Rückzug gesprengt wurden. Jcde Gaskammer konnte 2.000 Personen fassen. Nach der Tötung brachten elektrisch betriebene Aufzüge die Körper der Opfer zu den Verbrennungsöfen. Vom Denkmal aus kann man die Eisenbahnschienen sehen, über die die Opfer zu den hölzernen Baracken gebracht wurden, die sich an jeder Seite, soweit das Auge reicht, erstrecken. Das Lager konnte zu jener Zeit 200.000 Menschen aufnehmen.

Auschwitz: Im Mai 1940 wurde Auschwitz als erstes Vernichtungslager gegründet. Das Museum wurde in mehreren Gefangenenblocks eingerichtet, wobei die einzelnen Blocks für die Opfer aus den unterschiedlichen Ländern vorgesehen waren. Sie werden die Tausenden von Paßfotos der Toten, die hier zu sehen sind, sicher nicht vergessen.

Zur Anlage gehören ebenfalls eine Gaskammer und ein Krematorium. Nehmen Sie sich eine der Broschüren mit, in denen sowohl Pläne des Lagers als auch eindringliche Informationen und Fotos enthalten sind. Im Kino wird ein sowjetischer Film gezeigt, der direkt nach der Befreiung im Jahre 1945 aufgenommen wurde. Am besten ist, Sie erkundigen sich nach einer deutschen Fassung, die für Gruppen bereitgehalten wird. Wer 15 Eintrittskarten kauft, für den wird eine Sondervorführung auf Deutsch vorgenommen, wobei die Botschaft des Films jedoch in jeder Sprache klar verständlich ist. In der Nähe des Eingangs zum Museum befindet sich ein Blumengeschäft, so daß Sie die Möglichkeit haben, etwas zum Gedenken niederzulegen.

Die Umgebung von Oświecim: Das Barockschloß in Pszczyna, 25 km westlich von Oświecim, dient heute als Museum (montags geschlossen). Etwa einen Kilometer vom Bahnhof entfernt liegt es inmitten eines großen Parks an der Ekke eines malerischen Marktplatzes. Hier finden Sie auch mehrere Restaurants. Zwischen Pszczyna und Katowice (Kattowitz) besteht eine direkte Zugverbindung. Wer aus Oświecim (Auschwitz) kommt, muß in Czechowice umsteigen.

UNTERKUNFT UND ESSEN

Das Hotel in Auschwitz (Tel. 2 32 17) befindet sich direkt über dem Eingang zum Museum. Die sauberen, komfortablen Doppel- und Dreibettzimmer mit Waschbecken im Zimmer und Badbenutzung kosten 7 bzw. 11 US $ pro Tag. Nebenan gibt es eine große Cafeteria, die allerdings früh geschlossen wird.

AN- UND WEITERREISE

Auschwitz ist gut zu erreichen. Nahverkehrszüge fahren fast stündlich von Kraków (Krakau) und Katowice (Kattowitz) nach Oświecim. Zudem bestehen direkte Busverbindungen von Kraków (Krakau) zum Eingangstor des Lagers in Auschwitz. Falls Sie zu mehreren Personen sind, lohnt es sich, ein Taxi am Bahnhof von Kraków (Krakau) für einen Besuch von Auschwitz und Birkenau zu nehmen. Als Fahrpreis sollten 10 US $ ausreichen.

CZESTOCHOWA (TSCHENSTOCHAU)

Czestochowa (Tschenstochau) ist das geistliche Herz von Polen. Pilger aus allen Ecken des Landes kommen zum Kloster auf dem Jasna Góra (Lichten Berg), um beim Bild der Schwarzen Madonna, Polens heiligster Ikone, zu beten. Die beste Zeit, um in Czestochowa (Tschenstochau) anzukommen, ist der Tagesanbruch, wenn zahlreiche Nonnen im stillen Gebet die Kirchen füllen. Möglicherweise ist dies der heiligste Platz, den Sie jemals besuchen werden.

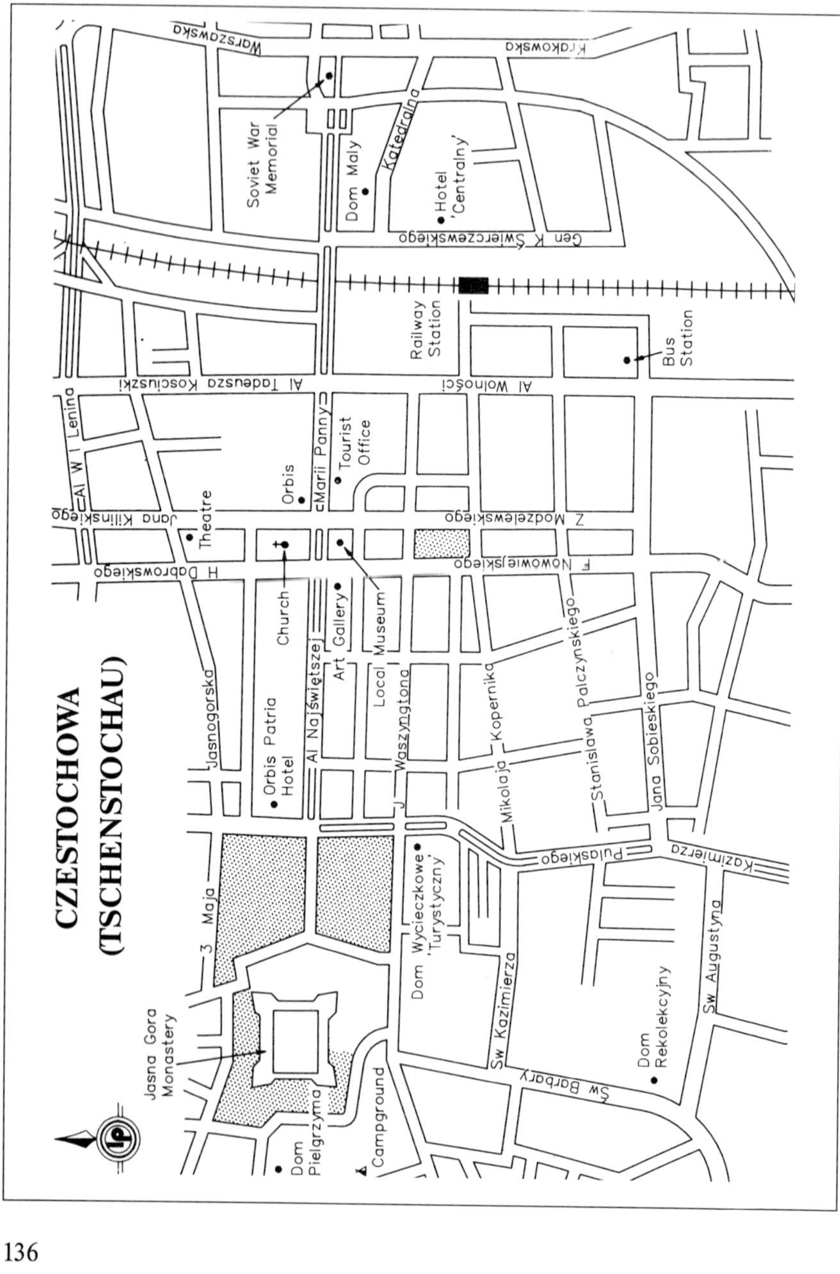
CZESTOCHOWA
(TSCHENSTOCHAU)
Warszawska
Krakowska
Katedralna
Soviet War Memorial
Dom Maly
Hotel 'Centralny'
Gen K Świerczewskiego
Railway Station
Bus Station
Al Tadeusza Kosciuszki
Al Wolności
Al W I Lenina
Marii Panny
Tourist Office
Orbis
Jana Kilinskiego
Z Modzelewskiego
Theatre
H Dabrowskiego
F Nowowiejskiego
Church
Art Gallery
Local Museum
Jasnogorska
Al Najświętszej
Orbis Patria Hotel
J Waszyngtona
Mikolaja Kopernika
Stanislawa Palczynskiego
Jana Sobieskiego
Pulaskiego
Kazimierza
3 Maja
Dom Wycieczkowe 'Turystyczny'
Sw Kazimierza
Sw Augustyna
Dom Rekolekcyjny
Jasna Gora Monastery
Sw Barbary
Dom Pielgrzyma
Campground

GESCHICHTE

Czestochowa (Tschenstochau) wird das erste Mal im Jahre 1220 erwähnt. 1382 kamen die Pauliner aus Ungarn auf Einladung von Herzog Wladyslaw von Opole (Oppeln) hierher, um das Kloster auf der Jasna Góra zu gründen. Die berühmte Ikone der Schwarzen Madonna wurde im Jahre 1384 aus dem Osten an diesen Ort gebracht. Es wird berichtet, sie sei vor langer Zeit in Jerusalem gemalt worden. 1430 zerschnitten einfallende protestantische Hussiten das Bildnis. Während der Restaurationsarbeiten beließ man eine Spur des Schwertes auf dem Gesicht der Madonna, um an die Tat zu erinnern.

Im frühen 17. Jahrhundert wurde das Kloster befestigt und konnte den folgenden Belagerungen der Schweden (1655) und Russen (1770) standhalten. Nach einem Feuer im Jahre 1690 wurde es um- und wieder aufgebaut. Jahrhunderte unter einer Schirmherrschaft verhalfen dem Kloster dazu, seinen Reichtum zu mehren. Ende des 19. Jahrhunderts, mit dem Bau der Eisenbahnstrecke von Warszawa (Warschau) nach Wien, entstanden hier auch Industriebetriebe. Heute sind in dem Stahlwerk in Czestochowa (Tschenstochau) 30.000 Menschen beschäftigt. Daneben gibt es Unternehmen der Textil-, Chemie- und Papierindustrie. Die Kommunisten machten aus Czestochowa (Tschenstochau) ein bedeutendes industrielles Zentrum, um so ein Gegengewicht zum klerikalen Einfluß des Klosters zu schaffen.

PRAKTISCHE HINWEISE

Orientierung: Vom Bahnhof aus gelangen Sie, wenn Sie einen Block in Richtung Norden gehen, zur Aleje Najswietszej Marii Panny, die bei den Einheimischen Aleje NMP heißt. Das Kloster befindet sich auf einem niedrigen Hügel am Ende dieses bedeutenden Boulevards, einen Kilometer weiter westlich. Wer am frühen Morgen noch im Dunkeln ankommt, der kann das strahlende Licht hoch über dem Kloster sehen.

Informationen: Das wichtigste Fremdenverkehrsamt befindet sich in der Unterführung am Ende der Aleje NMP, neben dem Orbis-Hotel Patria. Hier werden Stadtpläne auch von zahlreichen anderen Orten in Polen verkauft. Ein zweites Fremdenverkehrsamt gibt es im Bürogebäude oberhalb des Restaurants Bristol in der ulica Pilsudskiego 1, unweit des Bahnhofs.

SEHENSWÜRDIGKEITEN

Heute erscheint das Kloster auf dem Jasna Góra wie eine Festung, ein lebendiges Symbol des Katholizismus in einem weltlichen Meer. Innerhalb der Anlage gibt es zwei Kirchen. Auf dem Hochaltar der kleineren, schlichteren Kirche steht die Ikone der Schwarzen Madonna. Sie befindet sich hinter einem Silbervorhang (1673) und ist nur bei den häufigen Gottesdiensten zu sehen. Die Barockkirche nebenan weist schöne Verzierungen auf.

Innerhalb der Verteidigungsmauern der Klosteranlage sind zudem drei Museen zur Besichtigung offen. Dabei sollten

Sie einen Besuch des Arsenals nicht versäumen. In dem Museum direkt dahinter ist auch der Nobelpreis zu sehen, den Lech Walesa 1983 erhielt. Die Schatzkammer (Skarbiec) liegt recht versteckt hinter den beiden Kirchen. Der Eingang ist über eine Terrasse zu erreichen.

An Wochenenden und an Feiertagen bilden sich lange Schlangen vor allen drei Museen und in der kleineren Kirche. Dann kann es so eng werden, daß es fast schon unmöglich wird, noch den Bau zu betreten, geschweige denn die Ikone zu Gesicht zu bekommen. An Mariä Himmelfahrt (15. August) endet beim Kloster ein 10tägiger Pilgermarsch von Warszawa (Warschau) aus. Das Stadtmuseum im alten Rathaus, das im Jahre 1908 am Plac Bieganskiego wieder aufgebaut wurde, beherbergt eine ausgezeichnete historische Ausstellung und bietet zahlreiche Informationen über die Burgruinen auf den Sandsteinfelsen an der „Adlerhorst-Route" zwischen Tschechenstowa und Kraków (Krakau), einst die Grenze zwischen Polen und Böhmen. Die Galerie mit Werken einheimischer Künstler in der nahegelegenen Aleje NMP 47 ist ebenfalls einen Besuch wert.

UNTERKUNFT

In der Nähe des Bahnhofs: Im alten, dreistöckigen Hotel Centralny in der ulica Pilsudskiego 9, gegenüber dem Ostausgang vom Bahnhof, werden für ein Einzel-, Doppel- bzw. Dreibettzimmer 6, 9 bzw. 11 US $ berechnet. Für eine Übernachtung im Vierbettzimmer muß man 3,50 US $ pro Person bezahlen. Im nahegelegenen Dom Wycieczkowy Maly in der ulica Katedralna 18 kosten die Einzel- und Doppelzimmer 8 bzw. 12 US $. Das Fremdenverkehrsamt Jura in der Aleje NMP 37 vermittelt, falls vorhanden, Privatzimmer.

Die Jugendherberge in der ulica Waclawy Marek 12 liegt, vom Kloster aus gesehen, ungünstig am entgegengesetzten Ende der Stadt. Man gelangt über die ulica Krakowska in Richtung Süden dorthin (ca. 1 km), wenn man dann nach rechts Ausschau hält.

In der Nähe des Klosters: Das Dom Pielgrzyma, ein großes Gebäude an der Nordseite des Parkplatzes hinter dem Kloster, bietet Einzel- und Doppelzimmer für 30 bzw. 40 US $. Für eine Übernachtung im Vierbettzimmer zahlt man 10 US $. Anmelden kann man sich von 15.00 bis 20.00 Uhr. Allerdings werden die Türen bereits ab 22.00 Uhr geschlossen. Dieses von der Kirche geführte Haus ist wahrscheinlich die richtige Wahl, wenn Sie aus rein religiösen Gründen hier sind.

Auf der anderen Seite des Parkplatzes für die Busse befindet sich der schöne Campingplatz Olenka (geöffnet von Juni bis September). Um hier ein Zelt aufschlagen zu dürfen, werden 1,20 US $ pro Person erhoben. Die Bungalows kosten für ein bis zwei Personen 9 US $, für drei Personen 17 US $ und für vier Personen 23 US $. Zur Anlage gehört auch ein Imbiß.

Das Dom Rekolekcyny in der ulica Sw. Barbary 43, einige Blocks südlich von Jasna Góra, nimmt ebenfalls Pilger auf. Südlich des Dom Rekolekcyny, im Hotel Sportowy in der ulica Sw. Anrzeja 8-10, einem sauberen, neuen, zweistökkigen Gebäude, zahlt man für Übernachtungen 6 US $ pro Tag und Person. Da hier nicht häufig Pilger übenachten, ist es wahrscheinlicher, das noch Zimmer frei sind.

Die Preise im Dom Wycieczkowy Turystyczny in der ulica Pulaskiego 4-6, im obersten Stockwerk eines Sportzentrums unweit von Jasna Góra, entsprechen denen des Dom Maly.

Das achtstöckige Vier-Sterne-Hotel Patria von Orbis, ebenfalls unweit von Jasna Góra gelegen, ist mit 27 bzw. 38 US $ für ein Einzel- bzw. Doppelzimmer mit Bad und Frühstück nicht gerade billig. Sie haben dafür jedoch die Sicherheit, daß das Essen im Restaurant gut ist, und die Möglichkeit, an der Bar etwas zu trinken.

ESSEN

Abgesehen vom Restaurant im Orbis-Hotel Patria gibt es kein ordentliches Restaurant in der Umgebung des Klosters. Am preiswertesten, schnellsten und unkompliziertesten ißt man in der Milchbar Centralny in der Aleje NMP 19, unweit des Bahnhofs. Nebenan befindet sich ein gutes, kleines Café. Wer ein Bier trinken möchte, der sollte ins Restaurant Astoria in der Aleje NMP 46 gehen.

AN- UND WEITERREISE

Von Warszawa/Warschau (235 km), Opole/Oppeln (95 km), Katowice/Kattowitz (86 km) und Kraków (Krakau) bestehen direkte Zugverbindungen nach Czestochowa (Tschenstochau). Hier halten auch die Züge von Budapest, Wien und Prag nach Warschau. Der *Opolanin* verkehrt täglich das ganze Jahr über zwischen Czestochowa (Tschenstochau) und Warszawa (Warschau) und benötigt für diese Strecke drei Stunden. Dieser Zug wird in Opole (Oppeln) eingesetzt und endet auch dort. Reservierungen sind erforderlich. Bei Orbis in der Aleje NMP 40 erhalten Sie sowohl die Fahrkarten als auch Informationen über Zugverbindungen.

MALOPOLSKA (KLEINPOLEN)

ŚLASK (SCHLESIEN)

Ślask (Schlesien), das Gebiet im Nordwesten Polens, bildet das Industriezentrum des Landes. Auch wenn Ślask (Schlesien) nur 6% der Gesamtfläche Polens ausmacht, sorgt es für ein Fünftel des Bruttosozialproduktes. Außerdem werden hier 50% des Stahls und 90% der Kohle produziert (8% des Weltbedarfs). Das oberschlesische Becken um Katowice (Kattowitz), in dem sowohl die Wisla (Weichsel) als auch die Odra (Oder) entspringen, ist in hohem Maße erschlossen und bevölkert, leidet aber auch unter erheblichen Umweltproblemen. Niederschlesien zieht sich in nordwestlicher Richtung hinter Wroclaw (Breslau) an der Odra (Oder) entlang. Das fruchtbare Agrarland zwischen Opole (Oppeln) und Wroclaw (Breslau) wird als das „Grüne Schlesien" bezeichnet, während die Kohle-Region von Oberschlesien „Schwarzes Schlesien" genannt wird.

Ślask (Schlesien) wurde ursprünglich von slawischen Stämmen bewohnt, deren größter, der der Slezanen, der Region ihren Namen gab. Das mittelalterliche Ślask (Schlesien) war unter den Piasten-Fürsten autonom. 1335 wurde das Land von Böhmen annektiert, und von 1526-1742 herrschten hier die Habsburger als Könige von Böhmen. Friedrich der Große eroberte Ślask (Schlesien) 1742 und gliederte es Preußen an. Während der Herrschaft der Deutschen wurde die große polnische Minderheit nach und nach einer zunehmenden „Germanisierung" unterworfen. Nach dem Ersten Weltkrieg führten Aufstände und Volksabstimmungen dazu, daß der größte Teil Oberschlesiens sich Polen anschloß, während Niederschlesien bis 1945 ein Teil des Deutschen Reiches blieb. In jenem Jahre wurde die deutsche Bevölkerung aus Ślask (Schlesien) vertrieben und Ślask (Schlesien) nach sechs Jahrhunderten wieder polnisch.

Auf Besucher werden das Industriegebiet von Katowice (Kattowitz) und seine Umgebung wahrscheinlich keine große Anziehungskraft ausüben. Wroclaw (Breslau) ist jedoch eine alte, geschichtsträchtige Stadt mit einem intensiven kulturellen Leben. Opole (Oppeln) bietet sich aufgrund seiner günstiger Lage für eine Unterbrechung an, um ein wenig von den üblichen Reiserouten abzuweichen. Und die Sudeten westlich von Klodzko (Glatz) mit dem Gory Stolowe (Heuscheuergebirge) und südlich von Jelenia Góra (Hirschberg) mit dem Karkonosze (Riesengebirge) locken die Wanderer.

OPOLE (OPPELN)

Nach Opole (Oppeln), einer hübschen kleinen Stadt an der Odra (Oder), kommen so wenige Touristen, daß sie schon ein Objekt der Neugier werden, wenn sie hier als Fremde Halt machen. Es ist ein angenehmer Ort, um spazierenzugehen, auch wenn man sich hier nicht viele Sehenswürdigkeiten ansehen kann. Die Lage auf halbem Weg zwischen Kraków (Krakau), Czestochowa (Tschenstochau) und Wroclaw (Breslau) könnte nicht besser sein. Der einzige reale Anspruch auf Ruhm, den die Stadt erheben könnte, läßt sich auf das Fest des polnischen Liedes stützen, das im Freilichttheater auf der Insel Pasieka in der zweiten Junihälfte jedes Jahres stattfindet.

Opole (Oppeln), lange Zeit die Heimat des Stammes der Opolanen, wurde Ende des 12. Jahrhunderts die Hauptstadt des Fürstentums Opole (Oppeln). Mit dem Aussterben der Piasten-Dynastie im Jahre 1532 fiel das Gebiet an Böh-

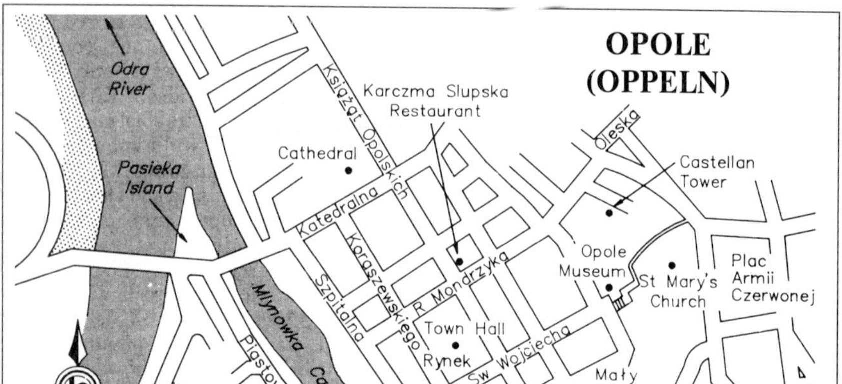

men und später an Preußen. Trotz der langen Zeit der deutschen Herrschaft blieb das polnische Element hier stark erhalten.

PRAKTISCHE HINWEISE

Orientierung: Der Hauptbahnhof (Opole Glowne), das Hauptpostamt und der Busbahnhof liegen nebeneinander im Süden der Innenstadt. Wenn Sie entlang der ulica Krakowska geradeaus gehen, kommen Sie zum Rynek, dem Marktplatz im Zentrum. Einige wenige Züge halten auch am Bahnhof Opole Wschodnie, ein kleines Stück nordöstlich der Innenstadt in der ulica Oleska.

Informationen: Im Fremdenverkehrsamt in der ulica Ksiazat Opolskich 22 wird eine gute Auswahl an Stadtplänen und Landkarten zum Verkauf angeboten. Auskünfte erhalten Sie auch im Büro der PTTK in der ulica Krakowska 15-17, unweit der Stadtmitte.

SEHENSWÜRDIGKEITEN

Das häßliche, einem italienischen Palast nachempfundene Rathaus aus dem Jahre 1936 in der Mitte des Rynek ist von wieder aufgebauten schönen Bürgerhäusern aus dem 18. Jahrhundert umgeben. Von der Ostseite des Platzes aus gelangen Sie über die ulica Sw Wojciecha nach zwei Blocks zum Museum von Opole (Oppeln) mit einer Gemäldesammlung von lokalem Interesse (montags geschlossen). Die Marienkirche befindet sich ein wenig oberhalb des Museums.

Wenn Sie zurück zur Südecke des Rynek gehen, kommen Sie zur Franziskanerkirche aus dem 14. Jahrhundert. Die Gräber der Piasten-Herzöge aus Opole (Oppeln) befinden sich in der Kapelle an der Südseite der Kirche. Die Kathedrale der Stadt liegt vom Rynek aus gesehen in Richtung Nordwesten.

Folgen Sie nun der ulica Katedralna nach Westen zum Mlynowka-Kanal. Hier gelangen Sie über eine Brücke zur Insel Pasieka. Ein kleines Stück weiter südlich ist ein kleiner See an einem sehr schönen Park gelegen, in dem es eine rustikale Kaffeestube gibt, die allerdings meistens geschlossen ist. Ein einziger Turm, von dem aus man einen Blick über den Park hat, ist alles, was von der Piasten-Burg aus dem 14. Jahrhundert geblieben ist.

Auf der Odra (Oder) herrscht ein beachtlicher Verkehr. Sie wird vor allem von Kohlefrachtern befahren. Bei einem Spaziergang an der Westseite der Insel Pasieka entlang bis zur Fußgängerbrücke am südlichen Ende der Insel haben Sie einen guten Blick auf die Schiffe. Der Zoo befindet sich in dem großen Park auf der anderen Seite der Brücke.

UNTERKUNFT

Im teuren, neunstöckigen Hotel Opole vor dem Bahnhof kosten die Einzel- und Doppelzimmer mit Bad und Frühstück 23 bzw. 28 US $. Im Hotel Toropol im Obergeschloß eines Sportzentrum in der ulica Norberta Balickiego 13, auf der Insel Pasieka, zögern die Mitarbeiter, Ausländern Zimmer zu vermieten.

Die beste Wahl bei den preiswerten Häusern ist das Hotel Remak (Tel. 3 64 29) in der ulica Kowalska 4, südlich des Hauptbahnhofs, auf der anderen Seite der Brücke über die Eisenbahnschienen. Es liegt versteckt hinter einem großen Sportzentrum. Fragen Sie am besten nach der Hala Sportowa. Das Haus ist das ganze Jahr hindurch geöffnet. Für ein Einzel- bzw. Doppelzimmer werden hier 8 bzw. 12 US $ pro Tag verlangt.
Im Juli und im August können Sie sich bei Almatur (Plac Armii Czerwonej 1) nach dem internationalen Studentenhotel von Opole (Oppeln) erkundigen. Einen Campingplatz gibt es hier allerdings nicht.

ESSEN
In der Milchbar Krowka in der ulica Krakowska 13 a, einen Block vom Marktplatz entfernt, kann man preiswert essen. Das Restaurant Karczma Slupksa in der ulica Ksiazat Opolskich 6 ist für seine einheimische Küche bekannt. Eine Spezialität des Hauses sind Schweinehaxen (Golonka Pieczona). Sie können auch das Essen im Restaurant Europa, gegenüber vom Orbis-Büro, versuchen.
Kaffee und Kuchen sowie Eis bietet das Kawiarna Teatralna in der ulica Krakowska 35, neben Orbis.

AN- UND WEITERREISE
Opole (Oppeln) liegt an der Hauptstrekke von Przemyśl über Kraków (Krakau), Katowice (Kattowitz), Brzeg (Brieg), Wroclaw (Breslau) und Poznań (Posen) nach Szczecin (Stettin). Direktzüge nach Opole (Oppeln) werden auch von Czestochowa (Tschenstochau) aus (95 km), Nysa (Neisse) und Rzepin eingesetzt. Orbis (ulica Krakowska 31) nimmt Reservierungen für Sitz- und Liegewagenplätze vor.
Täglich und das ganze Jahr über verkehrt der *Opolanin-Express* zwischen Warszawa (Warschau) und Opole (Oppeln), der für die 330 km lange Strecke 5 Stunden benötigt. Er fährt in Warszawa (Warschau) am Nachmittag und in Opole (Oppeln) am frühen Morgen ab und hält unterwegs in Czestochowa (Tschenstochau). Eine Reservierung von Plätzen in diesem Zug ist erforderlich.

BRZEG (BRIEG)

Brzeg (Brieg) an der Odra (Oder) eignet sich gut für eine kurze Unterbrechung einer Fahrt auf der Strecke zwischen Warszawa (Warschau) und Opole (Oppeln). Vom 14. bis zum 17. Jahrhundert war die Stadt die Residenz der Piasten-Herzöge, die damals an einem der wichtigen Handelswege lag. Zahlreiche Gebäude wurden im 16. Jahrhundert zur Zeit der Renaissance errichtet, aber bei den Kämpfen während des Zweiten Weltkrieges wurden große Teile der

Stadt zerstört. Die vereinzelten Überreste des einstigen Ruhms der Stadt stimmen nun eher ein wenig depressiv.

PRAKTISCHE HINWEISE

Informationen: Auskünfte können Sie bei der PTTK in der ulica Piastowska 1 erhalten.

SEHENSWÜRDIGKEITEN

Das Schloß von Brzeg (Brieg) liegt 2 km vom Bahnhof entfernt am gegenüberliegenden Ende der Stadt, so daß Sie dorthin am besten ein Taxi nehmen. Das Renaissance-Schloß (1560) mit seinem bildhauerisch gestalteten Portal und Hof dient heute als Museum und enthält eine kleine Kunstsammlung von Werken aus dem 17. und 18. Jahrhundert (montags und dienstags geschlossen). Direkt vor dem Schloß erhebt sich eine mächtige Jesuitenkirche im Stil des Barock.

Auf dem Weg zurück zum Bahnhof bietet sich eine Besichtigung des Rathauses, eines Renaissancegebäudes aus dem Jahre 1577, sowie der Nikolauskirche aus dem 14. Jahrhundert an, eines hohen gotischen Gotteshauses aus rotem Backstein. Rathaus und Kirche befinden sich in der Stadtmitte.

UNTERKUNFT UND ESSEN

Im vierstöckigen Hotel Piast in der ulica Piastowska 14, zwei Blocks vom Bahnhof und vom angrenzenden Busbahnhof entfernt, kosten die Einzel-, Doppel- und Dreibettzimmer mit Bad 9, 16 bzw. 20 US $.

Im Sommer wird in der ulica Jana Paula II 26, vier Blocks vom Bahnhof entfernt, eine Jugendherberge eingerichtet.

Essen können Sie in einer Milchbar in der ulica Dluga 41. Das Kawiarna Parkokwa, ganz in der Nähe der ulica Armii Krajowej sowie zwischen dem Bahnhof und der Altstadt, ist sehr schön gelegen und bietet einen Blick auf einen Teich im Stadtpark (mittwochs Ruhetag). An den meisten Abenden dient es als Discothek.

AN- UND WEITERREISE

Brzeg (Brieg) liegt an der wichtigen Eisenbahnstrecke von Przemyśl nach Poznań (Posen). Nach Opole (Oppeln), 40 km entfernt, und Wroclaw (Breslau), 42 km entfernt, fahren in kürzeren Abständen ebenfalls Züge. Bei Orbis in der ulica Staromiejska 8 erhalten Sie die Fahrkarten und können sich auch nach den Abfahrtszeiten erkundigen.

WROCLAW (BRESLAU)

Wroclaw (Breslau), die geschichtsträchtige Hauptstadt von Unterschlesien, gehörte von 1742 bis 1945 zu Deutschland. Im 13. Jahrhundert war Wroclaw (Breslau) die Hauptstadt einer Piasten-Dynastie, wurde dann böhmisch, fiel an die Habsburger und schließlich an Preußen. Während der Endphase des Zwei-

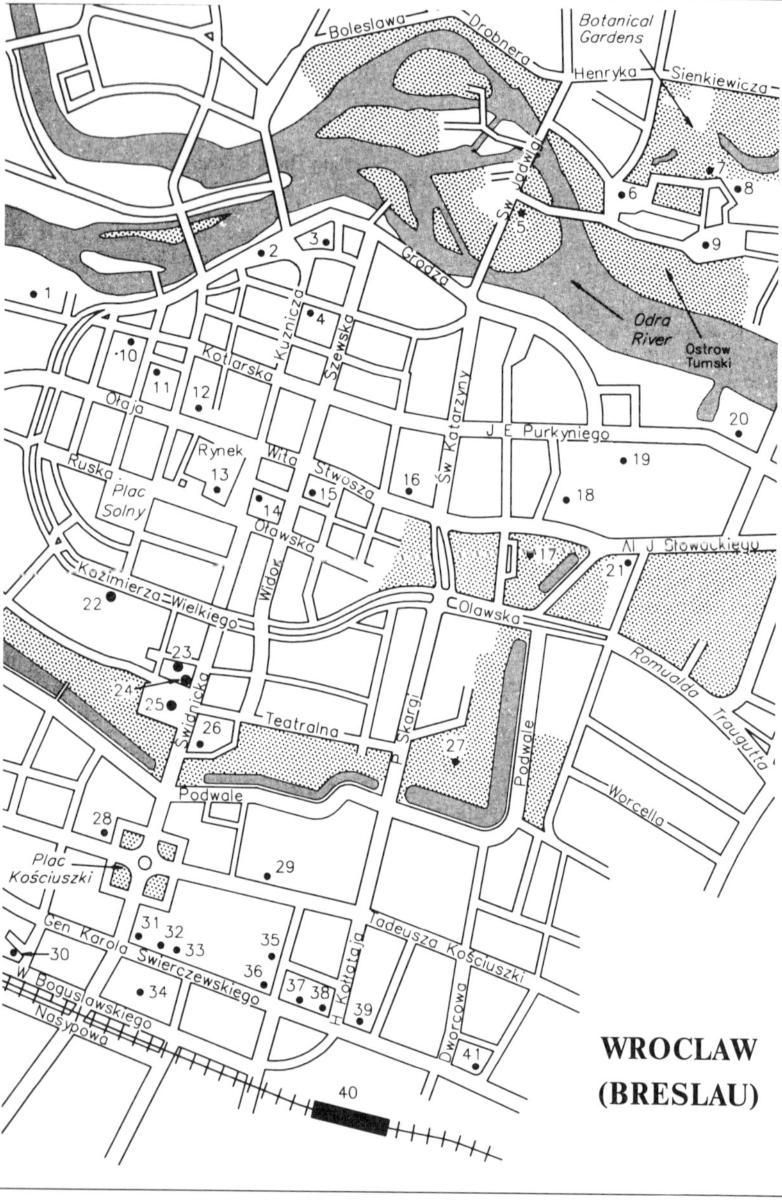

WROCLAW (BRESLAU)

1. Arsenal (Militärmuseum)	22. Archäologisches Museum
2. Collegium Maximum	23. Dorotheenkirche
3. Jesuitenkirche	24. Hotel Monopol
4. Kalambur-Theater	25. Opernhaus
5. Marienkirche	26. Johanniterkirche
6. Kreuzkirche	27. Bastei
7. Botanischer Garten	28. Restaurant KDM
8. Erzbischöfliches Museum	29. Studentenclub Palacyk und Büro von Almatur
9. Kathedrale	30. Teatr Polski
10. Jazz-Club Rura	31. Büro von Orbis
11. Elisabethkirche	32. Spielcasino
12. Buchhandlung	33. Hotel Polonia
13. Rathaus	34. Operetka Teatr
14. Kaufhaus Feniks	35. Hotel Piast II
15. Maria-Magdalenen-Kirche	36. Milchbar Wzorcowy
16. Kunstgalerie	37. Hotel Europejski
17. Hotel Panorama	38. Hotel Piast I und Fremdenverkehrsamt
18. Architekturmuseum	39. Grand Hotel
19. Panoramabild der Schlacht von Raclawice	40. Bahnhof
20. Nationalmuseum	41. Alter Busbahnhof
21. Postamt	

ten Weltkrieges befestigten Soldaten der deutschen Wehrmacht die Stadt und hielten, obwohl sie eingekesselt waren, mit 40.000 Mann vom 15. Februar bis zum 6. Mai 1945 die „Festung Breslau". Sie ergaben sich erst nach dem Fall von Berlin am 2. Mai 1945. Im Verlauf dieser 81 Tage dauernden Belagerung wurde die Stadt zu 70 % zerstört. Direkt nach dem Krieg vertrieb man alle deutschen Einwohner, die nicht schon vorher geflohen waren, und siedelte in den Ruinen Polen an, die aus dem Gebiet von Lwow (Lemberg) in der Ukraine stammten. Die Menschen in Wroclaw (Breslau) haben noch immer eine gefühlsmäßige Bindung an Lwow (Lemberg). Gelegentlich sieht man historische Ausstellungen über die Stadt in den Museen oder Reklame für Touristenausflüge nach Lwow (Lemberg). Selbst das Bier, das hier gebraut wird, heißt Piwo Lwow.

Heute bietet diese angenehme Großstadt an der Odra (Oder) interessante Museen, historische Bauten, Konzertsäle, Theater, Parks und über 120 Kanäle sowie einen malerischen Marktplatz und eine ansehnliche Anzahl von Kirchen am Fluß. Wroclaw (Breslau) ist ein lebendiges kulturelles Zentrum und eine Universitätsstadt, in der die Studentenclubs bei Veranstaltungen überfüllt sind. Die Sehenswürdigkeiten sind günstig gelegen, so daß man einen Stadtrundgang gut zu Fuß unternehmen kann.

PRAKTISCHE HINWEISE

Orientierung: Der Hauptbahnhof (Wroclaw Glowny) liegt nicht weit von den meisten Hotels entfernt. Von hier aus können Sie zum Rynek, dem alten Marktplatz, gehen, dort nach links in die ulica Swierczewskiego und dann drei Blocks weiter zur ulica Swidnicka. Biegen Sie hier nach rechts ab und gehen Sie dann geradeaus weiter, um direkt in die Stadt zu gelangen.

Informationen: Das Fremdenverkehrsamt Odra in der ulica Swierczewskiego 98 liegt ein Stück unterhalb des Hotel Piast I, schräg gegenüber vom Bahnhof. Ein zweites Fremdenverkehrsamt mit einem besseren Angebot an Plänen und Broschüren gibt es in der ulica Kazimierza Wielkiego 39.

Geld: Reiseschecks können Sie in der PKO-Bank am Plac Solny 16 wechseln.

SEHENSWÜRDIGKEITEN

Altstadt: Wenn Sie die ulica Swidnicka in Richtung Stadt hinuntergehen, kommen Sie an der Johanniterkirche auf der rechten Seite sowie am neo-klassischen Opernhaus zur Linken vorbei. Die Dorotheenkirche steht neben dem Hotel Monopol. An der Fußgängerunterführung gelangen Sie links nach einem Block zum Ethnographischen Museum und zum Archäologischen Museum (beide montags und dienstags geschlossen). Die Museen haben getrennte Eingänge, liegen jedoch im selben Gebäudekomplex in der ulica Wielkiego 34/35. Leider sind die Erklärungen im Archäologischen Museum nur in Polnisch gehalten, so daß die Ausstellungsstücke für Ausländer kaum verständlich sind. Geht man in der gleichen Richtung weiter nach Westen und biegt dann bei der ersten Möglichkeit auf der anderen Straßenseite nach rechts ab, dann gelangt man geradeaus zum Plac Solny, dem alten Salzmarkt, der heute als Blumenmarkt dient. Er führt zum Rynek, dem mittelalterlichen Marktplatz mit seinen Bürgerhäusern aus der Renaissance und dem Barock. Das gotische Rathaus von Wroclaw (Breslau) wurde zwischen 1327 und 1504 erbaut und gehört zu den am reichsten verzierten Häusern in Polen. Heute beherbergt es in seinen Innenräumen mit den Gewölbedecken ein Museum (montags und dienstags geschlossen). An der nordwestlichen Ecke des Rynek erhebt sich die Elisabethkirche aus dem 14. Jahrhundert. Ihr Turm ist 83 m hoch. Die beiden kleinen Häuser an der Ecke, die durch ein Tor verbunden sind, sind unter dem Namen „Hänsel und Gretel" bekannt.

Ein Abstecher von der Kirche aus in Richtung Osten, dann an der Nordseite des Rynek entlang und weiter in Richtung Osten auf der ulica Wita Stwosza, führt auf der rechten Seite zur gotischen Maria-Magdalenen-Kirche. Achten Sie auf das romanische Portal an der Rückseite der Kirche, das aus dem 12. Jahrhundert stammt.

Museen und Kirchen: Wenn Sie geradeaus weiter entlang der ulica Wita Stwosza gehen, kommen Sie zum Orbis-Hotel Panorama. Das Architekturmuseum (montags geschlossen) befindet sich vom Hotel aus gesehen in einem Konvent auf der gegenüberliegenden Straßenseite und enthält ein Modell der Stadt Wroclaw (Breslau) des Jahres 1740.

Im Park hinter dem Museum ist das riesige Panorama-Gemälde der Schlacht von Raclawice (1794) unweit von Kraków (Krakau) mit dem Nationalhelden Tadeusz Kosciuszko zu sehen. Er führte die Polen gegen die russischen Streitkräfte, die eine Teilung des Landes beabsichtigten. Das Gemälde, das im Jahre 1894 von Jan Styka und Wojciech Kossak geschaffen wurde, ist 120 m lang und 15 m hoch. Ursprünglich war es in Lwow (Lemberg) ausgestellt und wurde 1985 in Wroclaw (Breslau) erneut der Öffentlichkeit zugänglich gemacht. Sie haben hier zwar die Möglichkeit, per Kopfhörer Erläuterungen auf Deutsch abzurufen, aber die Tonqualtität ist sehr schlecht, so daß der Text nur schwer zu verstehen ist.

Es kann schwierig sein, Eintrittskarten zu bekommen (1,50 US $, für Studenten 0,75 US $), da Besucher nur 17 mal am Tag in Gruppen von jeweils 40 Personen eingelassen werden und für Reisegruppen häufig alle Besichtigungsmöglichkeiten einige Tage im voraus reserviert werden. In diesem Fall sollten Sie, falls Ihnen an der Kasse nicht weitergeholfen werden kann, zum Verwaltungsbüro im Obergeschoß hinter den Fernsehgeräten gehen, wo häufig Grup-

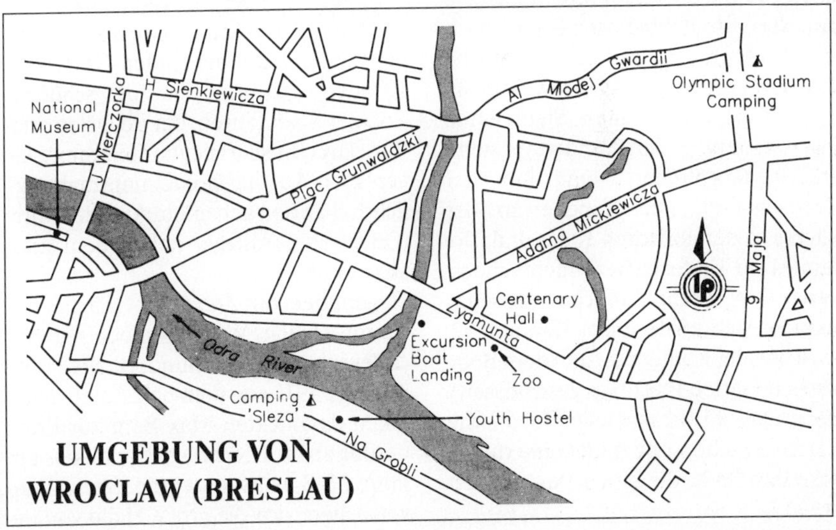

UMGEBUNG VON WROCLAW (BRESLAU)

pen auf die nächste Führung warten. Falls der Mann an der Tür Sie daran hindern möchte, sagen Sie ihm, Sie wollen zu dem sich ebenfalls hier befindlichen Andenkenstand. Möglicherweise nimmt man Sie mit, wenn Sie freundlich und interessiert sind. Vielleicht bietet Ihnen auch jemand an der Tür eine Karte zum Verkauf an, die der Besitzer nicht nutzen konnte.

Gleich im Osten neben dem Park beherbergt das Nationalmuseum eine große Sammlung von Meisterwerken schlesischer Kunst des Mittelalters (montags und dienstags geschlossen). Wenn Sie über die Brücke gehen, die neben dem Museum über die Odra (Oder) führt, sollten Sie einen Blick flußaufwärts auf die schönste der 90 Brücken von Wroclaw (Breslau) werfen, die Most Grunwaldzki aus dem Jahre 1910.

An der Nordseite des Flusses gelangen Sie, wenn Sie dort nach links abbiegen, wo die Straßenbahnschienen nach rechts führen, und weiter in westliche Richtung gehen, zur Ostrow Tumski (Dominsel), einem alten Stadtviertel, das seit dem 9. Jahrhundert besteht. Im 10. Jahrhundert stand hier der Herzogspalast. Die Kapelle an der Rückseite der gotischen Kathedrale Johannes der Täufer ist besonders sehenswert. Das Erzbischöfliche Museum befindet sich in der ulica Kanonia 12, zwischen der Kathedrale und dem Botanischen Garten (montags geschlossen). Der im Jahre 1811 angelegte Botanische Garten ist schön und bildet eine ruhige Ecke der Stadt, die einen Besuch wert ist.

Wiederum westlich der Kathedrale erhebt sich die zweistöckige gotische Kreuzkirche. Gehen Sie von hier aus geradeaus über die kleine Brücke aus dem 14. Jahrhundert bis zur Marienkirche, die einen bemerkenswerten gotischen Innenraum aufweist.

In Richtung Süden kommt man, wenn man den Straßenbahnschienen folgt, zu einer weiteren kleinen Brücke und auf der anderen Seite des Flusses zu dem großen roten Backsteingebäude des Stadtmarktes (1908). Geht man von hier aus einen oder zwei Blocks weiter flußabwärts am Ufer entlang, dann erreicht man eine große Jesuitenkirche (1755) mit dem Collegium Maximum (1741) gleich dahinter. Im Innern dieses reich verzierten Barockbaus befindet sich die großartige Aula Leopoldina, die heute für offizielle Anlässe der Universität genutzt wird.

Parks und Zoos: Mit einem Taxi oder einer Straßenbahn der Linien Nr. 1, 2, 4, 10 oder 12 können Sie zum schönen Zoo der Stadt fahren, der im Osten von Wroclaw (Breslau) liegt. Im Sommer legen auch Ausflugsboote mehrmals täglich zu Fahrten auf einem Arm der Odra (Oder) vom Anleger neben dem Zoo ab.

Gegenüber vom Zoo erhebt sich ein berühmtes frühes Werk der modernen Architektur, die „Jahrhunderthalle", die im Jahre 1913 von dem bekannten deutschen Architekten Max Berg zur Erinnerung an die Niederlage Napoleons im Jahre 1813 errichtet wurde. Sie sollten versuchen, sich die große Halle von innen anzusehen (geben Sie dem Wächter ein Trinkgeld). Die Stahlnadel neben dem Bau war das Symbol der Ausstellung, die hier 1948 zur Darstellung der zurückgewonnenen Gebiete stattfand. Im Szczytnicki-Park hinter der Jahrhunderthalle hat man u. a. einen schönen japanischen Garten angelegt.

Stadtrundfahrt: Unter der Voraussetzung, daß es keine Hindernisse aufgrund von Straßenarbeiten gibt, bietet die Straßenbahnlinie Nr. 0 die Möglichkeit, in ca. 45 Minuten eine Rundfahrt um die Innenstadt von Wroclaw (Breslau) zu unternehmen. Das ist die beste Stadtrundfahrt, an der Sie für 0,10 US $ teilnehmen können. Die Straßenbahn hält u. a. vor dem Bahnhof.

UNTERKUNFT

Zelten: Der Campingplatz der Stadt befindet sich in der Nähe des Olympia-Stadions auf der anderen Seite des Szczytnicki-Parks, vom Zoo aus gesehen im Osten von Wroclaw (Breslau). Am Eingang fahren Straßenbahnen der Linien Nr. 9, 12, 16 und 17 vorbei. Eine Reihe einfacher, sauberer Bungalows wird hier ebenfalls vermietet, und vom 15. Mai bis zum 30. September jedes Jahres werden Ausländer, die hier ein Zelt aufschlagen wollen, nie abgewiesen. Man spricht auch Deutsch.

Jugendherbergen: Die Jugendherberge in der ulica Kollotaja 20 liegt direkt hinter dem Grand Hotel, einige Minuten zu Fuß vom Bahnhof entfernt. Hier stehen nur Betten im Schlafsaal zur Verfügung, aber das Haus ist das ganze Jahr über geöffnet.
Die PTTK unterhält ein Stacja Turystyczna in der ulica Szajnochy 11 (im Obergeschoß), ganz in der Nähe des Plac Solny in der Altstadt. Die Anmeldung ist jedoch nur von 17.00 bis 21.00 Uhr geöffnet. Für eine Übernachtung in einem der Zimmer mit 6, 10 oder 18 Betten werden ca. 3 US $ verlangt. Das einzige vorhandene Doppelzimmer kostet 6 US $ pro Übernachtung. Das Haus ist ganzjährig geöffnet.
Beim Osrodek Zakwaterowan Nauczycieli in der ulica Kotlarska 42, direkt in der Stadtmitte, handelt es sich um ein Lehrerwohnheim, in dem man für eine Übernachtung in einem Einzel- und Doppelzimmer 6 US $, in einem Dreibettzimmer 3,50 US $ und in einem Vierbettzimmer 3 US $ bezahlt. Das Haus ist eigentlich nur für Lehrer vorgesehen, aber falls noch etwas frei ist, werden auch andere Gäste aufgenommen.

Privatzimmer: Bei Odra Tourist in der ulica Swierczewskiego 98, gegenüber vom Bahnhof, werden Einzel- und Doppelzimmer in Privathäusern für 9 bzw. 13 US $ (2. Kategorie) und 13 bzw. 19 US $ (1. Kategorie) vermittelt. Keines der Zimmer befindet sich jedoch in der Nähe vom Bahnhof.

Preiswertere Hotels: Ein ganze Reihe von relativ preiswerten Hotels säumen die ulica Swierczewskiego links vom Bahnhof. Im Grand Hotel in der ulica Swierczewskiego 102, direkt gegenüber vom Bahnhof, werden 17 bzw. 21 US $

für ein Einzel- bzw. Doppelzimmer ohne Bad, jedoch mit Frühstück, verlangt. Im Hotel Piast I, ein kleines Stück im Westen an der nächsten Ecke, kosten die Einzel- bzw. Doppelzimmer ohne Bad 8 bzw. 12 US $ und Doppelzimmer mit Bad 16 US $.

Im Hotel Europejski in der ulica Swierczewskiego 94-96 werden Einzel- und Doppelzimmer der 2. Klasse für 12 bzw. 16 US $ pro Tag vermietet. Für ein Einzel- oder Doppelzimmer der 1. Klasse mit Bad und Frühstück zahlt man 25 bzw. 33 US $. Preiswerter ist das Hotel Piast II (früher Hotel Odra) um die Ekke herum in der ulica Stawowa 13, in dem man in einem Einzel- oder Doppelzimmer ohne Bad für 8 bzw. 12 US $ oder in einem Einzel- oder Doppelzimmer mit Bad für 9 bzw. 16 US $ übernachten kann (ohne Frühstück).

Teurer als alle bereits genannten Häuser ist das Hotel Polonia in der ulica Swierczewskiego 66. Hier muß man für ein Einzel- oder Doppelzimmer mit Bad und Frühstück 26 bzw. 43 US $ bezahlen. Neben dem Polonia befindet sich das Spielkasino von Wroclaw (Breslau).

Die Zimmer, die im Grand Hotel, im Hotel Piast, im Hotel Europejski und im Hotel Polonia zur Straße heraus liegen, sind wegen der vorbeifahrenden Straßenbahnen sehr laut. Das Hotel Piast II liegt dagegen in einer ruhigen Nebenstraße.

Teurere Hotels: Von den vier Orbis-Hotels ist das Hotel Monopol (Baujahr 1890) neben der Oper das ehrwürdigste. Hier beginnen die Preise für ein Einzel- oder Doppelzimmer ohne Bad bei 13 bzw. 24 US $ und reichen bis 38 bzw. 50 US $ für ein Zimmer mit Bad und Frühstück. Das Hotel Panorama (43 bzw. 60 US $ für ein Einzel- oder Doppelzimmer mit Bad und Frühstück) sollte Ihre Wahl sein, wenn Sie in einem schönen, modernen Hotel in der Nähe der Stadtmitte wohnen möchten. Abzuraten ist dagegen von den Hotels Novotel und Wroclaw, die beide außerhalb der Innenstadt am südlichen Stadtrand liegen. Die Preise sind von Oktober bis April am günstigsten.

ESSEN

Umgebung des Bahnhofs: Wroclaw (Breslau) hat auf dem Gebiet der Eßkultur nichts Besonderes zu bieten. Hinzu kommt, daß es hier keine guten Restaurants mit mittlerem Preisniveau gibt, in denen man in der Nähe des Bahnhofs essen könnte. Sowohl im Europejski als auch im Polonia gibt es zwar ein Restaurant, aber nachdem man ca. 10 Minuten mit der polnischen und deutschen Speisekarte gekämpft hat, teilt der Ober häufig mit, daß das Gewünschte leider nicht erhältlich sei. Das Restaurant Cyganeria macht auf den ersten Blick zwar einen schlechten Eindruck, voll mit Männern, die warmes Bier und Wodka im Übermaß trinken. Dennoch ist das Essen dort recht gut und das Personal freundlich.

Ebenfalls sattessen können Sie sich in der Milchbar Wzorcowy in der ulica Swierczewskiego 86, einen Block vom Bahnhof entfernt.

Altstadt: Die Bar Ratuszowy am Rynek Ratusz 27 a, an der Ecke der Sukieniece hinter dem alten Rathaus, bietet sowohl im Ober- als auch im Untergeschoß eine preiswerte Cafeteria. Häufig werden hier polnische Spezialitäten angeboten. Das Haus ist grün gestrichen und gehört zu dem Block in der Mitte des Platzes. Es lohnt sich, die wenigen Minuten zu investieren, die nötig sind, um es zu finden.

Im Piwnica Swidnicka unten im alten Rathaus wird recht ordentliches Essen in einer mittelalterlichen Umgebung serviert, die auf das 14. Jahrhundert zurückgeht.

Auch das Restaurant Ratuszowa am nahegelegenen Rynek Ratusz 2 wurde in einem Keller eingerichtet und bietet eine angenehme Atmosphäre. Sie sollten hier die Golonka-Suppe probieren. Falls Sie in einem dieser Restaurants noch nach 19.00 Uhr etwas zu essen bekommen, sollten Sie froh sein. Gelegentlich sind sie beide auch aus unerklärlichen Gründen geschlossen.

Beim Winiarnia Bachus am Rynek 16 handelt es sich um einen Weinkeller, der abends geöffnet wird und in dem Eintritt gezahlt werden muß (montags geschlossen). Im Teehaus Herbowa am Rynek 19 erhalten Sie ausgezeichnete Nachspeisen. Preiswerte Gerichte bei Selbstbedienung gibt es in der Bar pod Zlotym Dzbanem am Rynek 23.

Wer von dem Zeichen von American Express im Fenster darauf schließt, daß die Preise im Restaurant Krolewska am Rynek 5 hoch liegen, der hat recht. Falls Geld für Sie eine Rolle spielt, verzichten Sie hier auf das Essen und gehen Sie hoch in das sehr elegante Café, wo man sich ein Eis und ein Glas Wein eher leisten kann.

Der Durchgang hinter dem Restaurant Krolewska führt zurück durch den Hof zu einer weiteren Touristenfalle. Ich meine das schöne Restaurant Mieszczanska in der ulica Kielbasnicza 6/7, das mit so typischen Charakteristika wie warmem Bier, eingelegtem Salat, einer Speisekarte mit Gerichten, von denen kaum eines erhältlich ist, und einer Küche, die um 20.30 Uhr schließt, aufwartet. Das Miodosytnia im Keller unter diesem Restaurant ist schon eher akzeptabel, um einen Kaffee oder etwas anderes zu trinken oder ein Stück Kuchen zu essen.

Die einzigen Gaststätten in Wroclaw (Breslau), in denen Sie mit Sicherheit gutes Essen, sauber angerichtet, erhalten, sind das Restaurant und die Kaffeestube im Hotel Panorama.

UNTERHALTUNG

Wroclaw (Breslau) ist ein wichtiges Kulturzentrum und bietet im Winter unzählige Veranstaltungen, aus denen Sie auswählen können. Es empfiehlt sich, die Veranstaltungskalender in den Morgenzeitungen *Slowo Polskie* und *Gazeta Robotnicza* sowie in der Abendzeitung *Wieczor Wroclawia* durchzusehen.

Beim Operetka Teatr in der ulica Swierczewskiego 67 ist einfach alles Spitzenklasse, die Darsteller, die Kostüme, die Musik, das Bühnenbild. Auch das Teatr Polski, ganz in der Nähe in der ulica Zapolskiej 3, einer Nebenstraße der ulica

Swierczewskiego, bietet ausgezeichnete Vorstellungen, allerdings in Polnisch. Falls im Pantomimentheater von Wroclaw (Breslau) während Ihres Aufenthaltes in der Stadt gespielt wird, sollten Sie es nicht versäumen. Erkundigen Sie sich auch nach dem Programm in der Filharmonia (Philharmonie) in der ulica Swierczewskiego 17 und im Opernhaus in der ulica Swidnicka 35.

Lassen Sie sich auf keinen Fall eine der Jam-Sessions im Jazz-Club Rura in der ulica Lazienna 4 entgehen. Sie sind einfach großartig. Freitags und samstags wird der Studentenclub Palacyk in der ulica Kosciuszki 34 von 20.00 bis 3.00 Uhr in eine Discothek verwandelt. Tanzmusik für Ältere wird ab 19.00 Uhr im Restaurant KDM am Plac Kosciuszki 5/6 geboten.

Zu den jährlichen Musikveranstaltungen in Wroclaw (Breslau) gehören das Fest der zeitgenössischen Musik im Februar, das Jazz-Festival „Jazz der Oder" Anfang März, die Blumenmesse im Juli, das internationale Oratorien- und Kantatenfest „Wratislavia Cantans" im September und die Tage alter Meister Anfang Dezember.

EINKÄUFE

Das Einkaufsviertel von Wroclaw (Breslau) zieht sich um den Plac Kosciuszki und entlang der ulica Swidnicka bis zum Rynek. Das größte Warenhaus ist das Centrum in der ulica Swidnicka 40 und am Plac Kosciuszki. Schauen Sie sich hier ruhig einmal um. Am Rynek 14 gibt es eine ausgezeichnete russische Buchhandlung, in der man auch zahlreiche Bücher in Deutsch findet. Ausländische Bücher erhalten Sie außerdem in der Buchhandlung am Rynek 59.

AN- UND WEITERREISE

Die Haupteisenbahnstrecken von Szczecin (Stettin) über Poznań (Posen) und Kraków (Krakau) nach Przemyśl sowie von Warszawa (Warschau) über Lodz nach Jelenia Góra (Hirschberg) kreuzen sich in Wroclaw (Breslau). Direkte Zugverbindungen bestehen auch über Poznań (Posen) nach Gdynia (Gdingen) und Gdańsk (Danzig). Im Abstand von einigen Stunden fahren zudem Züge vom 180 km entfernten Katowice (Kattowitz) sowie von Poznań (Posen) und Rzepin nach Wroclaw (Breslau).

Mehrere Züge täglich verkehren auch zwischen Wroclaw (Breslau) und Berlin (über Rzepin) sowie über Dresden und Leipzig nach Köln, Frankfurt/Main und Hannover. Der tägliche *Bohemia-Express* von und nach Prag kommt mitten in der Nacht an und fährt auch nachts ab. Dresden und Prag sind etwa sieben Stunden Bahnfahrt entfernt. Bei Orbis in der ulica Swierczewskiego 62 erhalten Sie Fahrkarten für die Züge ins Ausland. Das Büro nimmt auch Reservierungen für Liegewagen- oder Sitzplätze vor.

Der *Odra-Express* verkehrt täglich das ganze Jahr über zwischen Warszawa (Warschau) und Wroclaw (Breslau) und braucht für die 390 km 5 Stunden. Er verläßt Warszawa (Warschau) nachmittags und Wroclaw (Breslau) am frühen Morgen. Zu bestimmten Zeiten im Jahr (fragen Sie am besten nach) wird auf der gleichen Strecke zusätzlich der *Fredro-Express* eingesetzt, der in Warszawa (Warschau) am frühen Morgen und in Wroclaw (Breslau) am Nachmittag abfährt. Reservierungen sind für beide Züge erforderlich.

WIELKOPOLSKA (GROSSPOLEN)

Wielkopolska (Großpolen), der Westteil des Landes, war die Wiege der polnischen Nation. Hier, auf einer Hochebene entlang der Warta (Warthe), lebten die Polanen, ein slawischer Stamm, der seinen Namen dem gesamten Polen geben sollte. Im Jahre 966 ließ sich Mieszko I., der Fürst der Polanen, in Gniezno (Gnesen) taufen. Sein Sohn, Boleslaw der Mutige, wurde hier 1025 zum König gekrönt und gründete die Piasten-Dynastie, die bis 1370 über das Land herrschte.

Im Jahre 1253 verlieh Przemyśl I. Poznań (Posen) die Stadtrechte, das sich bald zu einem regionalen Zentrum entwickelte. Kriege im 18. Jahrhundert schwächten Polen jedoch, was zur Folge hatte, daß im Jahre 1793 der Westen des Landes von Preußen annektiert und in das Herzogtum Warszawa (Warschau) eingegliedert wurde. Nachdem Bismarck 1871 das Deutsche Reich gegründet hatte, wurden die Germanisierung Polens und die Ansiedlung Deutscher in diesem Gebiet verstärkt. 1919 fiel die Region jedoch wieder an Polen zurück. 1939 besetzten die Nazis das Gebiet, das im Jahre 1945 bei den Befreiungskämpfen stark verwüstet wurde.

Heute ist die wieder aufgebaute, regionale Hauptstadt Poznań (Posen) eine großartige und geschichtsträchtige Industrie- und Handelsstadt, die eine Unterbrechung der Fahrt auf dem Weg von oder nach Berlin wirklich wert ist. Gniezno (Gnesen), eine alte Stadt, zu der man unproblematisch einen Abstecher auf dem Weg von oder nach Toruń (Thorn) unternehmen kann, liegt direkt am Ufer der Wisla (Weichsel). Auch wenn man den deutschen Einfluß immer noch spüren kann, ist Westpolen gleichzeitig so polnisch, wie Sie es sich nur vorstellen können.

POZNAŃ (POSEN)

Poznań (Posen), gelegen an der bedeutenden Handelsstraße von Osten nach Westen, auf halbem Weg zwischen Berlin und Warszawa (Warschau), war lange Zeit ein Zentrum der polnischen Geschichte. Im 9. Jahrhundert enstand zunächst auf der Ostrow Tumski (Dominsel) eine aus Holz gebaute Festung, aus der sich bald ein Siedlungsgebiet entwickelte, das von 968 bis 1039 die Haupt-

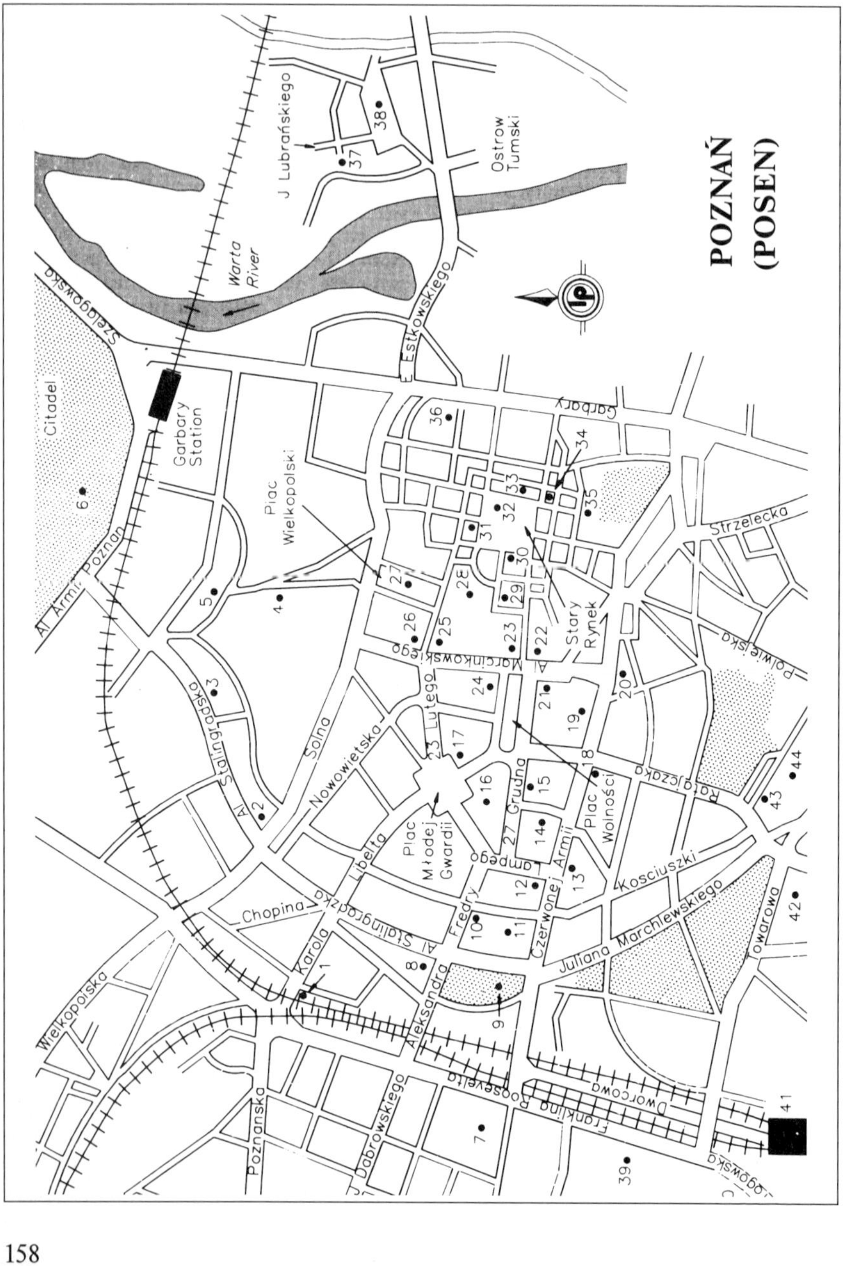
POZNAŃ
(POSEN)
Warta River
J Lubrańskiego
Ostrow Tumski
Estkowskiego
Citadel
Garbary Station
Garbary
Plac Wielkopolski
Szelągowska
Al. Armii Poznan
Al. Stalingradska
Solna
Nowowietska
23 Lutego
Al. Marcinkowskiego
Stary Rynek
Strzelecka
Połwiejska
Ratajczaka
Plac Wolności
27 Grudnia
Plac Młodej Gwardii
Libelta
Chopina
Karola
Lampego
Fredry
Czerwonej Armii
Kosciuszki
Juliana Marchlewskiego
Towarowa
Aleksandra
Al. Stalingradzka
Wielkopolska
Poznanska
Dabrowskiego
Franklina Roosevelta
Dworcowa

1. Restaurant Mysliwska
2. Jugendherberge
3. Hotel Polonez
4. Karmeliterkirche
5. Ehrenmal zur Erinnerung an die im Krieg gefallenen Polen
6. Friedhof für alliierte Kriegsgefangene
7. Hotel Merkury
8. Opernhaus
9. Denkmal der Solidarität
10. Büro von Almatur
11. Kulturpalast
12. Hotel Lech
13. Hotel Wielkopolska
14. Nachtclub Moulin Rouge
15. Restaurant Smakosz
16. Polski Teatr Narod Sobie
17. Milchbar Pod Arkadami
18. Büro von Orbis (Fahrkarten für Inlandszüge)
19. Restaurant Przyneta
20. St. Martins-Kirche
21. Hotel Poznański
22. Hotel Bazar
23. Nationalmuseum
24. Bistro Piccolo
25. Postamt
26. Restaurant Astoria
27. Gemüsemarkt
28. Kunstgewerbemuseum
29. Franziskanerkirche
30. Fremdenverkehrsamt
31. PTTK-Touristenhotel (Dom Turysty)
32. Altes Rathaus
33. Museum für Musikinstrumente
34. Archäologisches Museum
35. Pfarrkirche
36. Dominikanerkirche
37. Erzbischöfliches Museum
38. Dom
39. Messegelände
40. Biuro Zakwaterowania
41. Bahnhof Poznań Glowny
42. Busbahnhof der PKS
43. Musicaltheater
44. Hotel Poznań

stadt von Polen bildete. Nachdem man 1253 die Stare Miasto (Altstadt) am linken Ufer der Warta (Warthe) gegründet hatte, spielte Poznań (Posen) eine noch größere Rolle im Leben des Landes. Im 15. Jahrhundert war die Stadt bereits für ihre Messen berühmt. Trotz der Angriffe der Schweden im 17. Jahrhundert blieb die Stadt ein bedeutendes Wirtschaftszentrum. Im Jahre 1815 entstand hier als Folge des Wiener Kongresses unter preussischer Souveränität ein Großherzogtum Poznań (Posen), aber nach 1849 herrschten die Deutschen direkt über dieses Gebiet. Der Kampf um die Befreiung der Stadt im Jahre 1945, die von 1918 bis 1939 wiederum zu Po-

len gehört hatte, dauerte über einen Monat lang.
1956 fand hier der Streik der Arbeiter der riesigen Cegielski-Maschinenfabrik für höhere Löhne statt, der erste seiner Art in Polen. Das Werk, das 1846 von Hipolit Cegielski gegründet worden war, stellt noch immer den größten Arbeitgeber in der Stadt dar. Hier werden Eisenbahnfahrzeuge, Dieselmotoren und Maschinen produziert. Seit 1925 findet in Poznań (Posen) auch die größte internationale Messe in Polen statt. Die guten Restaurants, historischen Stätten und vielfältigen Museen ziehen zudem das ganze Jahr über Besucher an. Der in Poznań (Posen) gebrannte Wodka (Zytnia) gilt zudem als der beste Polens.

PRAKTISCHE HINWEISE

Orientierung: Der Bahnhof Glowny in Poznań (Posen) liegt etwa 20 Minuten zu Fuß außerhalb des Zentrums. Gepäck können Sie im Obergeschoß in der Haupthalle, zwischen den Bahnsteigen 1 und 4, deponieren. Hier befindet sich auch der Ausgang, von dem Sie am besten nach Norden bis zur zweiten Querstraße, der ulica Sw. Marcin, gehen, der Sie dann in Richtung Osten folgen. Wenn Sie nun mit den Straßenbahnschienen nach links in die Aleje Marcinkowskiego abbiegen und am Hotel Bazar nach rechts gehen, kommen Sie geradeaus zum Stary Rynek, dem alten Marktplatz.

Informationen: Das Fremdenverkehrsamt befindet sich am Stary Rynek 77. Die Mitarbeiter sind hier ausgesprochen hilfsbereit. Man kann hier auch Stadtpläne kaufen.

Geld: Wer an einem Wochenende oder nachts ankommt und Geld wechseln muß, der sollte es im nahegelegenen Hotel Merkury versuchen (nur Bargeld). Kundenschlepper, die Geld wechseln möchten oder Ihnen ein Taxi anbieten, begrüßen Sie möglicherweise schon am Bahnhof. Sie benötigen ihre Hilfe jedoch nicht und müssen, falls Sie akzeptieren, dafür teuer bezahlen.

SEHENSWÜRDIGKEITEN

Museen: Etwa ein halbes Dutzend Museen sind am oder in der Nähe des Stary Rynek angesiedelt. Beginnen Sie am besten mit dem im alten Renaissance-Rathaus (samstags geschlossen), das Sie in

Rathaus

die mittelalterliche Vergangenheit der Stadt führt. Das Kassettengewölbe stammt aus dem Jahre 1555. Täglich um 12.00 Uhr ertönt ein Hornsignal und erinnert daran, daß nun über der Uhr am Rathaus gegenüber vom Proserpinenbrunnen (1766) die kämpfenden Ziegenböcke des Stadtwappens zu sehen sind. Nicht weit entfernt ist das Museum für Musikinstrumente am Stary Rynek 45, das zu den besten seiner Art in ganz Europa gehört (montags geschlossen).

Das nahegelegene Archäologische Museum an der südöstlichen Ecke des Platzes wurde in einem Renaissance-Palais aus dem 16. Jahrhundert eingerichtet. Sie sollten von hier einen Abstecher zum Ende der ulica Swietoslawska machen, die am Museum beginnt, und die barocke Pfarrkirche besuchen, bei der es sich ursprünglich um eine Jesuitenkirche handelte. Das Militärmuseum in einem der modernen Gebäude in der Mitte des Rynek ist mit einer Sammlung zahlreicher kleiner Bleisoldaten recht einzigartig (montags geschlossen). Gegenüber liegt eine Kunstgalerie. Zwei weitere Museen laden ebenfalls zu einem Besuch ein: das Museum für Politik (Stary Rynek 3) und das Literaturmuseum (Stary Rynek 84, an der Westseite des Platzes in der Nähe des Fremdenverkehrsamtes).

Wenn Sie entlang der ulica Franciszkanska, unweit des Fremdenverkehrsamtes, gehen, kommen Sie zu einer schönen Franziskanerkirche aus dem 17. Jahrhundert. Die Burg Przemyśl auf der Anhöhe gegenüber beherbergt heute das Kunstgewerbemuseum (montags und dienstags geschlossen). Um die Kirche herum und dann nach Westen auf der ulica Paderewskiego gelangen Sie zum Hotel Bazar. Das Nationalmuseum (montags geschlossen) mit der besten Gemäldesammlung niederländischer und spanischer Maler in Polen befindet sich von der Nordseite des Hotels aus gesehen in dem großen Gebäude auf der anderen Straßenseite.

Weitere Sehenswürdigkeiten: Der historische Stadtkern von Poznań (Posen) bietet eine Menge mehr als nur Museen. Etliches können Sie ohne Führer und auf eigene Faust entdecken. Daneben gibt es noch einige wenige Sehenswürdigkeiten außerhalb des Zentrum, die Beachtung verdienen.

Gehen Sie z. B. vom Hotel Bazar in Richtung Norden bis zum Ende der Aleje Marcinkowskiego, biegen dann nach rechts ab und nehmen danach die erste Straße links, die ulica Dzialowa. Der Weg führt vorbei an zwei alten Kirchen, bevor Sie zum beeindruckenden Kriegerdenkmal gelangen. Wenn Sie weiter in Richtung Norden der Aleje Niepodleglosci folgen, erreichen Sie die preußische Zitadelle. Auch wenn Poznań (Posen) im Januar 1945 an die sowjetische Armee fiel, so hielten doch 20.000 deutsche Soldaten in der Festung weitere zwei Monate den Truppen stand. Die Stadt wurde dabei in großem Ausmaß von Artilleriefeuer zerstört. In der Umgebung der Zitadelle gibt es viel zu sehen, darunter einige Kriegsmuseen (montags geschlossen) und Ehrenmale, die an die sowjetischen Befreier erinnern. Der Friedhof für die gefallenen Alliierten ist ein bewegenes Zeugnis für die Kämpfe um die Stadt. Der hohe gotische Backstein-Dom von Poznań (Posen) liegt auf der Ostrow Tumski (Dominsel) an der Ostseite der Warta (Warthe). Alle Straßenbahnen, die nach Osten fahren, halten hier. Sehenswert ist auch die Goldene Kapelle (1841), die im byzantinischen Stil gehalten ist und als Mausoleum von Mieszko I. und Boleslaw dem Mutigen dient. Sie befindet sich hinter dem Hauptaltar. Am nördlichen Ende der ulica Lubranskiego, unweit des Doms, ist das überraschend reich ausgestattete Erzbischöfliche Museum zu sehen (zur Zeit geschlossen).

Die beeindruckendste Sehenswürdigkeit der Stadt stellt das große Bronzedenkmal im Park neben dem Kulturpalast dar, das Sie möglicherweise bereits auf Ihrem Weg vom Bahnhof in die Stadt bemerkt haben. Es wurde 1981 von Anhängern der Solidarität errichtet und erinnert an den „Schwarzen Donnerstag", den 28. Juni 1956, an dem der Aufstand der Arbeiter, die mehr Lohn verlangten, mit Gewalt niedergeschlagen worden war. Dabei wurden mehr als 70 Menschen getötet und Hunderte verletzt. Die beiden riesigen, zusammengebundenen Kreuze symbolisieren den Kampf der polnischen Arbeiter für „Brot und Freiheit". Die Jahreszahlen rufen die Volkserhebungen in Erinnerung: 1956 in Poznań (Posen), 1968 in Warszawa (Warschau), 1970 in Gdańsk (Danzig), 1976 in Radom und 1980 erneut in Gdańsk (Danzig). Neben dem Denkmal steht die Statue des romantischen Dichters Adam Mikkiewcz.

Kórnik (Kurnik) und Rogalin: Jede dieser beiden kleinen Städte, 20 km südlich von Poznań (Posen), kann auf ein großes Magnaten-Schloß in einem ausgedehnten Park verweisen. Die beiden Orte ähneln sich, so daß der Besuch eines von ihnen, falls Sie nicht ausgesprochen viel Zeit haben oder mit einem eigenen Fahrzeug unterwegs sind, ausreichen kann. Kórnik (Kurnik) ist am leichtesten mit einem der in kürzeren Abständen verkehrenden Busse von Poznań (Posen) aus zu erreichen. Zwischen Kórnik (Kurnik) und Rogalin bestehen nur wenige Busverbindungen pro Tag, aber vielleicht haben Sie ja Glück. Im Abstand von einigen Stunden fährt auch ein Bus von Rogalin direkt zurück nach Poznań (Posen).

Der Landsitz im englischen Stil aus dem 19. Jahrhundert, den man sich in Kórnik (Kurnik) ansehen kann (montags geschlossen), wurde am Standort eines älteren Palastes von dem berühmten Berliner Architekten Karl Friedrich Schinkel erbaut. In Rogalin sollten Sie nicht den Besuch der kleinen Kunstgalerie (montags und dienstags geschlossen) versäumen, die hinter dem Rokoko-Palast aus dem 18. Jahrhundert versteckt liegt. Die Sammlung der deutschen und polnischen Gemälde aus dem 19. Jahrhundert ist durchaus sehenswert. Einige der dunklen Bäume in der umliegenden Parkanlage sind bis zu 9 m hoch und ca. 1.000 Jahre alt. Die drei größten von ihnen sind nach den sagenumwobenen Brüdern Lech, Czech und Rus benannt worden, die Polen, Böhmen und Rußland gegründet haben sollen. Für 50 US $ können Sie im Schloß Rogalin ein Doppelzimmer mit Bad mieten.

UNTERKUNFT

Während der Zeit der acht jährlichen Messen in Poznań (Posen) steigen die Übernachtungspreise um bis zu 75 %. Hinzu kommt, daß während der Hauptmesse im Juni alles ausgebucht ist, so daß es sich empfiehlt, sorgfältig die Termine zu prüfen, bevor man sich auf den Weg nach Poznań (Posen) macht. Auch einige Tage vor und nach den Messen sind die Preise erheblich höher als sonst.

Das Fremdenverkehrsamt am Stary Rynek 77 hält Informationen über Arbeiterunterkünfte bereit, in denen Touristen für nur ca. 3 US $ pro Person und Tag wohnen können. Diese Unterkünfte liegen alle in den Vororten, sind jedoch problemlos mit den öffentlichen Verkehrsmitteln zu erreichen und eine Überlegung wert, falls Sie mehrere Tage in der Stadt bleiben möchten.

Zelten: Der Campingplatz Strzeszynek in der ulica Koszalinska 15 liegt am äußersten nordwestlichen Stadtrand von Poznań (Posen) und ist mit Bussen der Linie Nr. 106 zu erreichen. Er ist von Juni bis September geöffnet.

Jugendherbergen: Von den Jugendherbergen in Poznań (Posen) liegt die in der ulica Berwinskiego 2/3 (Tel. 6 36 80), ein hohes, gelbes Gebäude gegenüber vom Kasprzaka-Park, am nächsten beim Bahnhof Poznań Glowny. Vom Westausgang des Bahnhofs ist sie, wenn Sie nach links gehen, über die ulica Glogowska bis zum Park zu erreichen (fünf Minuten).

Näher an der Altstadt gelegen, aber 20 Minuten vom Bahnhof entfernt, ist die Jugendherberge in der Aleje Niepodleglosci 32-40 (Tel. 5 67 06). Falls Ihr Zug am Bahnhof Poznań Garbary hält, ist das günstiger. Diese Jugendherberge liegt versteckt am Ende eines Gangs im obersten Stockwerk eines riesigen Gebäudes.

Die Jugendherberge in der ulica Gluszyna 127, 10 km südöstlich von Poznań (Posen), ist kleiner, aber dafür ist die Leitung freundlicher. Hier gibt es kein Telefon, so daß man auf gut Glück herausfinden muß, ob noch etwas frei ist. Sie ist mit einem Bus der Linie Nr. 58 vom Bahnhof Poznań Staroleka zu erreichen, zu dem Sie mit einem Nahverkehrszug oder einer Straßenbahn gelangen. Die genannten Jugendherbergen sollten das ganze Jahr über geöffnet sein, sind es jedoch selten. Es empfiehlt sich, die Runde auf der Suche nach einem Bett erst ab 17.00 Uhr, wenn die Anmeldungen geöffnet sind, zu beginnen. Die Mitarbeiter bei Alamatur in der ulica Aleksandra Fredry 7, hinter dem Kulturpalast, können Ihnen Auskunft über die Studentenhotels geben, die im Juli und August eingerichtet werden.

Privatzimmer: Im Biuro Zakwaterowania in der ulica Glogowska 16, am Ende des langen weißen Gebäudes gegenüber vom Westausgang des Bahnhofs, werden Einzel- und Doppelzimmer in Privathäusern für 10 bzw. 14 US $ pro Übernachtung vermittelt. Das Büro ist zu Messezeiten länger geöffnet und bietet dann wahrscheinlich die beste Möglichkeit, eine Unterkunft zu finden. Die normalen Öffnungszeiten liegen werktags zwischen 9.00 und 19.00 Uhr sowie samstags zwischen 9.00 und 15.00 Uhr.
Im Biuro Obslugi Cudzoziemcow (BOC) im Untergeschoß des Orbis-Hotels Poznań werden ebenfalls private Einzel- und Doppelzimmer für 12 bzw. 15 US $ vermittelt.

Hotels: Im Hotel Lech in der ulica Sw. Marcin 74, zwischen dem Bahnhof und der Innenstadt, zahlt man für ein Einzel- oder Doppelzimmer mit Bad und Frühstück 17 bzw. 25 US $. Im Hotel Wielkopolska auf der anderen Straßenseite der Sw. Marcin werden für ein Einzel- bzw. Doppelzimmer ohne Bad 12 bzw. 22 US $ und für ein Zimmer mit Bad und Frühstück 17 bzw. 25 US $ berechnet.
Geringfügig preiswerter ist das Hotel Poznański in der Aleje Marcinkowskiego 22 mit 10 bzw. 17 US $ für ein Einzel- bzw. Doppelzimmer ohne Bad und 17 bzw. 25 US für ein Zimmer mit Bad. Die Räume zur Straße hinaus sind allerdings laut. Im Preis ist ein gutes Frühstück inbegriffen, das jedoch erst ab 8.00 Uhr erhältlich ist und deshalb z. B. Pläne für einen frühen Aufbruch vereitelt.
Im Dom Turysty der PTTK am Stary Rynek 91, einem Gebäude aus dem 19. Jahrhundert direkt am zentralen Platz von Poznań (Posen), kostet eine Übernachtung in Zimmern mit 7 Betten 6 US $ pro Person. Für ein Einzel- oder Doppelzimmer mit Bad zahlen Sie 14 bzw. 22 US $ (ohne Frühstück). Die Lage ist unschlagbar.
In Poznań (Posen) gibt es zudem einige Luxushotels in den üblichen Betonklötzen, die alle in etwa den gleichen Komfort bieten, so daß allein die Lage den Ausschlag für die Wahl gibt. Das Orbis Merkury (22 bzw. 29 US $ für ein Einzel- bzw. Doppelzimmer mit Bad und Frühstück) liegt am nächsten am Messegelände und am Bahnhof. Das 14stöckige Orbis Polonez in der Aleje Niepodleglosci 54-68, in dem die Einzel- und Doppelzimmer mit Bad und Frühstück für 19 bzw. 34 US $ pro Tag vermietet werden, ist ruhiger gelegen und näher an den Sehenswürdigkeiten. Die Lage des anspruchsvolleren Hotels Poznań (28 bzw. 40 US $ für ein Einzel- bzw. Doppelzimmer mit Bad und Frühstück) ist ungünstig in der Nähe des Busbahnhofs. Das Novotel, außerhalb des Stadtzentrum an einer Landstraße im Osten von Poznań (Posen), empfiehlt sich nur, wenn Sie motorisiert sind.
Weit besser im Preis-/Leistungsverhältnis als die oben genannten Hotels ist das geschichtsträchtige, vor kurzem renovierte Orbis-Hotel Bazar in der Aleje Marcinkowskiego 10, gegenüber vom Poznański und ganz in der Nähe des Plac Wolnosci. Das Bazar, das im Jahre

1842 eröffnet wurde, war - wie eine Ausstellung in der Lobby zeigt - während des späten 19. und Anfang des 20. Jahrhunderts ein Zentrum des polnischen Nationalismus. Anfang 1991 wurde das Haus für Renovierungsarbeiten geschlossen, sollte jedoch, wenn Sie in Poznań (Posen) ankommen, bereits wieder geöffnet sein.

ESSEN

Altstadt: Im Selbstbedienungsrestaurant am Stary Rynek 76 kann man Teller voll leckerer Spaghetti essen, aber hier wartet immer eine lange Schlange von Gästen. Der Weinkeller Ratuszowa am Stary Rynek 55 wird seinem Namen gerecht: Um hier ein Glas Wein zu trinken, muß man in den Keller gehen. Bier vom Faß wird im Pod Piwoszem in der ulica Wroclawska 12 gezapft, gleich im Süden des Stary Rynek.

Westlich der Altstadt: In den Straßen und an den Plätzen im Westen der Altstadt gibt es zahlreiche gute Restaurants, um essen zu gehen. Beginnen wir mit dem Restaurant im Hotel Bazar, einem der besten Hotel-Restaurants in ganz Polen. Hier sollten Sie die typischen polnischen Gerichte probieren. Die Atmosphäre ist ausgezeichnet!
Zwei Blocks weiter westlich von hier befindet sich das Restaurant Smakosz (ulica 27 Grudnia 9), das bis 23.00 Uhr geöffnet ist. Die Küche hier ist ausgezeichnet. In der Milchbar Mewa am Plac Wolnosci 1, unter dem Hotel Poznański, kann man gut frühstücken. Ein großer Teller Spaghetti und ein Glas heißer Tee kostet im Bistro Piccolo am Plac Wolnosci 17 weniger als ein Dollar (täglich geöffnet).
Beim Restaurant Astoria in der ulica 23 Lutego 29, gegenüber vom Hauptpostamt, handelt es sich um eine gutes, häufig auch von Einheimischen besuchtes Lokal mit Bedienung. Für einen Imbiß ist die Milchbar Pod Arkadami am Plac Cyryla Ratajskiego 10 bestens geeignet. Das Restaurant Przyneta in der ulica Sw. Marcin 34 (sonntags geschlossen) hat sich auf Fischgerichte spezialisiert. Ebenfalls gut und etwas preiswerter ist das Dieletyczna nebenan.

Cafés: Wenn es Zeit für einen Kaffee und Kuchen oder ein Eis ist, dann können Sie im Sukiennicza am Stary Rynek 100 eine Pause einlegen. Im Miodosytnia u Rajcow (Stary Rynek 93) hat man sich auf süßen Honigwein *(Miod)* spezialisiert.

UNTERHALTUNG

Das Opernhaus in der ulica Aleksandra Fredry 9 liegt im Park hinter dem Denkmal der Solidarität. Das Symphonieorchester von Poznań (Posen) spielt in der Filharmonia in der ulica Sw. Marcin 81, gegenüber vom Kulturpalast. Erkundigen Sie sich auch nach Konzerten des berühmten Knaben- und Männerchors von Poznań (Posen), der sich auf alte Musik spezialisiert hat. Das Programm des Theaters Narod Sobie in der ulica 27 Grudnia ist ebenfalls häufig gut. Im Musical-Theater neben dem Hotel Poznań werden Broadway-Shows wie *My Fair Lady* und *Me and My Girl* geboten.

Am Schalter Nr. 2 bei Orbis in der ulica Sw. Marcin 33 sind Theater- und Konzertkarten erhältlich. Die St. Johannis-Messe im Juni oder Juli und der Musical-Frühling von Poznań (Posen) im März sind jährlich stattfindende Veranstaltungen, die es lohnen, sich darüber zu informieren.
Im Nachtclub Moulin Rouge in der ulica Kantaka 8/9 ist eher einfache Unterhaltung in Form einer Mitternachtsshow mit Striptease zu sehen. Hier wird Eintritt erhoben und ein Mindestverzehr verlangt.

EINKÄUFE

Am Stary Rynek 54 befindet sich ein Bücher-Antiquariat, während man bei Desa (Stary Rynek 48) Antiquitäten und alten Schmuck sowie Gemälde kaufen kann. Sie sollten jedoch im Auge behalten, daß die Ausfuhr von Büchern und Werken, die aus der Zeit vor 1945 stammen, nicht gestattet ist. Jubiler am Stary Rynek 40 führt zeitgenössischen polnischen Schmuck, auch Bernstein. Bei Cepelia (Stary Rynek 49) können Sie Kunstgewerbe kaufen, darunter auch Trachten. Ein weiteres Geschäft von Cepelia am Stary Rynek 86 bietet Pullover, verschiedene Kleidungsstücke und Trachtenpuppen.
Eine große Auswahl an Schallplatten finden Sie bei Ksiegarnia in der ulica Gwarna 10, unweit vom Hotel Lech. Auch der ausgedehnte Blumen- und Gemüsemarkt auf dem Plac Wielkopolski in der Altstadt ist einen Besuch wert.
In der Zentrale der Solidarität (ulica Zwierzyniecka 15, zwischen dem Hotel Merkury und dem Zoo) befindet sich unten ein kleiner Laden (geöffnet montags von 12.00 bis 19.00 Uhr sowie dienstags bis freitags von 10.00 bis 17.00 Uhr), in dem Anstecknadeln, Aufkleber, Postkarten und Fahnen mit dem Symbol dieser Gewerkschaft verkauft werden.

AN- UND WEITERREISE

Flug: World Computer Travel in der ulica J Dabrowskiego 5 a bietet preiswerte Flugtickets nach Deutschland an, auch wenn man Ihnen möglicherweise sagt, daß diese nur für Polen gelten. Bei Sawa Tour in der ulica Podgorna 6 gibt es ebenfalls ermäßigte Flugscheine. Hier kann man auch zu günstigen Wechselkursen Geld tauschen.

Bus: Busse nach Kórnik (Kurnik) und Rogalin fahren in kürzeren Abständen vom PKS-Busbahnhof ab, jedoch an verschiedenen Haltestellen, so daß es sich empfiehlt, am Informationsschalter gegenüber der Kasa Nr. 1 im Gebäude des Busbahnhofs nachzufragen und dann an der Kasa 8 die Fahrkarten zu kaufen.
Jeden Freitag, Samstag und Sonntag verkehrt nachmittags ein Bus von Poznań (Posen) nach Slubice (2 US $), das durch zwei Brücken mit Frankfurt/Oder verbunden ist. In der Vergangenheit war es Touristen aus dem Westen verboten, die Brücke im Zentrum der Stadt zu benutzten. Sie mußten den Fluß in Swiecko, an der Autobahn im

Süden von Slubice, überqueren. Seit der Vereinigung von Deutschland hat sich dies möglicherweise geändert.

Zug: Direkte Zugverbindungen nach Poznań (Posen) bestehen aus dem Ausland u. a. von Berlin, Köln, Hoek van Holland und Paris. Im Inland können Sie die Stadt ohne Umsteigen von Elk, Gydnia (Gdingen), Kraków (Krakau), Olsztyn (Allenstein), Rzepin, Szczecin (Stettin), Toruń (Thorn), Warszawa (Warschau) und Wroclaw (Breslau) mit einem Zug erreichen. Wie Sie sehen, bildet Poznań (Posen) einen Verkehrsknotenpunkt. Wer von Westeuropa über Berlin in Polen ankommt, der sollte hier einen Zwischenhalt einlegen und nicht gleich nach Warszawa (Warschau) fahren.

Inlandsfahrkarten und Liegewagenkarten sind bei Orbis in der ulica Marcin 33 erhältlich. Im Orbis-Hotel in der Aleje Karola Marcinkowskiego 21, unweit vom Hotel Poznański, werden u. a. auch Fahrkarten für die Auslandszüge und *Polrailpässe* verkauft.
Zwei Schnellzüge, der *Warta* und der *Lech,* verkehren das ganze Jahr über die 311 km zwischen Warszawa (Warschau) und Poznań (Posen) und benötigen für die Fahrt 3 1/2 Stunden. Der *Warta* fährt in Warszawa (Warschau) morgens und in Poznań (Posen) am späten Nachmittag ab, während der *Lech* umgekehrt morgens Poznań (Posen) und am späten Nachmittag Warszawa (Warschau) verläßt. Für beide Züge ist eine Reservierung erforderlich.

GNIEZNO (GNESEN)

In Gniezno (Gnesen), einer Kleinstadt 50 km östlich von Poznań (Posen), wurde die polnische Nation geboren. Hier fand der Legende nach der sagenumwobene Held Lech den weißen Adler, der heute die polnische Flagge ziert. Schon im 8. Jahrhundert befand sich die wichtigste befestigte Siedlung der Polanen in Gniezno (Gnesen). Im 10. Jahrhundert, als Mieszko I. zum Christentum übertrat, wurde an dieser Stelle ein Königreich gegründet. Im Jahre 1000 fand in Gniezno (Gnesen) das historische Treffen von Boleslaw dem Mutigen und dem deutschen Kaiser Otto III. statt.

Ein großes Museum und eine beeindruckende Kathedrale lassen diese Ereignisse wieder lebendig werden, wenn man einen Tagesausflug nach Gniezno (Gnesen) unternimmt oder hier einen Zwischenstop auf dem Weg nach Toruń (Thorn) einlegt.

SEHENSWÜRDIGKEITEN

Das Museum am Jelonek-See im westlichen Teil von Gniezno (Gnesen), das dem Ursprung des polnischen Staates gewidmet ist (montags geschlossen), bietet im Untergeschoß eine einzigartige audiovisuelle Darstellung der frühen

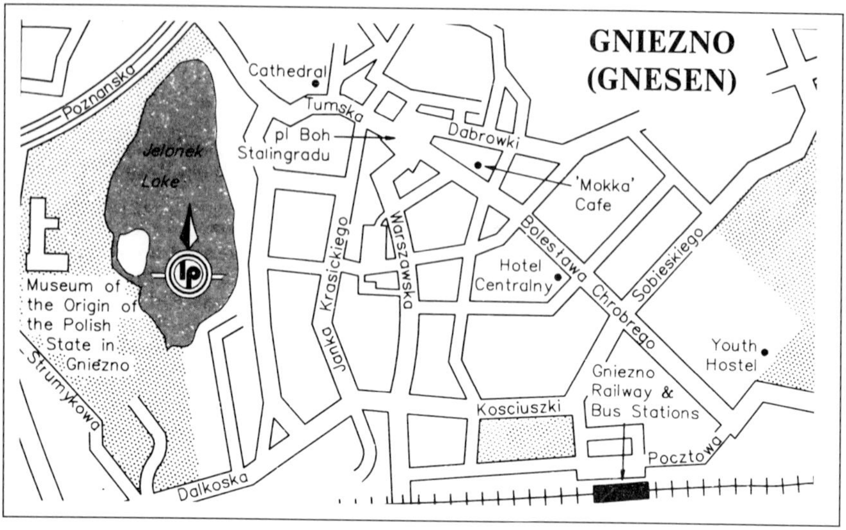

Geschichte Polens. Bitten Sie am besten darum, die deutsche Fassung gezeigt zu bekommen. Im Obergeschoß befindet sich eine Porträt-Galerie, wobei die Bilder auch auf Englisch erläutert sind. Bei zahlreichen Gemälden handelt es sich jedoch um Repliken, die aber klar als *Kopia* gekennzeichnet sind. In der Stadtmitte können Sie die gotische Kathedrale aus dem 14. Jahrhundert mit dem silbernen Sarkophag des St. Adalbertus (1662) am Hauptaltar besichtigen. Die Lebensgeschichte des Heiligen wird auf der berühmten romanischen Bronzetür (1170) im Innern des Turmes beschrieben. Der böhmische Mönch Adalbertus kam im Jahre 996 auf seinem Weg in das Gebiet östlich der Weichselmündung nach Gniezno (Gnesen), wo er die heidnischen Pruzzen bekehren sollte. Diese ermordeten den Mönch jedoch. Seine sterblichen Überreste wurden von Boleslaw dem Mutigen gegen Gold im Gewicht des Leichnams wieder zurückgebracht. Papst Sylvester sprach Adalbertus im Jahre 999 heilig und erhob Gniezno (Gnesen) gleichzeitig zum Erzbistum.

UNTERKUNFT UND ESSEN

Die Jugendherberge befindet sich in einem großen, roten Schulgebäude in der ulica Pocztowa 11, unweit vom Bahnhof und vom benachbarten Busbahnhof. Ebenfalls nicht weit entfernt ist das Hotel Centralny in der ulica Chrobrego 32, neben dem Theater. Es wurde aber, wie uns vor kurzem berichtet worden ist, vorübergehend wegen Renovierungsarbeiten geschlossen.

Im neuere Hotel Mieszko in der ulica Strumykowa mit Blick über das Sportstadion werden Einzel- und Doppelzimmer mit Bad, jedoch ohne Frühstück, für 14 bzw. 22 US $ pro Tag vermietet. Das Café Mokka in der ulica Chrobrego 7, zwischen Busbahnhof und Bahnhof sowie der Kathedrale, eignet sich gut für einen morgendlichen Imbiß. Die Spezialität des Restauracja Gwarna in der ulica Mieszka 1 ist *Zur Polski,* eine Sauerrahmsuppe.

AN- UND WEITERREISE

Gniezno (Gnesen) liegt an der Haupteisenbahnstrecke von Wroclaw (Breslau) über Poznań (Posen), Inowroclaw (Hohensalza) und Bydgoszcz (Bromberg) nach Gdynia (Gdingen). Die Züge von Poznań (Posen) über Toruń (Thorn) und Ilawa (Deutsch Eylau) nach Olsztyn (Allenstein) halten ebenfalls hier. Wer sonst von Gniezno (Gnesen) nach Toruń (Thorn) fahren möchte, der muß in Inowroclaw (Hohensalza) umsteigen. Nahverkehrszüge auf der 52 km langen Strecke von und nach Poznań (Posen) verkehren in kürzeren Abständen. Sie halten sowohl am Bahnhof Poznań Garbary als auch in Poznań Glowny.

TORUŃ (THORN)

Toruń (Thorn), auf halbem Weg zwischen Warszawa (Warschau) und Gdańsk (Danzig) gelegen, wurde 1233 von den Deutschordensrittern gegründet. Seine Lage an der Wisla (Weichsel) und einer Kreuzung der Handelsrouten ließ es zu einem wichtigen Mitglied der mittelalterlichen Hanse werden. Der daraus erwachsene Wohlstand ist noch in den drei gotischen Kirchen der Stadt sichtbar. Zwei der Gotteshäuser befinden sich in der Nähe des Rynek Staromiejski, des Altstädter Marktplatzes im Handelsviertel, während das dritte am Rynek Nowomiejski, dem Neustädter Marktplatz im Handwerkerviertel, liegt. Die Ruinen der Ritterburg sind vom Fluß, der die beiden Stadtteile trennt, noch immer zu sehen.

Das mittelalterliche Toruń (Thorn) ist noch heute von Teilen der alten Stadtmauern umschlossen, die glücklicherweise im Zweiten Weltkrieg nicht ernsthaft beschädigt wurden. Es bietet die Gelegenheit, ohne ganze Gruppen von Touristen auf den Fersen einen Schritt in die Vergangenheit zu gehen. Halten Sie Ausschau nach Ingwerbrot, einer lokalen Spezialität, die unter Verwendung von Honig in Formen aus dem 18. Jahrhundert hergestellt wird.

PRAKTISCHE HINWEISE

Orientierung: In Toruń (Thorn) gibt es mehrere Bahnhöfe. Der Bahnhof Toruń Miasto liegt zwar am nächsten an der Stadtmitte, die meisten Züge halten jedoch am Bahnhof Toruń Glowny, dem Hauptbahnhof auf der anderen Seite

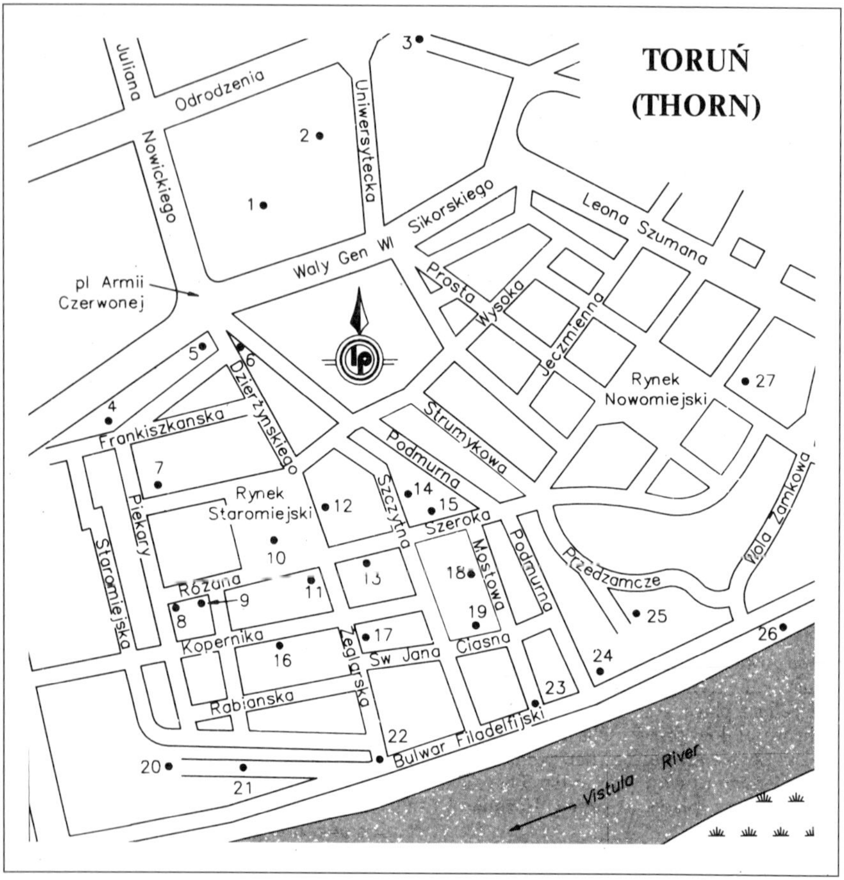

des Flusses. Mit einem der Busse, die vor dem Bahnhofsgebäude abfahren, können Sie bis zur ersten Station hinter der Brücke fahren. Wenn Sie von dort in Richtung Osten gehen, sind Sie in wenigen Minuten am Rynek Staromiejski, dem Altstädter Marktplatz. Der zentrale Busbahnhof befindet sich am nördlichen Ende der Stadt und ist unproblematisch zu Fuß zu erreichen.

Informationen: Das PTTK-Fremdenverkehrsbüro liegt am Westende der ulica Pozana, ganz in der Nähe des Durchgangs, der in die Altstadt führt.

SEHENSWÜRDIGKEITEN

Altstadt: Einem Schaukasten vor dem alten Rathaus am Rynek Staromiejski kann man die Öffnungszeiten der sechs Museen in Toruń (Thorn) entnehmen.

1. Ethnographisches Museum
2. Freilichtmuseum
3. Busbahnhof
4. Kopernikus-Universität
5. Stadttheater
6. Hotel Polonia
7. Marienkirche
8. Pizzeria
9. Milchbar Pod Arkadami
10. Altes Rathaus
11. Büro von Orbis (Zugfahrkarten)
12. Museum für Kunst des Fernen Osten
13. Restaurant Pod Golebiem
14. Restaurant Staromiejska
15. Bar Express
16. Kopernikus-Museum
17. Johanniskirche
18. Hotel Pod Orlem
19. Archäologisches Museum
20. Schiefer Turm
21. Klostertor
22. Seemannstor
23. Brückentor
24. Burgturm
25. Burgruine
26. Anleger für Ausflugsboote
27. Jakobskirche

Das Historische Museum (montags und dienstags geschlossen) befindet sich im Rathaus selbst, das aus dem 14. Jahrhundert stammt und zu den größten seiner Art weit und breit zählt. Das Standbild von Kopernikus neben dem Rathaus stammt aus dem Jahre 1853. Versäumen Sie es nicht, das Museum für Kunst des Fernen Osten (mittwochs und donnerstags geschlossen) in der Nähe zu besuchen, das sich im Haus Pod Gwiazda (15. Jahrhundert) am Rynek Staromiejski 33 befindet. Die hölzerne Wendeltreppe des Hauses geht auf das Jahr 1677 zurück.

Bei der Marienkirche, ganz in der Nähe der nordwestlichen Ecke des Platzes, handelt es sich um eine typische gotische Hallenkirche, bei der alle Kirchenschiffe eine große Höhe aufweisen, jedoch welch eine Höhe! Das Pfarrhaus, die Buntglasfenster, die Orgel (1609) und die Verzierungen der Kirche sind sehr schön.

Die ebenfalls gotische Johanniskirche in der ulica Zeglarska erhebt sich südlich des Rynek Staromiejski. Sie ist aufgrund ihres hohen, weißen Innenraumes und der reichen Altarverzierungen bemerkenswert. Westlich des Gotteshauses, in der ulica Kopernika 17, wurde Nikolaus Kopernikus geboren. Sein Geburtshaus beherbergt heute ein Museum, das dem Mann gewidmet ist, der die Erde bewegte und die Sonne anhielt (mittwochs und donnerstags geschlossen). Kopernikus blieb bis zu seinem 17. Geburtstag in Toruń (Thorn), das er dann verließ, um in Kraków (Krakau) sein Studium zu beginnen.

Wenn Sie vom Museum um die Ecke und dann geradeaus zum Flußufer gehen, gelangen Sie zu den mittelalterlichen Wällen und Toren, die einst zur Verteidigung der Stadt dienten. In Richtung Osten führt der Weg am Fluß entlang und an den Ruinen der Burg vorbei, die Sie erreichen, wenn Sie nach links und dann wieder nach links in die ulica Przedzamcze abbiegen. Die Ordensburg der Deutschen Ritter wurde zwar 1454 zerstört, es sind jedoch noch die massiven Fundamente zu sehen. Aus dem frühen 14. Jahrhundert stammt die Jakobskirche im Nordostteil der Altstadt, nur ein kleines Stück vom Rynek Nowomiejski entfernt. Die freien Strebebogen, wie sie diese Kirche aufweist, sind selten.

UNTERKUNFT

Zelten: Der Campingplatz Tramp (geöffnet von Mai bis September), unweit des südlichen Endes der Straßenbrücke über die Wisla (Weichsel), ist ca. 5 Minuten zu Fuß vom Bahnhof Toruń Glowny entfernt. Für einen Bungalow mit 4 Betten beträgt der Preis pro Übernachtung 12 US $, während ein Zeltplatz 3 US $ pro Person kostet. Das Restaurant in der Anlage ist bis 24.00 Uhr geöffnet. Die Hotelzimmer im Gebäude neben dem Restaurant kosten 7 US $ (Einzel- und Doppelzimmer). Im Restaurant können Sie zwar ein Bier trinken, sollten es jedoch vermeiden, hier zu essen, da den Gästen nicht selten mit Absicht etwas gebracht wird, was sie nicht bestellt haben, um die Rechnung zu erhöhen.

Jugendherberge und Privatzimmer: Die Jugendherberge von Toruń (Thorn) befindet sich in der ulica Rudacka 15 (Tel. 2 72 42), auf der anderen Seite des Flusses und im Osten des Bahnhofs Toruń Glowny (Bus Nr. 13).
Privatzimmer werden im Biuro Zakwaterowan am Rynek Staromiejski 20 vermittelt (werktags von 7.00 bis 15.00 Uhr).

Hotels: Das Hotel Pod Trzema Koronami am Rynek Staromiejski 21 ist einfach, allerdings mit Einzel- und Doppelzimmern ohne Bad und Frühstück für 3 bzw. 5 US $ auch preiswert. Dabei ist die Lage, direkt am Altstädter Marktplatz, großartig. Das Hotel ist nicht unbedingt schön, aber was kann man bei diesen Preisen schon erwarten?
Im Hotel Pod Orlem in der ulica Mostowa 15 (4 bzw. 7 US $ für ein Einzel- bzw. Doppelzimmer ohne Bad und Frühstück) liegen die Preise immer noch niedrig. Außerdem ist es hübscher als das Hotel Polonia gegenüber vom Stadttheater.
Das PTTK Dom Wycieczkowy in der ulica Zjednoczenia 24, einige Blocks nördlich des Busbahnhofs, bietet Doppelzimmer für 6 US $ pro Tag bzw. ein Bett im Vierbettzimmer für 3 US $.
Wer ein klein wenig mehr ausgeben möchte, der kann im Zajazd Staropolski in der ulica Zeglarska 14, einem geschmackvollen Hotel zwei Blocks vom Altstädter Marktplatz entfernt, übernachten. Die Einzel- und Doppelzimmer mit Bad (allerdings ohne Frühstück), die nach hinten hinaus zeigen, kosten hier 8 bzw. 9 US $. Für ein Doppelzimmer mit Blick auf die Straße zahlt man 16 US $. Das Restaurant des Hotels hat eine nette, offene Atmosphäre, und die Speisekarte ist deutlich geschrieben und in Deutsch erhältlich. Hier kann man auch ein Zywiec-Bier bestellen.
Zwei Orbis-Hotels, das Helios und das Kosmos, zieren den Park westlich der Altstadt. Sie sollten jedoch nicht unbe-

achtet lassen, daß die hier verlangten Preise von 56 bzw. 78 US $ für ein Einzel- bzw. Doppelzimmer einfach zu hoch sind.

ESSEN

Die Milchbar Pod Arkadami in der ulica Rozana 1, ganz in der Nähe des Rynek Staromiejski, ist ein ausgezeichneter Ort, um echte polnische Gerichte zu niedrigen Preisen zu probieren. Achten Sie am besten darauf, was die einheimischen Gäste essen, und zeigen Sie dann darauf, damit die Kassiererin oder der Kassierer Ihre Wahl berücksichtigen kann. In der ulica Rozana 5, ganz in der Nähe, findet man eine gute Pizzeria.

Wer in gesetzterer Atmosphäre mit Bedienung am Tisch essen möchte, der findet dies im Pod Golebiem in der ulica Szeroka 37. Bei der Bar Express in der ulica Szeroka 24 handelt es sich um ein Selbstbedienungsrestaurant, in dem Sie für das bezahlen, was Sie auswählen. Das Restaurant Staromiejska in der ulica Szczytna 2, an der Ecke vom Express, ist ein beliebtes Restaurant mit Bedienung. Hier gibt es auch Bier.

Cafés: Ein netter und ungezwungener Ort für Kaffee und Kuchen in einer Plüschumgebung ist das Kawiarna Pod Atlantem in der Ducha Sw. 3, unweit vom Kopernikus-Museum.

UNTERHALTUNG

Das Stadttheater befindet sich am Plac Armii Czerwonej (am Nordeingang zur Altstadt). Ein Konzert kann man sich jeden zweiten Freitag um 19.00 Uhr im alten Rathaus anhören. Im September findet in Toruń (Thorn) das Festival alter Musik statt.

AN- UND WEITERREISE

Direkte Zugverbindungen nach Toruń (Thorn) bestehen von Gdańsk (Danzig), Malbork (Marienburg), Olsztyn (Allenstein), Poznań (Posen) und Warszawa (Warschau). In den meisten Zügen von und nach Warszawa (Warschau) ist eine Platzreservierung vorgeschrieben, so daß Sie sich am besten vorher danach erkundigen. Wenn Sie mit einem der Züge fahren, die zwischen Gdańsk (Danzig) und Poznán (Posen) verkehren, und nach Toruń (Thorn) wollen, müssen Sie umsteigen – in Richtung Süden in Bydgoszcz (Bromberg) und in Richtung Norden in Inowroclaw (Hohensalza). Platzreservierungen kann man bei Orbis in der ulica Zeglarska 31 (am Rynek Staromiejski) oder am Bahnhof Toruń Glowny vornehmen lassen.

Der *Kujawiak* verkehrt täglich das ganze Jahr über zwischen Warszawa (Warschau) und Toruń (Thorn) und braucht für die 242 km lange Strecke 3 Stunden. Er fährt in Warszawa (Warschau) am Nachmittag und in Toruń (Thorn) am Morgen ab. Der Zug hält auch in Bydgoszcz (Bromberg). Eine Reservierung ist erforderlich.

BYDGOSZCZ (BROMBERG)

Bydgoszcz (Bromberg) ist eine von Touristen nur selten besuchte Stadt, die 47 km westlich von Toruń (Thorn) liegt und einen Halbtagesausflug mit dem Zug oder einen Zwischenhalt von einigen Stunden wert ist. Sie liegt in der Nähe der Mündung der Brda (Brahe) in die Wisla (Weichsel). Der Bydgoski-Kanal (Bromberger Kanal) verbindet hier die Wisla (Weichsel) über die Brda (Brahe), die Notec (Netze) und die Warta (Warthe) mit der Odra (Oder).

Bydgoszcz (Bromberg) war die erste Stadt, in der während des Zweiten Weltkriegs von sogenannten Einsatzgruppen der Nazis Massenerschießungen von Zivilisten vorgenommen wurden. Einige Tage nach dem Ausbruch des Krieges hatten einige fanatische deutschstämmige Bewohner des Ortes das Feuer auf die sich zurückziehenden Polen eröffnet, was zu polnischen Vergeltungsakten gegen die deutsche Bevölkerung führte. Nachdem die deutsche Wehrmacht die Stadt eingenommen hatte, trieb die SS ca. 20.000 Polen zusammen und erschoß sie, viele davon auf dem Marktplatz. Bis zum Jahre 1945 ist ein Viertel der Bevölkerung der Stadt ermordet worden.

PRAKTISCHE HINWEISE

Informationen und Orientierung: Direkt vor dem Bahnhof befindet sich ein Fremdenverkehrsamt mit hilfsbereiten Mitarbeitern. Um vom Bahnhof zum Stary Rynek zu gelangen, können Sie entweder die Straßenbahn benutzen oder die ulica Dworcowa geradeaus bis zur Aleje 1 Maja entlanggehen. Am Ende der Straße führt eine Fußgängerbrücke über die Brda (Brahe) zum Marktplatz.

SEHENSWÜRDIGKEITEN

In der Nähe der Brücke gibt es zwei Museen, die beide montags geschlossen sind. Im Kunstmuseum des Bezirks in der Aleje 1 Maja 4 werden im Obergeschoß Gemälde zeitgenössischer polnischer Maler gezeigt. Im Zimmer 19 des Museums, das in einem alten Getreidespeicher am Fluß eingerichtet worden ist, hängen beeindruckende Fotos der Besetzung von Bromberg durch die Nazis. Leider sind jedoch keine Erläuterungen in Englisch oder Deutsch vorhanden.

Von Mai bis September kann man von Bydgoszcz (Bromberg) aus auf Ausflugsdampfern Fahrten auf der Brda (Brahe) unternehmen. Die Fahrkarten werden in dem roten Backsteingebäude ein kleines Stück flußabwärts vom Museum im Speicher verkauft.

In der Mitte des Stary Rynek erinnert ein auffälliges Mahnmal an die Opfer des Zweiten Weltkrieges. Ein kleines

Stück dahinter befindet sich die gotische Pfarrkirche von Bydgoszcz (Bromberg) aus dem Jahre 1502. Den Hochaltar der Kirche schmückt ein schönes Bild der Jungfrau Maria mit einer Rose aus dem 16. Jahrhundert. Zeitgenössische polnische Gemälde können Sie in der Galeria Sztuki Wspolczesne in einer Ecke des Stary Rynek kaufen.

UNTERKUNFT UND ESSEN

Im Hotel Centralny in der ulica Dworcowa 85, unweit des Bahnhofs, kosten die Einzel- und Doppelzimmer mit Bad 5 bzw. 8 US $ pro Tag. Das Biuro Zakwaterowan in diesem Hotel vermittelt zudem Privatzimmer. Komfortabler ist die Unterkunft im Hotel Brda, einem Hochhaus in der ulica Dworcowa 94 mit Einzel- und Doppelzimmern für 28 bzw. 45 US $.

Ebenfalls nicht weit vom Bahnhof entfernt ist die Jugendherberge in der ulica Sowinskiego 5. Man findet sie in einer Schule hinter einer großen, roten Backsteinkirche, eineinhalb Blocks vom Hotel Brda entfernt.

Ein geschichtsträchtigeres Hotel im Stadtzentrum ist das Orbis-Hotel Pod Orlem aus dem Jahre 1898 in der Aleje 1 Maja 14, das 1990 wegen Renovierungsarbeiten geschlossen wurde. Das alte Hotel Ratuszowy in der ulica Dluga 37 ist mit Einzel- und Doppelzimmern ohne Bad und Frühstück für 6 bzw. 10 US $ wahrscheinlich die beste Wahl.

In der Milchbar Ratuszowy (ulica Dluga 28), ein kleines Stück oberhalb des Stary Rynek, erhalten Sie einfache Gerichte.

AN- UND WEITERREISE

Bydgoszcz (Bromberg) liegt an der wichtigsten Eisenbahnlinie von Wroclaw (Breslau) über Poznań (Posen) und Gniezno (Gnesen) nach Gdynia (Gdingen). Eine direkte Zugverbindung besteht auch über Toruń (Thorn) nach Warszawa (Warschau).

WIELKOPOLSKA (GROSSPOLEN)

POMORZE (POMMERN)

Die polnische Küste an der Ostsee erstreckt sich auf 524 km von Deutschland bis zur UdSSR. Es ist eine Landschaft mit einer rauhen Schönheit, endlosen Stränden und Wanderdünen, die sich mit weiten Buchten und Küstenseen abwechseln. Der größte Teil von Pomorze (Pommern), des nordwestlichen Teils von Polen zwischen der Wisla (Weichsel) und Odra (Oder), gehörte bis 1945 zu Deutschland, während das Gebiet zwischen Bydgoszcz (Bromberg) und Gdynia (Gdingen) seit 1918 ein Teil Polens ist.

Ferienorte an der Ostsee wie Swinoujscie (Swinemünde), Kolobrzeg (Kolberg), Ustka (Stolpmünde), Leba, Hel (Hela) und Sopot (Zoppot) sowie historische Städte wie Szczecin (Stettin) und Gdańsk (Danzig) lassen Pomorze (Pommern) zu einem Bestandteil fast aller Reiserouten von Polen-Besuchern werden. Zu den Gebieten, die von besonderem Interesse für Naturliebhaber sind, gehören der Wolin-Nationalpark in der Nähe von Miedzyzdroje (Misdroy) und der Slowinski-Nationalpark westlich von Leba. Auf dem Landweg bildet Szczecin (Stettin) das westliche Tor zur Ostseeküste. Mit Schiffen kann man Pommern über Swinoujscie (Swinemünde) und Gdańsk (Danzig) erreichen, und zwar mit Fähren aus Dänemark und Schweden.

GESCHICHTE

Nordpolen war lange Zeit ein Schlachtfeld von Kämpfen zwischen Polen und Deutschen. Polen hatte nie wirklich die Herrschaft über die slawischen Stämme von Westpommern erlangen können, und mit Beginn des 12. Jahrhunderts fiel das Gebiet den Markgrafen von Brandenburg zu. In Ostpommern spielten die Deutschen Ordensritter, die 1226 zur Unterwerfung der aufständischen Pruzzen-Stämme ins Land gerufen worden waren, eine vergleichbare Rolle. Von der Marienburg sowie von Thorn aus leisteten sie den polnischen Königen bis zu ihrer Niederlage im 15. Jahrhundert, die ihnen die vereinten polnischen und litauischen Streitkräfte bereiteten, Widerstand. Obwohl das Herzogtum Preußen im 16. Jahrhundert ein polnischer Vasallenstaat war, führten die Kriege mit Schweden und interne Auseinandersetzungen im 17. Jahrhundert zu einer Schwächung Polens.

1720 erlangte Preußen wieder die Herrschaft über ganz Westpommern. Die erste Teilung Polens (1772) brachte alle südlichen Gebiete bis Thorn unter preußische Gewalt. Die Stadt Thorn wurde allerdings erst im Jahre 1793 von Preußen annektiert. Nach dem Wiener Kongreß (1815) fiel das Land südöstlich von Thorn unter die Herrschaft des zaristischen Rußland. Diese Konstellation blieb bis zum Ersten Weltkrieg bestehen. 1919 erhielt Polen durch den Versailler Vertrag einen schmalen Korridor zum Meer zugesprochen, der Ostpreußen von Pommern trennte. Da der überwiegende Teil der Einwohner der Freien Stadt Danzig Deutsche waren, erbaute die polnische Regierung das benachbarte Gdynia (Gdingen) nach 1922 förmlich aus dem Nichts.

1939 löste die Forderung Hitlers nach einer von den Deutschen kontrollierten Straße und einer Eisenbahnstrecke durch den polnischen Korridor nach Ostpreußen und die Eingliederung Ostpreußens in das Deutsche Reich den Zweiten Weltkrieg aus. Nach der Niederlage im Jahre 1945 wurden die einheimischen Deutschen aus Pommern und Ostpreußen vertrieben oder mußten fliehen. Polen erhielt nun Pommern und die südliche Hälfte von Ostpreußen (Masuren). An die Sowjetunion fiel die nördliche Hälfte von Ostpreußen, darunter auch die Hauptstadt Königsberg (nun Kaliningrad). Bis heute dürfen Touristen in dieses Gebiet der russischen Föderation nicht einreisen, während das nördliche Polen Besuchern aus dem Ausland uneingeschränkt zugänglich ist.

INFORMATIONEN

Die Karte *Pobrzeze Baltyku* des nordwestlichen Polen im Maßstab 1 : 400.000 ist in Buchhandlungen sowie Fremdenverkehrsämtern erhältlich und ihr Geld wert.

SZCZECIN (STETTIN)

Szczecin (Stettin), ausgesprochen Schtschäzin, die einstige Hauptstadt des Herzogtums Westpommern, wurde im Jahre 1630 von den Schweden eingenommen und im Jahre 1720 für zwei Millionen Taler an Preußen verkauft. Bis 1945 gehörte es zu Deutschland. Wer die Trivialitäten des Lebens liebt, den interessiert es vielleicht, daß Kaiserin Katherina die Große von Rußland 1729 als Prinzessin Sophia Augusta von Anhalt-Zerbst in Szczecin (Stettin) geboren wurde. Nach der ersten Teilung Polens im Jahre 1772 wurde die Stadt in der Nähe der Odermündung zum bedeutendsten Hafen von Berlin, mit dem es durch einen Kanal verbunden wurde. Das im Zweiten Weltkrieg stark zerstörte Szczecin (Stettin) wurde nicht so sorgfältig wie Gdańsk (Danzig), Warszawa (Warschau) und Wroclaw (Breslau) wieder aufgebaut. Heute ist diese inzwischen durch und durch polnische Stadt unweit der deutschen Grenze eher ein Tor nach Polen oder zur Küste an der Ostsee als selbst ein Reiseziel. Vom nahegelegenen Swinoujscie (Swinemünde) bestehen Fährverbindungen von und nach Skandinavien sowie eine Eisenbahnverbindung von und nach Berlin und gute Zugverbindungen zum übrigen Polen. Ein halber Tag genügt für die Besichtigung der im Stadtgebiet verstreuten roten Backsteinhäuser, die noch vom gotischen und neugotischen Szczecin (Stettin) geblieben sind.

PRAKTISCHE HINWEISE

Orientierung: Wahrscheinlich kommen Sie am Bahnhof Szczecin Glowny unweit des Flusses am Südrand der Innenstadt an. Ein Fußgängerweg führt von dort über die Schienen und weiter in die Stadtmitte. Wenn Sie den Weg verlassen, gelangen Sie bald zur Aleja 3 Maja mit dem Zentrum zur Rechten. Das ist der kürzeste Weg, falls Sie zu Ihrem Hotel zu Fuß gehen möchten.
Sie können auch durch die Unterführung ins Bahnhofsgebäude selbst gehen, an dessen Ausgang zum Fluß hin sich ein Taxistand befindet. Von hier aus führt der Weg zu Fuß am Busbahnhof vorbei, der direkt im Norden liegt, und dann immer weiter den Straßenbahnschienen folgend in Richtung Nordwesten bis zum Hafentor am Ostende des Plac Zwyciestwa (ca. 10 Minuten).

Informationen: Das Pomerania Biuro Turystyki (Fremdenverkehrsamt) in der Aleje Jednosci Narodowej 50 ist nur von geringem Nutzen. Versuchen Sie lieber, im PTTK-Büro in der Nähe am Plac Lotnikow Auskünfte und einen Stadtplan zu bekommen.
Bei Polferries in der ulica Wyszynskiego 28 erhält man Auskunft über Fährverbindungen von Swinoujscie (Swinemünde) nach Dänemark und Schweden.

SEHENSWÜRDIGKEITEN

1725 erbauten die Preußen das Hafentor in der Nähe des Plac Zwyciestwa, um die Inbesitznahme des Gebietes nach dem Kauf von den Schweden für 2 Millionen Taler zu dokumentieren. Heute beherbergt es ein Geschäft mit einer guten Auswahl an polnischen Kunstgewerbegegenständen. Die alte Stadt lag zwischen dem Tor und dem Fluß.
Wenn Sie in Richtung Norden die Aleje Niepodleglosci zwei Blocks entlanggehen und dann nach rechts auf den Plac Zolnierza Polskiego abbiegen, gelangen Sie zum Nationalmuseum (montags geschlossen). In diesem Museum und im Anbau auf der anderen Straßenseite befindet sich eine Sammlung von Gemälden und anderen Ausstellungsstücken, die für die Gegend von Interesse sind.
In Richtung Osten führt der Weg weiter zum Fluß bis hin zum Schloß der Herzöge von Pommern aus dem 16. Jahrhundert. Das ist ein schöner Renaissancebau mit einem Aussichtsturm, der bestiegen werden kann, einem Café, einer Kunstgalerie, einem Theater und einigen Fakultäten der Universität. Häufig finden hier tagsüber Konzerte statt, so daß es sich empfiehlt, früh genug zu prüfen, ob Sie Zeit haben, um daran teilzunehmen. Das Schloß dient auch

SZCZECIN
(STETTIN)
Grodzka Island
Odra River
Jana Z Kolna
Waly Chrobrego
Jarowita
Pobożnego
Henryka
Teofila
Starzynskiego
Malopolska
Jana Matejki
Farna
Mariacka
Grodzka
Plac Zolnierza Polskiego
Al Wyzwolenia
Tkacka
Wielka
al Niepodleglosci
Dworcowa
Energetykow
Nabrzeze Wieleckie
To Campground
Pod Bramą
Al 3 Maja
pl S Batorego
Kaszubska
Buczka
pl Grunwaldzki
pl Lotników
Stalingradu
Obronców
Slaska
pl Zwyciestwa
Jagiellonska
al Wojska Polskiego
Jadwigi
Al Piastow
Krzywoustego
Krolowej
Ks Boguslawa
Kopernika
Narutowicza
Kuscinskiego
Sowinskiego
Potulicka

1. Hotel Gryf
2. Chief Restaurant
3. Restaurant Balaton
4. Pomerania Biuro Turystyki
5. Königstor
6. Hotel Neptun
7. Museum
8. Anleger Dworzec Morski
9. Hotel Piast
10. Büro von Orbis
11. Hotel Pomorski
12. Hafentor
13. Postamt
14. Milchbar Extra
15. Nationalmuseum
16. Schloß der Herzöge von Pommern
17. Städtisches Museum
18. Jakobskirche
19. Johanniskirche
20. Busbahnhof
21. PTTK-Touristenhotel (Dom Turysty)
22. Bahnhof Szczecin Glowny

als Bühne für Opern- und Operettenaufführungen.

Das Städtische Museum (montags geschlossen) im wieder aufgebauten Rathaus aus dem 15. Jahrhundert unweit des Orbis-Hotels Arkona zwischen Schloß und Odra (Oder) beherbergt zahlreiche interessante, alte Karten und Gemälde. Die Ausstellung zeigt anschaulich, wie große Teile des alten Viertels um das heute freistehende alte Rathaus verlorengegangen sind. Im Miodosytnia U Wyszaka im Untergeschoß des Rathaus wird heißer Honigwein *(Miod)* serviert. Auf dem Weg zurück zur Stadt kommen Sie an der vollständig renovierten spätgotischen Johanniskirche vorbei, deren hoher Innenraum beeindruckend ist.

Ausflugsboote: Von der Kirche aus gesehen in Richtung Nordosten gelangt man, wenn man dem Fluß hinter einer häßlichen Betonüberführung folgt, zum Dworzec Morski, dem Anleger für die Boote, mit denen man eine Hafenrundfahrt unternehmen kann (letzte Abfahrt um 13.00 Uhr). Wer die Fähre zum Plaza Mielenska, einem nahegelegenen Strand, nimmt, kann auch einen flüchtigen Blick auf den Hafen werfen. Auf dem Waly Chrobrego, dem hohen Wall oberhalb des Dworzec Morski, befinden sich einige monumentale Gebäude aus der Zeit vor dem Ersten Weltkrieg. Das mittlere von ihnen am Ende der Treppen bietet Raum für ein Seefahrtsmuseum und ein Theater. Von hier aus hat man einen ausgezeichneten Blick auf den Fluß und den Hafen.

UNTERKUNFT

Zelten: Der PTTK-Campingplatz (Tel. 61 32 64) in Dabie, einige Kilometer östlich von Szczecin (Stettin), ist mit öffentlichen Verkehrsmitteln gut zu erreichen. Nehmen Sie am besten eine Straßenbahn der Linien Nr. 2, 7 oder 8 bis zur Endhaltestelle und dann einen der Busse der Linien Nr. 56, 62 oder 72, bis Sie das Schild auf der linken Seite sehen. Der Bahnhof Szczecin Dabie liegt übrigens näher am Campingplatz als der Hauptbahnhof. Bungalows werden in der Anlage ebenfalls vermietet, die von Mai bis September geöffnet ist. Hier wird auch Deutsch und Englisch gesprochen.

Jugendherbergen: Die Jugendherberge in der ulica Unislawy 26 befindet sich oberhalb der Aleje Wyzwolenia im Norden des Zentrums im obersten Stockwerk eines großen Schulgebäudes ganz in der Nähe des Plac J. Kilinskiego (Straßenbahnlinien Nr. 2 und 3). Halten Sie Ausschau nach dem grünen Dreieck über der Tür und gehen Sie bis zum Ende der Treppe hinauf (Anmeldung nur von 17.00 bis 20.00 Uhr). Im Juli und August wird zusätzlich eine Sommerjugendherberge in der ulica Grodzka 22 in der Altstadt eingerichtet.

Hotels: Am günstigsten vom Bahnhof aus zu erreichen ist das Dom Turysty des PTTK am Plac S. Batorego 2, in dem für ein Einzelzimmer 5 US $ pro Tag und für ein schlichtes Doppelzimmer ohne Waschbecken oder Toilette 11 US $ verlangt werden. Das Haus ist häufig mit lauten Jugendlichen belegt, jedoch ist hier zumindest nichts von der Straßenbahn zu hören.
Zwei der älteren Hotels befinden sich am geschäftigen Plac Zwyciestwa, von denen das Pomorski jedoch weniger ansprechend ist. Hier kosten die Einzel- und Doppelzimmer ohne Bad oder Frühstück 12 bzw. 14 US $ pro Tag. Im nicht weit entfernten Hotel Piast (Übernachtung in einem Zimmer ohne Bad, jedoch mit Frühstück, 9 bzw. 16 US $) ist die Atmosphäre angenehmer. Außerdem ist es weiter von der lauten Straßenbahn entfernt gelegen.
In der gleichen Preislage angesiedelt, allerdings hübscher als die beiden anderen Häuser, ist das Hotel Gryf in der Aleje Wojska Polskiego 49. Die schön eingerichteten Einzel- und Doppelzimmer kosten ohne Bad 9 bzw. 17 US $ und mit Bad 13 bzw. 20 US $ (mit Frühstück).

ESSEN

In der Milchbar Extra in der Aleje Niepodleglosci 5, schräg gegenüber vom Hauptpostamt, stehen einfache Gerichte zur Selbstbedienung auf der Speisekarte (Sonntag Ruhetag). Das Restaurant Balaton am Plac Lotnikow bietet ungarisches Essen. Häufig spielen hier abends Bands, so daß die Küche früh schließt.
Beim Chief Restaurant am Plac Grundwaldzki handelt es sich um ein Lokal mit Fischspezialitäten, wie schon die Goldfische in den verschiedenen Aquarien im Speiseraum erahnen lassen. Probieren Sie hier den *Szaszlyk Baltykki* (Ostsee-Schaschlik), einen Shish Kebab aus Fisch und Fleisch, der mit Reis und gebratenen Pilzen serviert wird. Die Küche ist täglich von 11.00 bis 21.00 Uhr geöffnet. Die Speisekarte ist hier auch in Deutsch erhältlich. Das Chief ist unkompliziert, die Bedienung ausgezeichnet. Daher ist dieses Restaurant uneingeschränkt zu empfehlen.

AN- UND WEITERREISE

Zug: Von Szczecin (Stettin) verläuft eine der wichtigen Eisenbahnlinien Polens über Poznań (Posen), Wroclaw (Breslau), Opole (Oppeln) und Kraków (Krakau) nach Pryzemysl im Südosten des Landes. Einige Züge nach Wroclaw (Breslau) verkehren auch über Rzepin. Die Züge von und nach Warszawa (Warschau) fahren über Poznań (Posen). Der *Gedania-Express* hält täglich auf dem Weg von Gdynia (Gdingen) nach Berlin-Lichtenberg auch in Szczecin (Stettin). Nahverkehrszüge vom 374 km entfernten Gdańsk (Danzig) oder vom 214 km entfernten Poznań (Posen) nach Szczecin (Stettin) verkehren in kürzeren Abständen. Die Nahverkehrszüge von Swinoujscie (Swinemünde) zum Hauptbahnhof Szczecin Glowny halten auch in Szczecin Dabie.

Der *Chrobry-Express* fährt das ganze Jahre über täglich nachmittags von Warszawa (Warschau) nach Szczecin (Stettin) und benötigt für die 522 km lange Strecke 6 Stunden. Von Szczecin (Stettin) fährt er am frühen Morgen wieder zurück. Zu bestimmten Zeiten im Jahr (erkundigen Sie sich am besten nach den genauen Verkehrstagen) verläßt der *Blekitna Fala-Express* genau umgekehrt Warszawa (Warschau) am frühen Morgen in Richtung Szczecin (Stettin), um nachmittags wieder zurückzufahren. Für beide Züge gilt eine Reservierungspflicht.

Liegewagen werden für Fahrten von Szczecin (Stettin) nach Gdynia (Gdingen), Warszawa (Warschau), Wroclaw (Breslau), Kraków (Krakau) und Przemyśl eingesetzt. Bei Orbis am Plac Zwyciestwa 1 kann man Reservierungen vornehmen, Auslandsfahrkarten kaufen und Plätze in Liegewagen buchen.

SWINOUJSCIE (SWINEMÜNDE)

Swinoujscie (Swinemünde), ein Fischerort an der Mündung der Swina, ist ein beliebter Ferienort an der Ostseeküste, aber auch ein wichtiger Hafen der polnischen Marine und ein bedeutender Handelshafen. Fähren aus Skandinavien laufen die Stadt in regelmäßigen Abständen ebenfalls an. Zudem bestehen gute Zugverbindungen nach Szczecin (Stettin) und anderen Orten in Polen. Theoretisch verkehrt auch ein Tragflächenboot zwischen Swinoujscie (Swinemünde) und Szczecin (Stettin), das jedoch nicht sehr zuverlässig ist.

Swinoujscie (Swinemünde), eine geschäftige kleine Stadt, liegt gerade weit genug vom Strand entfernt, um ein eigenes Leben zu bewahren und nicht auf die Nerven zu gehen. Zwischen der Stadt und dem Strand wurde ein großer Park angelegt. Zahlreiche preiswerte Übernachtungsmöglichkeiten sind vorhanden. Die Lage direkt an der deutschen Grenze macht Swinoujscie (Swinemünde) ebenfalls sehr interessant. Im Juni findet hier das studentische Künstlerfest „Fama" statt.

PRAKTISCHE HINWEISE

Orientierung: Die Züge von Szczecin (Stettin) überqueren in Wolin (Wollin) die Dziwna und fahren dann vorbei an Miedzyzdroje (Misdroy) auf der Insel Wolin (Wollin), bis sie den Bahnhof am Hafen von Swinoujscie (Swinemünde) am rechten (östlichen) Ufer der Swina erreichen. Der Anleger für die Fähren ist ca. 5 Minuten zu Fuß vom Bahnhof entfernt.
Gleich neben dem Bahnhof und dem Busbahnhof befindet sich der Anleger für die Autofähre (alle 15 Minuten, für Fußgänger frei) über den Fluß zur Stadt Swinoujscie (Swinemünde) am linken (westlichen) Ufer der Swina, 20 Minuten zu Fuß vom Strand entfernt. Swinoujscie (Swinemünde) liegt auf Uznam (Usedom), einer Küsteninsel, die durch die Swina, die Bucht von Szczecin (Stettin), den Pommerschen Meerbusen und die Peene in Deutschland begrenzt wird.

Informationen: Im Fremdenverkehrsamt Pomerania in der ulica Armii Krajowej 14 a (geöffnet werktags von 7.00 bis 15.00 Uhr) erhalten Sie nur wenige Karten. Hier sprechen auch nur wenige Mitarbeiter eine Fremdsprache, so daß sich das im Büro der PTTK in der ulica Paderewskiego 24 möglicherweise als bessere Informationsquelle eignet.

SEHENSWÜRDIGKEITEN

Im Muzeum Rybolowstwa (montags geschlossen) im ehemaligen Rathaus am Plac Rybaka 1 gegenüber vom Fähranleger kann man sich eine naturhistorische Ausstellung sowie eine faszinierende Sammlung von Fotos der Stadt zur Zeit der Jahrhundertwende ansehen.
Vielleicht möchten Sie aber lieber eine Wanderung in Richtung Westen am breiten Strand enlang bis zum hohen, weißen Beobachtungsturm und dem Zaun unternehmen, der die Grenze zwischen Polen und Deutschland kennzeichnet. Heutzutage ist dies kein bedrückender Ort mehr. Möglicherweise sehen Sie hier keinen einzigen Wachposten. In der anderen Richtung gelangt man nach einem Kilometer zum Leuchtturm an der Flußmündung. Dort kann man sich hinsetzen und den Schiffen zusehen, die in den Hafen einfahren oder auslaufen.

UNTERKUNFT

Zelten: Der Campingplatz Relax in der ulica Slowackiego 1 ist zwischen dem Park, dem Strand und der Stadt sehr schön gelegen. Für einen Bungalow mit 3 Betten zahlt man hier 10 US $, während für das Zelten 1 US $ pro Person erhoben werden. Die Anlage, zu der auch eine Bar und ein Restaurant gehören, ist von Mai bis September geöffnet.

Jugendherberge: Die Jugendherberge in der ulica Gdynska 26 liegt 15 Minuten zu Fuß westlich des Hafens (nur im Sommer geöffnet).

Hotels: Die meisten Hotels in Swinoujscie (Swinemünde) sind das ganze Jahr über geöffnet. Im Hotel Baltyk in der ulica Armii Krajowej 5, einem älteren,

vierstöckigen Gebäude mit Blick über den Hafen, direkt gegenüber vom Anleger in der Stadt, kosten die Einzel- und Doppelzimmer ohne Bad 7 bzw. 9 US $ und die Doppelzimmer mit Bad 16 US $. Das Frühstück im Restaurant im Untergeschoß ist ausgezeichnet.
Privatzimmer vermittelt das Fremdenverkehrsamt Pomerania in der ulica Armii Krajowej 14 a. Im Hotel Mozaika in der ulica Paderewskiego 1, einer großen Villa am Park, zahlt man 5 US $ pro Person für eine Übernachtung.
Eines der schönsten Häuser, um in Swinoujscie (Swinemünde) zu übernachten, ist das Pensjonat Atol in der ulica Orkaua 3. Das vierstöckige Hotel im Stil einer Familienpension liegt in einer ruhigen Straße zwischen dem Park und dem Strand. Unten befindet sich ein helles, freundliches Restaurant. In diesem Quartier wird zwar kein Deutsch gesprochen, aber die Preise sind deutlich sichtbar ausgehängt: ca. 6 bzw. 9 US $ für ein Einzel- bzw. Doppelzimmer.
Junge Leute und Studenten sollten versuchen, im Almatur-Hotel in der ulica Zeromskiego 17, einer großen Villa direkt gegenüber vom Strand, ein Zimmer zu erhalten. Im Juli und August empfiehlt es sich, dafür im voraus in einem der Almatur-Büros eine Reservierung vorzunehmen. Den Rest des Jahres über ist wahrscheinlich noch etwas frei. Eine Übernachtung im Doppelzimmer mit Badbenutzung kostet 3 US $ pro Person.
Das erste Haus am Platz in Swinoujscie (Swinemünde) ist das Zwei-Sterne-Hotel Albatros in der ulica Kasprowicza 2, einige Minuten vom Strand entfernt. Die Einzel- bzw. Doppelzimmer mit Bad werden für 10 bzw. 15 US $ vermietet.

AN- UND WEITERREISE

Große Autofähren kommen fast täglich das ganze Jahr über aus Kopenhagen (Dänemark) und Ystad (Schweden) in Swinoujscie (Swinemünde) an und fahren dorthin zurück. Fahrkarten können Sie im Orbis-Büro am Anleger für die internationalen Fähren erhalten. Es ist allerdings besser, wenn Sie die Fahrkarten bereits vorher an anderer Stelle kaufen, um sicher zu sein, auch einen Platz zu bekommen. Im Orbis-Büro in der ulica Armii Krajowej 2, gegenüber vom Fähranleger in der Stadt, werden keine Fahrkarten für die internationalen Fähren verkauft.
Nahverkehrszüge nach Szczecin (Stettin) über Miedzyzdroje (Misdroy) fahren in kürzeren Abständen. Von Juni bis September wird in Swinoujscie (Swinemünde) auch der *Wawel-Express* nach Kraków (Krakau) über Wroclaw (Breslau) eingesetzt. Ferner fährt im Sommer ein Nachtzug von und nach Warszawa (Warschau), der Schlafwagen führt.
In der Vergangenheit war es für die meisten Ausländer nicht möglich, die Grenze zwischen Swinoujscie (Swinemünde) und Ahlbeck in Deutschland zu überqueren, da dieser Übergang nur Polen und Deutschen vorbehalten war. Es ist nicht ausgeschlossen, daß sich das inzwischen geändert hat. Wenn Sie nicht

die deutsche Staatsangehörigkeit besitzen, sollten Sie sich vorher erkundigen, bevor sie planen, hier nach Polen ein- oder aus Polen auszureisen.

MIEDZYZDROJE (MISDROY)

Miedzyzdroje (Misdroy), eine kleine Stadt auf der Insel Wolin (Wollin), 15 km östlich von Swinoujscie (Swinemünde), ist unproblematisch mit einem Bus oder Zug zu erreichen und eignet sich hervorragend für einen Tagesausflug. Der Strand ist nur 15 Minuten zu Fuß vom Bahnhof entfernt. Hier ist das Wasser sauberer als in Swinoujscie (Swinemünde). Die Klippen im Osten der Stadt erreichen 95 m Höhe und sind damit die höchsten in ganz Polen. Sie sollten sich einen ganzen Tag für den Ort gönnen, den Morgen für eine Wanderung im Wald, den Mittag für ein Essen in der Stadt und den Nachmittag für den Strand.

SEHENSWÜRDIGKEITEN UND UNTERNEHMUNGEN

An die Ostseite von Miedzyzdroje (Misdroy) grenzt der Wolin-Nationalpark. Dichter Laubwald bedeckt die Hügellandschaft zwischen dem Zalew Szczecinski (Stettiner Haff) und dem Pommerschen Meerbusen. Hier konnten sich noch der seltene europäische Bison, der Seeadler und eine besondere Schwanenart halten. Wanderwege führen vom Stadtrand durch den Wald. Nehmen Sie sich im PTTK-Büro in der ulica Paderewskiego 24 in Swinoujscie (Swinemünde) oder in der Kaffeestube des Dom Kultury am Strandpark im Zentrum von Miedzyzdroje (Misdroy) eine Wanderkarte mit. Zwischen dem Bahnhof und dem Strand befindet sich das Museum des Wolin-Nationalparks.

UNTERKUNFT UND ESSEN

In Miedzyzdroje (Misdroy) gibt es zahlreiche Übernachtungsmöglichkeiten, die jedoch alle Eigentum der polnischen Gewerkschaften oder von Fabriken und Massenorganisationen sind und keine anderen Gäste aufnehmen. Das Fremdenverkehrsamt Pomerania in der ulica Swiatowida 19 (geöffnet werktags von 7.00 bis 15.00 Uhr) sollte eigentlich Privatzimmer vermitteln, aber das Büro ist weitgehend nutzlos, denn die Standardantwort auf alle Fragen lautet *Nie Ma*. Möglicherweise ändert sich das aber bald, da wahrscheinlich einige dieser Organisationen aufgelöst werden oder beginnen, den Wert des Geldes zu bemerken. Bis zum jetzigen Zeitpunkt ist ein Besuch des Ortes jedoch zwangsläufig auf einen Tagesausflug beschränkt.

AN- UND WEITERREISE

Alle Züge von Szczecin (Stettin) nach Swinoujscie (Swinemünde) und umgekehrt fahren über Miedzyzdroje (Misdroy).

KOLOBRZEG (KOLBERG)

Kolobrzeg (Kolberg), an der Ostsee und der Mündung der Perseta (Persante) gelegen, war im 14. Jahrhundert eine bedeutende Hansestadt. Auch wenn seit Beginn des 12. Jahrhunderts in Kolobrzeg (Kolberg) ein polnischer Bischof residierte, herrschten hier die Piastenfürsten, die eher dem Heiligen Römischen Reich Deutscher Nation unterstellt waren als dem polnischen König. Die Stadt entwickelte sich im 19. Jahrhundert zu einem beliebten Ferien- und Kurort. 1945 wurde sie jedoch, kurz vor Ende des Zweiten Weltkrieges, von den Deutschen zur Festung erklärt und in 10 Tage andauernden Kämpfen gegen Sowjets und Polen zu 90 % verwüstet. Heute besteht ein Großteil von Kolobrzeg (Kolberg) aus eintönigen rechteckigen Wohnblocks. Die einzige Sehenswürdigkeit der Altstadt bildet eine gotische Kirche aus rotem Backstein, der Mariendom mit fünf Schiffen. Ein langer Pier erstreckt sich vom dicht bevölkerten Strand der Stadt weit in die Ostsee. Die Solequellen und radioaktive Schlammbäder werden in Kolobrzeg (Kolberg) zur Behandlung von Kreislaufkrankheiten und Diabetes unter ärztlicher Aufsicht genutzt. Im Juli findet hier eine Salz-Messe statt.

UNTERKUNFT

Im modernen, achtstöckigen Hotel Skanpol in der ulica Dworcowa mit Blick über den Park, zwei Blocks vom Bahnhof entfernt, kosten die Einzel- bzw. Doppelzimmer mit Bad und Frühstück 20 bzw. 30 US $ pro Tag. Im Juli und August liegen die Preise allerdings höher.

Im Fremdenverkehrsamt Baltywia (geöffnet werktags von 7.00 bis 15.00 Uhr) in der ulica Wojska Polskiego 5, hinter dem Hotel Skanpol, werden Privatzimmer für 3 US $ pro Person und Tag vermittelt. Möglicherweise werden Sie jedoch Schwierigkeiten haben, sich hier verständlich zu machen.

Der Campingplatz befindet sich an der Ostseite der Stadt gegenüber vom Orbis-Hotel Solny zwischen den Eisenbahnschienen und dem Strand. Bei allen großen Hotels in der Parkanlage am Meer handelt es sich um Ferienwohnungen für polnische Arbeiter, die nicht für die Öffentlichkeit zugänglich sind.

AN- UND WEITERREISE

Kolobrzeg (Kolberg) ist vom 138 km entfernten Szczecin (Stettin) im Abstand von einigen Stunden mit einem Nahverkehrszug zu erreichen. Wer in Richtung Osten nach Lebork (Lauenburg) und Gdynia (Gedingen) fahren will, muß im allgemeinen in Koszalin (Köslin) umsteigen.

LEBA

Wer einen Ferienort an der Ostsee sucht, den er nicht mit Tausenden von polnischen Urlaubern und ihren Familien teilen möchte, einen Ort, in dem noch eine Kleinstadt-Atmosphäre vorherrscht und die Umgebung noch relativ unberührt ist, der trifft mit Leba wahrscheinlich eine richtige Wahl. Der Strand hier erstreckt sich in beide Richtungen so weit das Auge reicht. Nur einige alte Villen sind durch den Wald zu sehen, der bis zu den Sanddünen reicht. Anders als im verschmutzten Wasser in der Gegend von Gdańsk (Danzig) können Sie hier in der offenen Ostsee problemlos schwimmen.

PRAKTISCHE HINWEISE

Orientierung: Sowohl Züge als auch Busse von Lebork (Lauenburg) fahren bis zur Endhaltestelle Bahnhof Leba. Das ist zwei Blocks westlich der ulica Kosciuzki, der wichtigsten Hauptstraße der Stadt. Diese Geschäftsstraße verläuft einige hundert Meter in Richtung Norden, dann über den Kanal und endet schließlich in einem Park, hinter dem das Meer beginnt.

SEHENSWÜRDIGKEITEN

Leba ist nur ein kurzes Stück von der Leba entfernt, die durch den Lebsko-See fließt und dann ins Meer mündet. Kurz vor Einbruch der Dunkelheit gehen die Menschen häufig zur Flußmündung, um den Fischern zuzusehen und den Sonnenuntergang zu beobachten. Der Fluß teilt Leba in zwei Hälften. Die Stadt befindet sich abgelegen hinter dem östlichen Strand. Der breite, weiße Sandstrand am Westufer des Flusses wird weit seltener besucht und erstreckt sich auf einer Breite von 75 m zurück bis zu den Dünen. Das ist einer der schönsten Strände der ganzen Ostseeküste.

Weiter im Westen der Stadt und des Flusses trennt eine Sandbank mit weißen, von Kiefern bewachsenen Dünen den seichten Lebsko-See von der Ostsee. Hier liegt der Slowinski-Nationalpark, in dem die größten Wanderdünen von ganz Osteuropa eine erstaunliche Wüstenlandschaft bilden. Während des Zweiten Weltkrieges bereitete sich das Afrikakorps von Rommel in dieser Wüste auf den Einsatz vor. Noch heute liegt eine kleine polnische Militärbasis inmitten der Dünen versteckt. Von hier aus wurden auch die V 1-Raketen auf England abgefeuert. Reste der alten Abschußrampen sind noch zu sehen.

Die Straße, die in den Park führt, verläuft entlang des Nordufers des Lebsko-Sees bis zum 2 1/2 km entfernten Eingangstor zum Rabka-Park. Für Fußgänger ist der Eintritt kostenlos, während für Autos 1,25 US $ zu zahlen sind. Allerdings ist das Tor von Oktober bis

April geschlossen. Dann sind es noch weitere 4 1/2 km bis Wydmy Ruchome, an dem der Kraftfahrzeugverkehr endet. Im Juli und im August besteht alle 2 Stunden auch eine Busverbindung von Leba nach Wydmy Ruchome (7 km). Vom Ende der Straße sind es noch einmal zwei Stunden zu Fuß bis zu einer beeindruckenden, fast 50 Meter hohen Sanddüne, die man einfach erklettern muß, um den schönen Blick über die Wüste, den See, das Meer und den Wald zu genießen. Es besteht die Möglichkeit, am Strand zurück nach Leba zu wandern und unterwegs eine Pause zum Schwimmen einzulegen. Das ist eine Gelegenheit, die sich in der Sahara nicht bietet.

UNTERKUNFT

Am besten ist, Sie versuchen zuerst im Dom Wycieczkowy des PTTK in der ulica 1-go Maja 6, an der Ecke der ulica Kosciuszki, eine Unterkunft zu bekommen. Das ist nur zwei Blocks vom Bahnhof entfernt. Für ein Einzel- oder Doppelzimmer mit Bad (aber ohne heißes Wasser) zahlt man in diesem Haus 5 US $. Falls hier nichts frei ist, können Sie es auch im Drei-Sterne-Hotel Morska neben dem Kino, zwischen der Stadt und dem Strand, versuchen, in dem für ein Einzel- oder Doppelzimmer pro Nacht 7 US $ berechnet werden.

Der Intercamp-Campingplatz liegt fünf Minuten westlich vom Bahnhof (ausgeschildert) und bietet für 1,25 US $ pro Person einen Zeltplatz sowie für 5 US $ Zimmer (bis zu drei Personen) in einem zentralen Gebäude.

Es gibt noch zwei weitere Campingplätze, und zwar einige hundert Meter weiter westlich (nach rechts) mit mehr Schatten und näher am Strand gelegen. Zuerst kommt man zum Campingplatz Przymorze Nr. 21, der auch als örtliche Zimmervermittlung (Biuro Zakwaterowan) dient. Der zweite Platz wird von der PTTK betrieben und bietet zahlreiche hübsche, kleine Holzhütten mit jeweils drei Betten zwischen den Kiefern, die für 4 US $ vermietet werden. Alle Plätze sind von Mitte Mai bis Mitte September geöffnet. An einem heißen Sommerwochenende ist allerdings jedes Bett in Leba von Besuchern aus den drei größeren Städten in der Nähe belegt, so daß Sie dann ein Zelt greifbar haben sollten.

ESSEN

Das Restaurant Morska im gleichnamigen Hotel ist die beste Wahl, um essen zu gehen. Allerdings erhält man in Leba nirgendwo vor 9.00 Uhr ein Frühstück, so daß es sich empfiehlt, am Abend vorher etwas einzukaufen.

AN- UND WEITERREISE

Sie erreichen Leba mit einem Zug, müssen allerdings in Lebork (Lauenberg) umsteigen, wenn Sie die Hauptstrecke von Szczecin (Stettin) nach Gdańsk (Danzig) nehmen. Es verkehrt jedoch nur alle drei bis vier Stunden ein Zug von Lebork (Lauenburg) nach Leba. Wer Pech und nicht sofort Anschluß hat, der sollte zum Busbahnhof gegenüber vom Bahnhof gehen, von dem aus etwa stündlich, wenn nicht noch häufi-

ger, Busse nach Leba fahren (0,50 US $). Täglich verkehren zudem mehrere Direktbusse von Gdynia (Gdingen) nach Leba (59 km).
Der *Posejdon-* und der *Slupia-Express* verkehren täglich das ganze Jahre über zwischen Warszawa (Warschau) und Lebork (Lauenburg) und legen die 143 km lange Strecke in 5 Stunden zurück. Der *Posejdon* fährt in Warszawa (Warschau) am frühen Morgen und in Lebork (Lauenburg) am späten Nachmittag ab, während der *Slupia-Express* umgekehrt Warszawa (Warschau) am späten Nachmittag und Lebork (Lauenburg) am Morgen verläßt. Beide Züge fahren über Gdynia (Gdingen), Gdańsk (Danzig) und Malbork (Marienburg). Eine Reservierung ist erforderlich.

GDYNIA (GDINGEN)

Das urbane Gebiet mit den drei Städten Gdynia (Gdingen), Sopot (Zoppot) und Gdańsk (Danzig) erstreckt sich 30 km entlang der Westseite der Danziger Bucht an der Ostsee. Gdynia (Gdingen), die nördlichste der drei Städte, ist der Heimathafen eines großen Teils der polnischen Handels- und Fischereiflotte. Anders als bei Gdańsk (Danzig), das an einem Fluß liegt, handelt es sich bei Gdynia (Gdingen) um einen echten Seehafen mit Blick auf das offene Meer, Matrosen auf den Straßen und Möwen in der Luft.
Im Jahre 1922 beschloß das polnische Parlament den Bau eines Hafens an dieser Stelle, an der sich damals nur ein kleines Fischerdorf befand, um Polen einen Zugang zum Meer zu verschaffen, als Danzig noch eine Freie Stadt war. Mit Hilfe von französischem Kapital war Gdynia (Gdingen) bis zum Ausbruch des Zweiten Weltkrieges einer der größten Häfen an der Ostsee geworden. Anders als die meisten der übrigen Städte an der Nordküste, die deutschen Ursprungs sind, ist Gdynia (Gdingen) durch und durch polnisch.

SEHENSWÜRDIGKEITEN

Die Sehenswürdigkeiten am breiten Hauptpier von Gdynia (Gdingen), dem Nabrzeze Pomorskie, weisen zur Danziger Bucht. Ein langer, schöner Fußgängerweg führt vorbei an Museumsschiffen, Fähranlegern, einem Aquarium und schließlich einem Denkmal für den Schriftsteller Joseph Conrad. Im Sommer fahren von hier aus Ausflugsboote nach Hel (Hela).
Zwei historische Museumsschiffe (montags geschlossen) liegen am Pier. Das eine davon, die *Blyskawica,* ein Kriegsschiff aus dem Zweiten Weltkrieg, liegt hier fest vor Anker. Das andere, die *Dar Pomorza,* ein Dreimaster-Segelschiff, wurde 1909 in Hamburg gebaut und damals auf den Namen *Prinzessin Eitel* getauft. 1919 erhielt Frankreich das Schiff als Reparationsleistung

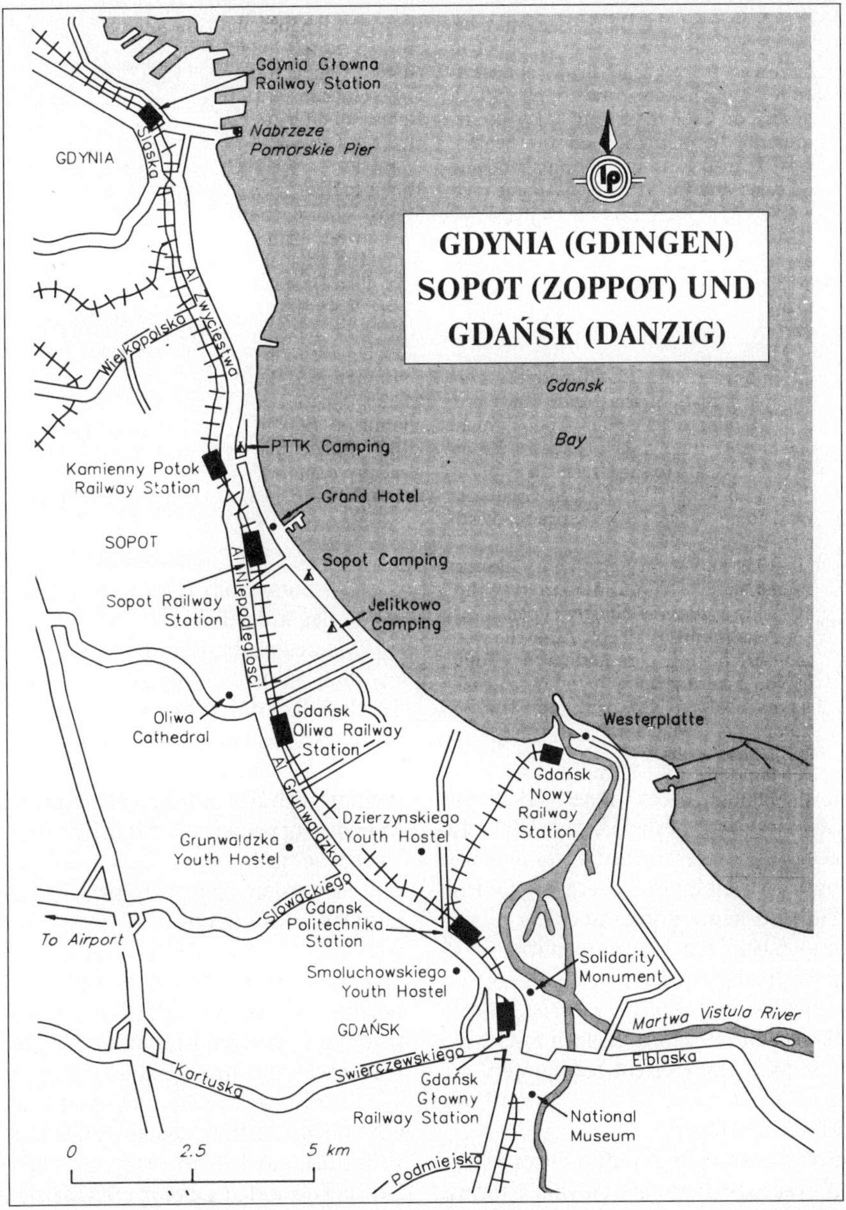
GDYNIA (GDINGEN)
SOPOT (ZOPPOT) UND
GDAŃSK (DANZIG)
Gdynia Głowna
Railway Station
Nabrzeze
Pomorskie Pier
GDYNIA
Slaska
Al Zwyciestwa
Wielkopolska
Gdansk
Bay
PTTK Camping
Kamienny Potok
Railway Station
Grand Hotel
SOPOT
Sopot Camping
Al Niepodleglosci
Sopot Railway
Station
Jelitkowo
Camping
Oliwa
Cathedral
Gdańsk
Oliwa Railway
Station
Westerplatte
Gdańsk
Nowy
Railway
Station
Al Grunwaldzka
Dzierzynskiego
Youth Hostel
Grunwaldzka
Youth Hostel
Slowackiego
Gdansk
Politechnika
Station
To Airport
Smoluchowskiego
Youth Hostel
Solidarity
Monument
Martwa Vistula River
GDAŃSK
Elblaska
Kartuska
Swierczewskiego
Gdańsk
Głowny
Railway Station
National
Museum
0
2.5
5 km
Podmiejska

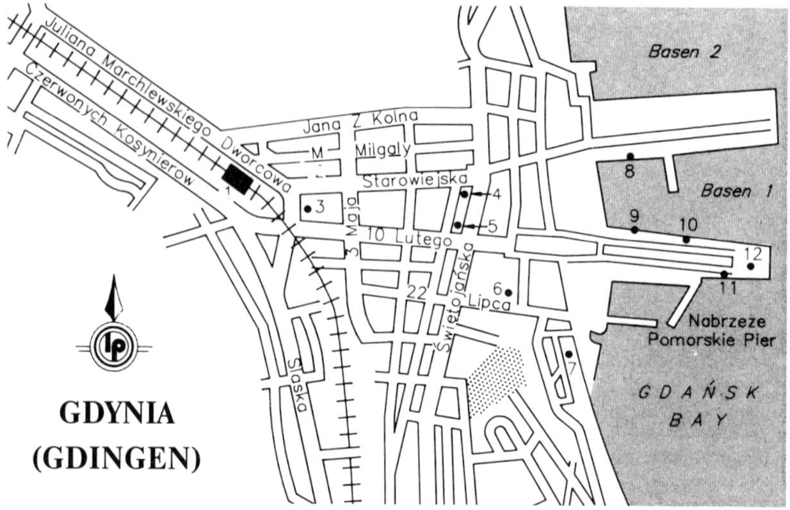

GDYNIA (GDINGEN)

1. Bahnhof Gdynia Glowna
3. Biuro Zakwaterowan
4. Hotel Bristol
5. Milchbar Ekspres
6. Hotel Gdynia
7. Schiffahrtsmuseum
8. Anleger für Fischerboote
9. Museumsschiff *Blyskawica*
10. Anleger der Fähren
11. Meeresmuseum und Aquarium
12. Joseph-Conrad-Denkmal

und verkaufte es Polen 1929 als Übungsschiff für die Marine. Während der Kriegsjahre wurde die *Dar Pomorza* nach Stockholm in Sicherheit gebracht. Sie wird heute immer noch als Ausbildungsschiff der Marine genutzt, ist jedoch häufig auf Reisen, um Flagge zu zeigen, so daß es nicht sicher ist, daß Sie das Schiff bei einem Besuch in Gdynia (Gdingen) zu Gesicht bekommen.

UNTERKUNFT

Privatzimmer: In der ulica Dworcowa 7, unweit des Bahnhofs Gdynia Glowna, befindet sich ein Biuro Zakwaterowan, in dem Doppelzimmer für mindestens zwei Übernachtungen für 8 US $ vermittelt werden. Einzelzimmer sind allerdings nicht erhältlich.

Hotels: Im Hotel Bristol, einem Hotel im alten Stil, das günstig in der ulica Starowiejska 1 gelegen ist, werden für eine Übernachtung mit Badbenutzung 9 US $ berechnet. Im Preis inbegriffen ist ein nicht gerade appetitanregendes Frühstück aus kaltem Fisch mit Chili-Sauce. Es handelt sich um ein Quartier, das vielleicht einem Seemann nach einer langen Reise gefällt, aber dessen bodenständige Atmosphäre sonst nur entbehrungsbereite Reisende ansprechen mag, die die üblichen Hotels meiden wollen.

Die Zimmerpreise im modernen, 12-stöckigen Orbis-Hotel Gdynia beginnen bei nur 12 bzw. 17 US$ für ein Einzel- bzw. Doppelzimmer, auch wenn die meisten Räume weitaus teurer sind.

ESSEN

Die Küche im Restaurant des Hotels Bristol in der ulica Starowiejska 1 ist gut (das Frühstück ausgenommen). Hier gibt es auch eine Bar. In der Milchbar Ekspres in der ulica Swietojanska 16, nicht weit entfernt und zu finden zwischen dem Hotel Bristol und dem Pier, gibt es preiswertes Essen mit Selbstbedienung.

UNTERHALTUNG

Das Musical-Theater am Plac Grundwaldzki 1 liegt in der Nähe des Hotels Gdynia.

AN- UND WEITERREISE

Alle Fernzüge in das Gebiet der drei Städte an der Küste halten in Gdynia (Gdingen), Sopot (Zoppot) und Gdańsk (Danzig). Die Züge in Richtung Süden werden im allgemeinen in Gdynia (Gdingen) eingesetzt, die nach Szczecin (Stettin) dagegen in Gdańsk (Danzig). Informationen über einige dieser Verbindungen sowie über die Nahverkehrszüge für Pendler finden Sie im Abschnitt über Gdańsk (Danzig) weiter unten.

Der Busbahnhof befindet sich vor dem Bahnhof Gdynia. Busfahrkarten erhalten Sie an der Kasy PKS ganz in der Nähe des Schalters für Zugplatzreservierungen im Bahnhofsgebäude. Zu den Verbindungen, die für Besucher wahrscheinlich interessant sind, gehören die nach Hel (Hela) und Leba sowie nach Swinoujscie (Swinemünde) mit einem Nachtbus.

Der Pier (Dworzec Morski), an dem mehrere internationale Fähren anlegen, befindet sich einige Kilometer nordöstlich des Bahnhofs. Dorthin oder von dort nehmen Sie am besten ein Taxi.

HEL (HELA)

Hel (Hela), ein typisches Fischerdorf an der Ostseeküste, nahe der Spitze der schmalen Halbinsel, die die Danziger Bucht vom offenen Meer trennt, ist der bevorzugte Ausflugsort für die Bewohner der drei Städte und ihrer Umgebung.

SEHENSWÜRDIGKEITEN UND UNTERNEHMUNGEN

Das örtliche Fischereimuseum befindet sich in einer alten roten Kirche gegenüber vom Hafen. Gleich westlich vom Hafen beginnt ein Strand an der Bucht. Es ist jedoch auch nur wenig mehr als ein Kilometer zu Fuß über die Halbinsel bis zum Strand am offenen Meer.

UNTERKUNFT UND ESSEN

Es gibt zwar keine Hotels in Hel (Hela), aber vielleicht kann man Ihnen im PTTK-Fremdenverkehrsbüro in der ulica Generala Waltera, unweit des Hafens, sagen, wo Sie eine Unterkunft finden könnten. Neben dem Büro der PTTK erhält man in der Kazubska-Bar große Krüge voll mit Faßbier.

AN- UND WEITERREISE

Im Sommer fahren morgens vom Ende des langen, hölzernen Anlegers in Sopot (Zoppot) und weniger häufig von Gdańsk (Danzig) und Gdynia (Gdingen) Ausflugsboote nach Hel (Hela). In Gdańsk (Danzig) werden die Fahrkarten in der ulica Wartka 4 am Ufer verkauft. An Bord bekommt man in einer kleinen Bar Kaffee oder auch Bier. Das offene Deck hinten läßt die Fahrt sehr angenehm werden.

Es ist erholsam, mit einem Schiff nach Hel (Hela) zu fahren, aber leider hat man nach Ankunft nur eineinhalb Stunden Aufenthalt bis zum Beginn der Rückfahrt. Das genügt für einen Spaziergang durch die Stadt und um etwas zu trinken. Wer jedoch mehr Zeit hier verbringen möchte, der muß zurück einen Zug nehmen. Das ist unproblematisch, da Nahverkehrszüge etwa viermal täglich zwischen Hel (Hela) und Gdynia (Gdingen) sowie siebenmal täglich zwischen Hel (Hela) und Reda pendeln. Von dort haben Sie Anschluß nach Gdynia (Gdingen) und Gdańsk (Danzig). Mit einem Zug benötigt man von und nach Gdynia (Gdingen) über zwei Stunden, während ein Boot für die Fahrt nur eine Stunde braucht.

SOPOT (ZOPPOT)

Sopot (Zoppot), im Süden von Gdynia (Gdingen) gelegen und von dort mit der Stadtbahn zu erreichen, ist seit 1823, als Jean Haffner, der Arzt von Napoleon, hier Bäder erbauen ließ, das vornehmste Seebad von Polen. Während der Zwischenkriegszeit gehörte es zur Freien Stadt Danzig und wurde erst 1945 Polen zugesprochen. Sopot (Zoppot) bietet eine wesentlich größere Fülle an preiswerten Unterkünften als Gdańsk (Danzig) oder Gdynia (Gdingen). Die Atmosphäre in diesem Seebad läßt einen Aufenthalt ganz angenehm werden. Mehrere teurere Hotels reihen sich am weißen Sandstrand entlang, der sich von Jelitkowo weit nach Norden zieht. Preiswerte Unterkünfte sind jedoch ebenfalls zu finden. Leider fließen mit der Wisla (Weichsel) jedes Jahre Tausende von Tonnen Abwässer in die Danziger Bucht, so daß es sich nicht empfiehlt, hier zu schwimmen.

PRAKTISCHE HINWEISE

Orientierung: Wenn Sie vom Bahnhof aus nach links gehen, erreichen Sie in wenigen Minuten die Bohaterów Monte Cassino, die schöne Fußgängerzone von Sopot (Zoppot), die direkt zur Mole führt. Das ist Polens längster Anleger, der 512 m weit in die Danziger Bucht hineinragt. Nördlich des Anlegers und des Grand Hotels verläuft die Küstenpromenade, und hinter der Stadt, im Westen des Bahnhofs, beginnt ein großer Wald.

Informationen: Das PTTK-Büro befindet sich in der Bohaterów Monte Cassino 31.

UNTERKUNFT

Zelten: Am günstigsten gelegen von den Campingplätzen der Dreistadt ist der Campingplatz Jelitkowo (Tel. 53 27 31) in der Nähe des Strandes zwischen Gdańsk (Danzig) und Sopot (Zoppot), ca. sieben Minuten zu Fuß von den Endhaltestellen der Straßenbahnlinien 2, 4 und 6 entfernt. Wer hier zelten will (eigenes Zelt), zahlt 2,50 US $ pro Person und 1,50 US $ pro Zelt. Für eine Übernachtung in einem der 25 Dreibettbungalows werden 16 US $ verlangt. Der Platz ist von Mai bis September geöffnet.

Der Campingplatz Sopot in der ulica Bitwy Pod Plowcami 79, ca. einen Kilometer nördlich von Jelitkowo an der Hauptstraße, der von Juni bis August geöffnet ist, bietet zwar keine Bungalows, liegt jedoch näher am Strand.

Auf dem PTTK-Campingplatz, nur fünf Minuten zu Fuß vom Bahnhof Sopot Kamienny Potok entfernt, kann man ebenfalls nur zelten (keine Bungalows). Die Ausstattung ist einfach, und im Sommer kann es hier sehr voll werden (geöffnet von Juni bis September).

Hotels und Privatzimmer: Im Hotel Dworcowy unweit des Bahnhofs von Sopot (Zoppot) kosten die Einzel- bzw. Doppelzimmer ohne Bad und Frühstück 5 bzw. 8 US $ pro Tag. Im Biuro Zakwaterowan neben dem Dworcowy werden Privatunterkünfte vermittelt. Wenn Ihnen hier nicht geholfen werden kann, sollten Sie ein wenig vor dem Büro mit Ihrem Gepäck in der Hand und verloren schauend warten, bis jemand auf Sie zukommt.

Im Hotel Irena in der ulica Chopina 36, einer großen Villa, auf die man stößt, wenn man die Anhöhe vom Bahnhof Sopot hinuntergeht, werden Einzel- bzw. Doppelzimmer ohne Bad oder Frühstück für 7 bzw. 10 US $ angeboten. Der Sex-Shop im Hotelgebäude mag Sie interessieren oder nicht, in jedem Fall brauchen Sie sich keine Sorgen zu machen, denn das Haus selbst ist anständig.

Das PTTK Dom Turysty hinter dem PTTK-Campingplatz in der Nähe des Bahnhofs Sopot Kamienny Potok ist nicht ganz billig, denn die Einzel- bzw. Doppelzimmer mit Bad im neueren Pavillon A kosten 17 bzw. 27 US $ und im älteren Pavillon B 12 bzw. 23 US $. Für ein Doppelzimmer ohne Bad zahlt man in beiden Gebäuden 12 US $. Das einzige Einzelzimmer im Pavillon A wird für 7 US $ vermietet. Die Preise gelten ohne Frühstück. Häufig ist das Haus durch Gruppen ausgebucht, denen ermäßigte Preise eingeräumt werden.

Das nahegelegene Hotel Maryla in der ulica Sepia 22 ist mit Doppelzimmern ohne Frühstück für 23 US $ recht nobel (keine Einzelzimmer). Zur Anlage gehören auch eine Bar und ein Restaurant. Das Maryla erinnert ein wenig an einen Country-Club, aber nicht nur Yuppies wird es hier gefallen. Im Juli und im August werden auch Bungalows vermietet.

Falls der Preis für Sie keine Rolle spielt, sollten Sie sich für das Grand Hotel (4 Sterne) entscheiden, das am Anleger direkt am Strand von Sopot (Zoppot) liegt. Dieses im Neo-Barock erbaute Haus aus dem Jahr 1926 mit 118 Zimmern ist 10 Minuten zu Fuß vom Bahnhof entfernt. Die Preise für ein Einzel- bzw. Doppelzimmer mit Frühstück liegen zwischen 10 bzw. 14 US $ und 89 US $ für eine Zwei-Personen-Suite mit Blick auf das Meer. Im Juli und im August verdoppeln sich diese Preise noch. Im Hotel befindet sich auch ein Spielkasino. Das Grand Hotel gehört zu den Häusern, in denen man erwarten könnte, die Crème der europäischen Gesellschaft zu treffen, auch wenn man dort heute wahrscheinlich eher von Pauschaltouristen umgeben ist.

ESSEN

Die Milchbar Zdrojowy am Plac Konstytucji 3 Maja, nicht weit vom Bahnhof Sopot (Zoppot) entfernt, ist ein unproblematisches Ziel, um essen zu gehen, da man sich das Essen hier auswählt, bevor man es bezahlt. Im nahegelegenen Restaurant Albatros des Hotels Dworcowy ist das Essen zwar erheblich besser, jedoch auch erheblich teurer. Im eleganten Restaurant des Grand Hotels am Anleger stehen gegrillter Lachs, Räucheraal und *Zrazy* (Steak aus der Lende in einem Laib Brot) auf der Speisekarte. Sopot (Zoppot) lebt vom Tourismus, so daß Sie darauf gefaßt sein sollten, in Bars und Restaurants ein wenig betrogen zu werden.

UNTERHALTUNG

Veranstaltungen finden im Sommer vor allem auf der Freilichtbühne Opera Lesna im Wald statt, etwa 15 Minuten geradeaus nach Westen der Bohaterów Monte Cassino. Im Juli kann man hier an einem Opern- und Musical-Fest und in den letzten 10 Tagen des August an einem internationalen Liederfestival teilnehmen.

Karten für die Veranstaltungen in der Opera Lesna erhalten Sie in der Baltykka Agencja Artystyczna (BART) in der ulica Kosciuszki 61, einige Blocks südlich vom Bahnhof Sopot (Zoppot).

AN- UND WEITERREISE

In Sopot (Zoppot) halten alle Fernzüge. Bei Orbis in der Bohaterów Monte Cassino 49 kann man Auskunft über die Abfahrtszeiten erhalten und Reservierungen für Schlaf- und Liegewagen sowie Sitzplätze vornehmen.

GDAŃSK (DANZIG)

Gdańsk (Danzig), gelegen an der Motlawa (Mottlau), einem stillen Arm der Wisla (Weichsel), ist ca. 4 km von der Küste entfernt. Es ist der größte Hafen Polens, ein bedeutendes Zentrum des Schiffbaus und der Geburtsort der Solidarität. Gdańsk (Danzig) wurde zwar schon im 9. Jahrhundert gegründet, die schöne historische Innenstadt geht jedoch auf die Hansezeit zurück, als das mittelalterliche Gdańsk (Danzig) zu den reichsten Hafenstädten in ganz Europa gehörte und großen Gebieten Zentraleuropas Zugang zur Ostsee bot.
Von 1454 bis 1793 gehörte die Stadt zur polnischen Krone. Die zu großen Teilen deutsche Bevölkerung wurde durch eine weitgehende Autonomie befriedet und erhielt von den polnischen Königen zahlreiche Privilegien. Zu ihren berühmten Bürgern gehörte im 17. Jahrhundert der Astronom Jan Hevelius, nach dem das einheimische Bier benannt worden ist. Der Physiker Daniel Fahrenheit und der Philosoph Arthur Schopenhauer stammen ebenfalls von hier. Nach dem Ersten Weltkrieg entstand durch den Versailler Vertrag die Freie Stadt Danzig unter Aufsicht des Völkerbundes und in einer Zollunion mit Polen, aber mit einer deutschen Dominanz in der städtischen Verwaltung. Was sich zu einer gewinnbringenden Wirtschaftsbeziehung für beide Seiten hätte entwickeln können, scheiterte am kleinlichen Nationalismus.
Um 4.45 Uhr am 1. September 1939 fielen die ersten Schüsse des Zweiten Weltkrieges, als vom Schlachtschiff *Schleswig-Holstein* das Feuer auf ein polnisches Munitionsdepot in Westerplatte nahe Gdańsk (Danzig) eröffnet wurde. Gdańsk (Danzig) wurde während des Krieges zu 55 % zerstört. Der gesamte historische Stadtkern mußte wieder aufgebaut werden, was jedoch so vortrefflich geschah, das man es heute kaum bemerken kann. Aufgrund der Industrialisierung und der rauchenden Schornsteine bildet die Umweltverschmutzung im Zentrum von Gdańsk (Danzig) allerdings ein ernstes Problem.

PRAKTISCHE HINWEISE

Orientierung: Der Danziger Hauptbahnhof, Gdańsk Glowny, ist 10 Minuten zu Fuß von der Innenstadt entfernt. Wenn Sie durch die Unterführung vor dem Bahnhof gehen und dann den Straßenbahnschienen ca. drei Blocks in Richtung Süden folgen, kommen Sie zu einem alten Steintor auf der linken Seite. Biegen Sie dort nach links ab und gehen Sie die ulica Dluga geradeaus bis zum Dlugi Targ, dem alten Marktplatz. Der Busbahnhof befindet sich in der Gegenrichtung im Westen, vom Bahn-

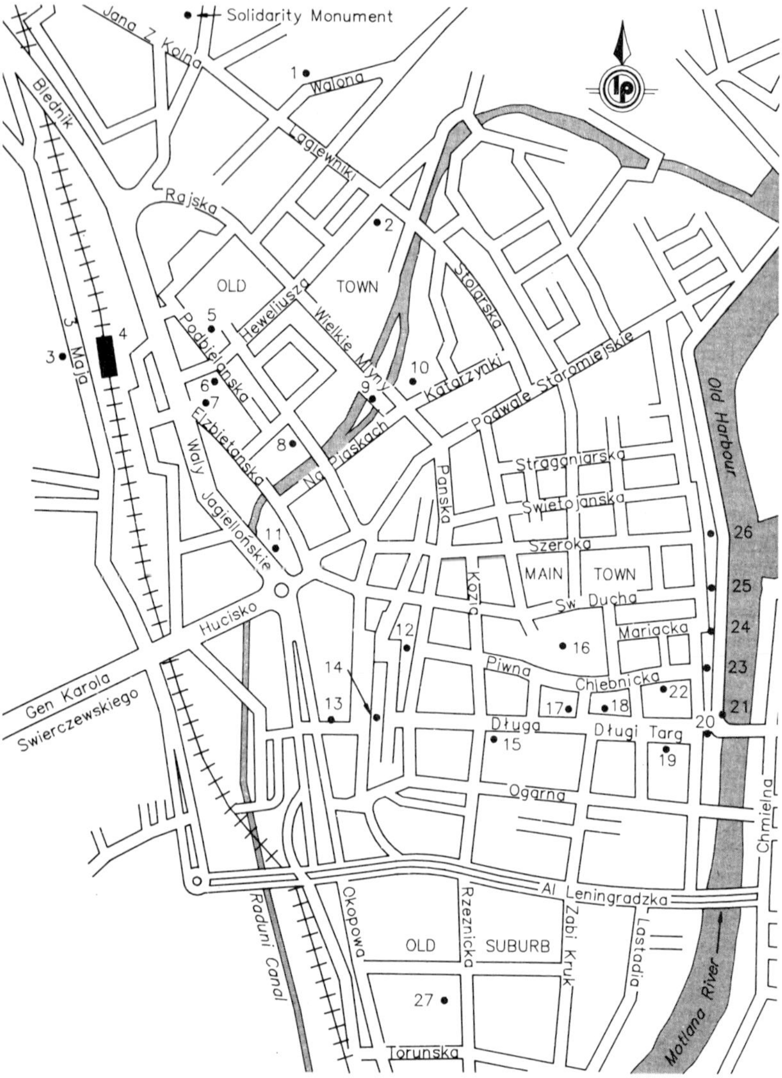

GDAŃSK (DANZIG)

1. Jugendherberge Walowa
2. Hotel Hevelius
3. Busbahnhof
4. Bahnhof Gdańsk Glowny
5. Hotel Monopol und Büro von Orbis
6. Fremdenverkehrsamt
7. Biuro Zakwaterowan
8. Altes Rathaus
9. Große Mühle
10. Katharinenkirche
11. Milchbar Ruczaj
12. Zeughaus
13. Hohes Tor
14. Goldenes Tor
15. Postamt
16. Marienkirche
17. Rathaus
18. Artushof
19. Hotel Jantar und Büro von Almatur
20. Grünes Tor
21. Anleger für Ausflugsschiffe
22. Kawiarnia Flisak
23. Brotbäckertor
24. Frauentor und Archäologisches Museum
25. Heiliggeisttor
26. Krantor und Schiffahrtsmuseum
27. Nationalmuseum

hof aus gesehen auf der anderen Seite des Tunnels.

Die Fähren von und nach Schweden und Finnland legen am Anleger von Polferries in der ulica Przemyślowa 1 im Nowy Port, direkt gegenüber vom Westerplatte-Denkmal, an. Sie erreichen den Anleger mit der Stadtbahn bis zum Bahnhof Gdańsk Brzezno, der Station vor Nowy Port. Die Straßenbahnen der Linien Nr. 7 und 15 von Oliwa aus halten ebenfalls in Gdańsk Brzezno. Wer mit der Fähre ankommt, sollte besser ein Taxi in die Stadt nehmen, da am Bahnhof Gdańsk Brzezno keine Fahrkarten verkauft werden. Es bleibt Ihnen sonst nichts anderes übrig, als einen Kilometer in Richtung Osten bis zum Bahnhof Gdańsk Nowy Port zu gehen.

Informationen: Das Fremdenverkehrsamt befindet sich in der ulica Heweliusza 8, gegenüber vom Bahnhof.

SEHENSWÜRDIGKEITEN

Drei Stadtteile bildeten das mittelalterliche Gdańsk (Danzig): die Altstadt (Stare Miasto), die Rechtstadt (Glowne Miasto) und die Alte Vorstadt (Stare Przedmiescie). Die wichtigsten Straßen der Rechtstadt verlaufen senkrecht zum Hafen, zu dem man durch eine Reihe von Toren gelangt. Bei ihren jährlichen Besuchen betraten die polnischen Könige die Rechtstadt durch das Hohe Tor (1588) sowie das daneben liegende Goldene Tor (1614) und setzten dann ihren Weg auf der ulica Dluga, dem sogenannten „Königsweg", fort.

Der Dlugi Targ (Langer Markt), der historische Markplatz, bildet das Herz des alten Gdańsk (Danzig). Das hohe Rathaus der Rechtstadt aus dem 15. Jahrhundert beherbergt heute in den gotischen Räumen des Gebäudes ein gutes Historisches Museum (montags geschlossen). Vom Turm aus hat man ei-

Neptunbrunnen

nen ausgezeichneten Blick über die Stadt. Im Artushof hinter dem Neptunbrunnen (1613) trafen sich einst die einheimischen Händler. Das Grüne Tor (1568) im Stil der Renaissance am Ostende des Platzes bietet Zugang zum alten Hafen an der Motlawa (Mottlau). Eine Fahrt mit einem der Ausflugsboote, die in der Nähe des Tores ab- und anlegen, ist sehr zu empfehlen (siehe unten).

Geht man am Hafengelände entlang ca. 2 Blocks in Richtung Norden, gelangt man zum Frauentor, in dem heute das Archäologische Museum untergebracht ist (montags geschlossen), und zur ulica Mariacka (Frauengasse), der malerischsten Straße in ganz Gdańsk (Danzig). Sie wird von Bürgerhäusern aus dem 17. Jahrhundert gesäumt. Über die ulica Mariacka kommt man in westlicher Richtung zur gotischen Marienkirche, der größten Backsteinkirche in Polen. Für 0,20 US $ können Sie auf den 78 m hohen Turm steigen.

Weiter in Richtung Westen führt die ulica Piwna (Bierstraße) zum Renaissancebau des Zeughauses (1609). Nach Norden führt der Weg von hier aus geradeaus zur gotischen Katherinenkirche in der Altstadt. Gegenüber der Kirche befindet sich die Große Mühle aus dem 14. Jahrhundert. Direkt hinter der Katharinenkirche liegt die Brigittenkirche (1514), in der Lech Walesa häufig betet. Gelegentlich kann man sonntags um 11.00 Uhr einen Blick auf ihn erhaschen. An der Rückseite der Kirche sind mehrere Denkmäler zu sehen, darunter auch eines für Pater Jerzy Popicluszko.

Die Umgebung von Gdańsk (Danzig): An der Nordseite von Gdańsk (Danzig), am Eingang zur Leninwerft direkt im Nordosten des Danziger Hauptbahnhofs (Gdańsk Glowny), erhebt sich ein hohes Monument aus drei Stahlkreuzen und Ankern, das an die 45 Arbeiter erinnert, die bei den Streiks im Dezember 1970 getötet wurden. Das Denkmal, das 1980 errichtet wurde, stand hier auch in der Zeit des Kriegsrechts. In der Nähe, am Waly Pioastowskie 24, befindet sich die Zentrale der Solidarität. Am Kiosk in der Eingangshalle können Sie

Aufkleber, Anstecknadeln, Kappen und selbst Regenschirme mit der Aufschrift „Solidarnosc" erhalten.
In Oliwa, einem Ort zwischen Gdańsk (Danzig) und Sopot (Zoppot), befindet sich im Park eine Zisterzienserkathedrale aus dem 13. Jahrhundert. Das benachbarte Kloster beherbergt u. a. ein Museum (montags geschlossen). Die Rokoko-Orgel der Kathedrale (1788) gehört zu den besten in ganz Europa, so daß Sie sich nach Konzerten (häufig dienstags im Juli und August) erkundigen sollten. Sie erreichen die Kirche mit einer Straßenbahn der Linien 6, 12 und 15 und mit der Stadtbahn von Gdańsk (Danzig) bis zum Bahnhof Oliwa.
Vom Postamt in der ulica Dluga gelangen Sie nach vier Blocks in Richtung Süden zu einem ehemaligen Franziskanerkloster (1514) in der Alten Vorstadt südlich der Rechtstadt. Das Kloster in der ulica Toruńska 1 in Rzeznicka bietet heute dem Nationalmuseum Platz (montags geschlossen), in dem Porzellan und Gemälde ausgestellt werden. Das wichtigste Werk der Sammlung ist das *Jüngste Gericht* von Hans Memlings.

Ausflugsschiffe: Von April bis Oktober fahren mehrmals am Tag vom Anleger in der Nähe des Grünen Tores in Gdańsk (Danzig) Ausflugsdampfer nach Westerplatte (1 US $). Diese Fahrt gehört zu den schönsten, die man in Polen unternehmen kann. Vom Schiff aus hat man einen ausgezeichneten Blick auf den Hafen von Gdańsk (Danzig). In Westerplatte erinnert ein hohes Mahnmal (1968) an den Widerstand der polnischen Marinegarnison, die sich hier im September 1939 eine Woche gegen die heftigen Angriffe der deutschen Wehrmacht verteidigte. Vom Mahnmal aus hat man ebenfalls einen guten Blick über die Umgebung. Es besteht auch die Möglichkeit, mit einem Bus der Linie Nr. 106 von Gdańsk (Danzig) nach Westerplatte zu fahren.
Von Mitte Mai bis September besteht zudem eine Schiffsverbindung über die Ostsee zwischen Gdańsk (Danzig) und dem Fischerdorf Hel (Hela) auf der gleichnamigen Halbinsel (einfache Fahrt 2 US $). Von Juni bis August kann man mit dem Schiff auch nach Gdynia (Gdingen) oder erst von Gdańsk (Danzig) nach Hel und dann von Hel nach Gdynia (Gdingen) oder Sopot (Zoppot) fahren. Wer in der entsprechenden Zeit in diese Gegend kommt, sollte auf jeden Fall einmal mit dem Schiff hinausfahren.

UNTERKUNFT

Zelten: Falls Sie mit einer der Fähren aus Skandinavien ankommen, liegt der Campingplatz Brzezna in der ulica Karola Marksa 234 (Straßenbahnlinien 7 oder 15 vom Kai) am nächsten.

Jugendherbergen: Im Gebiet von Gdańsk (Danzig) gibt es vier Jugendherbergen, die das ganze Jahre über geöffnet sind. Am günstigsten ist die Jugendherberge in der ulica Walowa 21 gelegen. Das ist ein rotes Backsteingebäude, ein wenig von der Straße zurückversetzt und nur fünf Minuten vom Haupt-

bahnhof entfernt. Es gibt dort jedoch keine Duschen.
Die anderen drei Jugendherbergen befinden sich zwischen Gdańsk (Danzig) und Sopot (Zoppot) und sind zu Fuß nicht zu erreichen. Zur Jugendherberge in der ulica Smoluchowskiego 11 gelangt man mit den Straßenbahnlinien Nr. 2, 9, 12 und 13, deren Haltestellen in der Nähe des Hauses liegen.
Zur Jugendherberge in der Aleje Legionow 11, die sich in einem großen, roten Schulgebäude befindet, fahren Straßenbahnen der Linien Nr. 2, 4, 7 und 8, die vor dem Gebäude halten.
Die sympathische Jugendherberge in der Aleje Grunwaldzka 238-240 ist in einem kleinen Sportkomplex in der Nähe von Oliwa untergebracht. Nehmen Sie am besten die Straßenbahnlinien Nr. 6, 12 oder 15 in Richtung Abrahama und fragen Sie jemanden, wo Sie aussteigen müssen.
Im Studenten-Reisebüro Almatur am Dlugi Targ 11 erhält man Auskunft über die internationalen Studentenhotels, die während der Monate Juli und August eingerichtet werden.

Privatzimmer: Das Biuro Zakwaterowan am Anfang der ulica Elzbietanska und unweit des Hauptbahnhofs (im Sommer täglich von 7.30 Uhr bis 19.00 Uhr geöffnet) vermittelt Einzel- und Doppelzimmer in Privathäusern für 4 bzw. 7 US $ pro Tag. Keines der Zimmer liegt in der Innenstadt, und häufig gibt es keine Einzelzimmer. Vor dem Büro bieten Privatpersonen aber ebenfalls Zimmer an, möglicherweise auch im Zentrum. Die Preise erreichen jedoch das Doppelte der vom Büro vermittelten Unterkünfte.

Hotels: Im Hotel Jantar am Dlugi Targ 19, das man fast schon als einziges Hotel der Mittelklasse in Gdańsk (Danzig) bezeichnen kann, kosten die Einzel- bzw. Doppelzimmer ohne Bad oder Frühstück 6 bzw. 9 US $ pro Tag. Für ein Doppelzimmer mit Bad werden 10 US $ verlangt. Zentraler kann man nicht wohnen. Wenn Sie hier etwas bekommen, können Sie froh sein.
Polens ungewöhnlichste Unterkunft bietet die blau-weiße Barkasse, die an der ulica Wartka im alten Hafen von Gdańsk (Danzig) vor Anker liegt, und zwar dort, wo der Raduni-Kanal in die Motlawa (Mottlau) mündet. Für 7 US $ pro Person und Tag kann man hier eine Koje mieten.
Das moderne Hotel Mesa in der ulica Waly Jagiellonskie 38, in der Nähe des Bahnhofs, ist mit 34 bzw. 45 US $ für ein Einzel- bzw. Doppelzimmer mit Bad, aber ohne Frühstück, überteuert. Noch anmaßender sind die Preise im 20stökkigen Orbis-Hotel Hevelius (54 bzw. 75 US $ für ein Einzel- bzw. Doppelzimmer). Die Hotelpreise im Gebiet der Dreistadt sind von April bis Oktober am niedrigsten.

ESSEN

In der Milchbar Neptun (ulica Dluga 32-34) werden herzhafte und preiswerte Gerichte im Cafeteria-Stil angeboten. Gegrilltes Fleisch, wie Gyros, Shish Kebab, Hamburger und Cheeseburger, er-

halten Sie an der Selbstbedienungstheke der Itaca Bar in der ulica Dluga 18. Im Restaurant Gedania (ulica Dluga 75) wird am Tisch bedient. Hier gibt es auch Bier und abends nach 20.00 Uhr Live-Musik.
Die Küche des Restaurants im Untergeschoß des Hotel Jantar am Dlugi Targ 19 ist unkompliziert und füllt den Magen. Eine ausgezeichnete Pizzeria (mit Spaghetti auf der Speisekarte!) finden Sie in der ulica Piwna 51, ein kleines Stück weiter oben auf der Straße, die an der Marienkirche vorbeiführt.
Das Pod Lososiem in der ulica Szeroka 52 ist das berühmteste Restaurant in Gdańsk (Danzig). Hier ist Seefisch die Spezialität, wie schon das Foto eines Lachses im Fenster vermuten läßt. Wer hier essen möchte, sollte sich gut anziehen und versuchen, einen Platz reservieren zu lassen.
Die Milchbar Ruczaj in der ulica Waly Jagiellonskie 8, nicht weit vom Bahnhof entfernt, eignet sich gut für ein Frühstück. Sowohl die Klöße als auch die Pilze sind zu empfehlen. Sehen Sie sich am besten an, was die Einheimischen nehmen.

Cafés: Das Café Palowa im Untergeschoß des Rathauses der Rechtstadt am Dlugi Targ ist ein schöner Ort, um sich etwas zu setzen und zu lesen oder ein Stück Kuchen oder Eis zu essen. Im Kawiarnia Flisak in der ulica Chlebnicka 10/11 erhält man Getränke zu vernünftigen Preisen und trifft häufig freundliche Einheimische (täglich von 14.00 bis 2.00 Uhr geöffnet).

UNTERHALTUNG

Werfen Sie am besten einen Blick in die Lokalzeitungen und erkundigen Sie sich im Fremdenverkehrsamt nach Veranstaltungen. Das Theater Wybrzeze in der ulica Sw. Ducha 2 befindet sich hinter dem Zeughaus der Rechtstadt. Die Baltische Staatsopern- und Konzerthalle in der Aleje Zwyciestwa 15 ist nicht weit vom Bahnhof Gdańsk Politechnika entfernt gelegen.
Bedeutende Veranstaltungen, nach denen es sich zu erkundigen lohnt, sind die Danziger Tage im Juni, die Internationalen Kirchenchortreffen von Juni bis August, das Internationale Fest der Orgel- und Kammermusik im Juli und August sowie die Dominikanermesse im frühen August und das Festival des polnischen Spielfilms im September.

AN- UND WEITERREISE

Zug: Direkte Zugverbindungen bestehen zwischen Gdańsk (Danzig) und Berlin-Lichtenberg (über Szczecin/Stettin), Poznań (Posen), Szczecin (Stettin), Wroclaw (Breslau), Warszawa (Warschau) sowie Olsztyn (Allenstein). Liegewagen führen die Züge nach Warszawa (Warschau), Szczecin (Stettin) und Berlin. Die notwendigen Reservierungen kann man bei Orbis im Hotel Monopol in der Nähe des Bahnhofs vornehmen.
Der *Neptun*- und der *Kaszub-Express* verkehren das ganze Jahr über zwischen Warszawa (Warschau) und Gdańsk (Danzig) und benötigen für die 333 km lange Strecke 3 1/2 Stunden. Der *Neptun* fährt morgens in Warszawa

(Warschau) und abends in Gdańsk (Danzig) ab, der *Kaszub* am späten Nachmittag in Warszawa (Warschau) und morgens in Gdańsk (Danzig). Von Mitte Juni bis zum August besteht mit dem *Lajkonik-Express* auch eine Direktverbindung zwischen Kraków (Krakau) und Gdańsk (Danzig). Für die 621 km braucht dieser Zug 7 Stunden. Der Zug verläßt Kraków (Krakau) am frühen Morgen und Gdańsk (Danzig) am Nachmittag. Die hier angeführten Züge halten auch in Sopot (Zoppot) und Gdynia (Gdingen). Reservierungen sind erforderlich.

Fähren: Große Autofähren laufen ein- bis zweimal pro Woche das ganze Jahr über aus Oxelösund in Schweden und Helsinki in Gdańsk (Danzig) ein. Die Fahrkarten für die Fähren erhalten Sie im Orbis-Büro im Hotel Monopol.

NAHVERKEHR

Straßenbahn und Zug: Die Verkehrsverbindungen in dieser Region sind gut. Straßenbahnen bringen Sie von Gdańsk (Danzig) aus in Richtung Norden nach Oliwa und Jelitkowo. Nach Westerplatte gelangen Sie mit einem Bus oder Schiff. Preiswerte Nahverkehrszüge verkehren ununterbrochen zwischen Gdańsk (Danzig), Sopot (Zoppot), Gdynia (Gdingen) und Weijherowo. In Rede haben Sie Anschluß nach Hel (Hela). Die Fahrkarten sind an Automaten erhältlich.

MAZURY (MASUREN)

Mazury (Masuren) erstreckt sich von der Wisla (Weichsel) bis zur sowjetischen Grenze nördlich der masowischen Ebene. Hier ließen skandinavische Gletscher eine typische Moränenlandschaft entstehen. Daher sind viele der 3.000 Seen durch Flüsse und Kanäle miteinander verbunden und bilden ein System aus Wasserstraßen, das bei Seglern äußerst beliebt ist. Die Ufer mit den zahlreichen Halbinseln, Landzungen und kleinen vorgelagerten Inseln sind von niedrigen Bergen und Wäldern umgeben, die die malerische Seenplatte um Olsztyn (Allenstein), Mikolajki (Nikolaiken) und Suwalki im Nordosten von Polen zu einem der schönsten und vielfältigsten Urlaubsgebiete des Landes machen. Dazu trägt noch die große Anzahl faszinierender historischer Zeugnisse bei.

GESCHICHTE

In der Geschichte bildeten das Ermland und Masuren bis 1945 die südliche Hälfte des deutschen Ostpreußen (die nördliche Hälfte ist heute Teil der Sowjetunion). Ursprünglich von Stämmen der heidnischen Pruzzen bewohnt, wurde das Gebiet im 13. Jahrhundert vom Deutschen Orden erobert, der vom polnischen Herzog Konrad von Masowien 1225 ins Land gerufen wurde. Der Deutsche Orden sollte die baltischen Stämme bekehren oder vertreiben. Statt dessen gründete er jedoch einen mächtigen religiösen Staat an der nordöstlichen Grenze von Polen.

Die Schlacht von Grunwald im Jahre 1410 wurde zu einer zentralen Machtprobe zwischen dem Orden und der polnischen Krone. Der Niederlage des Ordens bei dieser Schlacht folgten weitere, lange Kriege, die zum Frieden von Thorn führten (1466), bei dem die Ordensritter große der bisher von ihnen kontrollierten Gebiete abtreten mußten. Das Ermland, die Gegend zwischen Olsztyn (Allenstein) und Frombork (Frauenburg), gelangte dadurch für mehr als drei Jahrhunderte zu Polen. In dieser Epoche lebte der berühmte polnische Astronom Kopernikus im Ermland, dessen Spuren wir heute von Olsztyn (Allenstein) nach Lidzbark Warmiński (Heilsberg) und Frombork (Frauenburg) verfolgen können. Kopernikus, der in Toruń (Thorn) geboren wurde und in Kraków (Krakau) studierte, verbrachte die letzten 40 Jahre seines Lebens im Ermland.

Im 16. Jahrhundert fiel Masuren unter die Herrschaft der Hohenzollern von Brandenburg. 1771 wurde das Ermland vom Königreich Preußen annektiert. Bei einer Volksabstimmung im Jahre

1918 sprachen sich die Bewohner im Ermland und in Masuren für die weitere Zugehörigkeit zu Deutschland aus, während das Gebiet um Suwalki an Polen ging. Im Zweiten Weltkrieg zogen die Nazis in Masuren starke Truppen zusammen, das zu einer Basis für Hitlers Eroberungsträume wurde. Diese Politik brachte sieben Jahrhunderte deutscher Beteiligung an der Geschichte dieses Gebietes zu einem schändlichen Ende. Selbst heute ist der lutherische Protestantismus in Zentral-Masuren noch lebendig, während das Ermland fester im Katholizismus verwurzelt ist.

MALBORK (MARIENBURG)

Von 1309 bis 1457 war Malbork (Marienburg) die Hauptstadt des Deutschen Ordens und eine der größten mittelalterlichen Festungen in Europa. Der Deutsche Orden mit weißen Umhängen und schwarzen Kreuzen war für den Dritten Kreuzzug (1198) entstanden und wurde neben den Templern und den Hospitalitern einer der drei großen militärischen und religiösen Orden dieser Epoche. Als 1271 die Burg Monfort in Palästina verlorenging, machte sich der Orden auf die Suche nach einem neuen Stammsitz.

1276 begann man mit dem Bau der Marienburg, und schon im Jahre 1309 wurde die Residenz des Großmeisters von Venedig dorthin verlegt. Die anhaltenden Streitigkeiten mit Polen und Litauen um Land gipfelten 1410 in der Schlacht bei Tannenberg (heute Grunwald). Der Orden wurde geschlagen, hielt jedoch die Burg noch bis zum Jahre 1457. Von 1772 bis 1945 gehörte die Marienburg zu Preußen und zum Deutschen Reich. Nachdem in den Jahren vor dem Ersten Weltkrieg umfangreiche Restaurierungsarbeiten durchgeführt worden waren, galt die Marienburg eine Zeit lang als das romantische Symbol des mittelalterlichen Deutschland. Nach dem Zweiten Weltkrieg führte die polnische Regierung die Anstrengungen zur Bewahrung dieses großen Denkmals der gotischen Kultur fort. Das Museum wurde im Jahre 1960 eröffnet.

SEHENSWÜRDIGKEITEN

Die Marienburg, von der aus man einen schönen Blick über die Nogat hat, den östlichen Arm der Weichsel, wurde während des Krieges stark beschädigt, ist aber inzwischen in großem Umfang restauriert worden. Die Anlage besteht aus der Vorburg mit den Zeughausgebäuden (zwischen der Eisenbahnlinie und dem Haupttor), der Mittleren Burg aus dem 14. Jahrhundert, in dem der Großmeister lebte, und der Hochburg aus dem 13. Jahrhundert.

Über den ersten Hof gelangen Sie zu einem hervorragenden Bernsteinmuseum. In den Räumen, die zum zweiten Hof weisen (Hochburg), sind auf drei Stockwerken Ausstellungsstücke zu sehen. Einer der Säle beherbergt eine ausgezeichnete Sammlung von Waffen aus dem 15.-17. Jahrhundert mit Einlegearbeiten. In der entgegengesetzten Ecke führt ein Durchgang zum Dansker-Turm. Ja, das große Loch im Fußboden war die Toilette!

Wenigstens vier Stunden benötigt man, um dieses beeindruckende Monument der Geschichte zu besichtigen (in den Monaten Mai bis September von 8.30 bis 17.00 Uhr und von Oktober bis April von 9.00 bis 14.30 Uhr geöffnet, montags geschlossen). Früher konnte man auf eigene Faust durch die Anlage wandern, aber eine neue Regelung sieht heute einen obligatorischen Anschluß an eine Gruppe mit einem langweiligen, nur polnisch sprechenden Führer vor, der die Anziehungskraft der Marienburg für ausländische Besucher erheblich mindert. Wer nicht willens ist, 10 US $ für eine Führung in deutscher oder englischer Sprache zu zahlen, der muß den zweistündigen Monolog in Polnisch ertragen, um die Burg besichtigen zu können.

Den besten Blick auf die Marienburg hat man vom Zug aus. Wenn man von Gdańsk (Danzig) kommt, liegt sie auf der rechten Seite, direkt nachdem der Zug den Fluß überquert hat. Auf der Fahrt in Richtung Norden nach Gdańsk (Danzig) ist sie auf der linken Seite kurz hinter dem Bahnhof Marlbork (Marienburg) zu sehen.

UNTERKUNFT UND ESSEN

Wer in Malbork (Marienburg) übernachten möchte, kann sein Zelt auf einem Campingplatz (geöffnet von Juni bis August) in der ulica Portowa, vom Bahnhof aus gesehen ca. 2 km hinter der Burg, aufschlagen. Im Hotel Sportovy (das ganz Jahr über geöffnet) hinter dem Campingplatz werden zwar Zimmer vermietet, die Rezeption ist jedoch nicht das, was man hilfsbereit nennen könnte.

AN- UND WEITERREISE

Malbork (Marienburg) kann man während einer Unterbrechung auf dem Weg von Gdańsk (Danzig) nach Zielen im Süden oder Osten von Polen oder auch auf einem Tagesausflug vom 58 km entfernten Gdańsk (Danzig) aus besuchen. Der überwiegende Teil der Züge, die zwischen Gdańsk (Danzig) und Warszawa (Warschau) oder Olsztyn (Allenstein) verkehren, halten hier. Gelegentlich muß man auf der 126 km langen Strecke von Malbork (Marienburg) nach Olsztyn (Allenstein) bzw. umgekehrt in Elblag (Elbing) oder Bogaczewo oder auch in beiden Orten umsteigen. Die Burg ist 15 Minuten zu Fuß vom Bahnhof entfernt.

Der *Poseidon*-Express verbindet Malbork (Marienburg) mit Warszawa (Warschau), Gdańsk (Danzig), Gdynia (Gdingen), Lebork (Lauenburg) und Koszalin (Köslin). Morgens fährt er die Strecke in nördliche Richtung und abends in südliche. Von Mitte Juni bis August hält der *Lajkonik*-Express auf seinem Weg von Kraków (Krakau) nach

Gdańsk (Danzig) und Gdynia (Gdingen) morgens und auf der Rückfahrt nachmittags in Malbork (Marienburg). In Richtung Norden besteht die Möglichkeit, die Fahrt mit den beiden Zügen zu kombinieren, so daß Sie 2 1/2 Stunden Aufenthalt in Malbork (Marienburg) auf der Fahrt von Warszawa (Warschau) nach Gdańsk (Danzig) haben. Das gilt auch in der Gegenrichtung, wobei die Burg dann allerdings schon geschlossen ist. Reservierungen für die beiden Züge sind erforderlich.

OLSZTYN (ALLENSTEIN)

Olsztyn (Allenstein), 177 km südöstlich von Gdańsk (Danzig) gelegen, ist die Hauptstadt von Masuren und ein Verkehrsknotenpunkt für die Region. Für Besucher hat die Stadt eher als Ausgangspunkt für einen Besuch von Lidzbark Warmiński (Heilsberg), Grunwald und des Elblag-Kanals sowie der Masurischen Seenplatte Bedeutung und ist selbst weniger ein Reiseziel. Auch wenn das Essen und die Übernachtungsmöglichkeiten hier gut sind, können die historischen Stätten in Olsztyn (Allenstein) innerhalb weniger Stunden besichtigt werden.

Von 1466 bis 1722 gehörte die Stadt zum Königreich Polen, und niemand anders als Nikolaus Kopernikus, der Verwalter des Ermlandes, stand der Burg in Olsztyn (Allenstein) von 1516 bis 1521 vor. Hier machte er seine astronomischen Beobachtungen und begann über die Umlaufbahnen der Himmelskörper zu schreiben. Bei der ersten Teilung Polens wurde Olsztyn (Allenstein) preußisch und blieb es bis zum Jahre 1945.

PRAKTISCHE HINWEISE

Orientierung: Der Hauptbahnhof Olsztyn Glowny und der Busbahnhof liegen nebeneinander im Nordwesten der Stadt, ca. 15 Minuten zu Fuß vom Zentrum entfernt. Wenn Sie in Richtung Südwesten die ulica Partyzantow am Plac Gen Bema vorbei hinuntergehen, liegt die Aleje Dabrowszczakow zur Linken. Diese Straße endet in der Innenstadt. Überqueren Sie hier die Straße und halten Sie Ausschau nach der ulica 22 Lipca, die Sie zum Hohen Tor und zur Altstadt führt. Der Bahnhof Olsztyn Zachodni befindet sich nur ein kleines Stück westlich der Burg.

Informationen: Die Mitarbeiter im Fremdenverkehrsamt im Gebäude des PTTK neben dem Hohen Tor helfen mit Karten der Masurischen Seenplatte und Auskünften. Das Büro ist werktags von 9.00 bis 16.00 Uhr und samstags von 10.00 bis 14.00 Uhr geöffnet.

SEHENSWÜRDIGKEITEN

Das Hohe Tor ist alles, was noch von den Stadtmauern aus dem 14. Jahrhun-

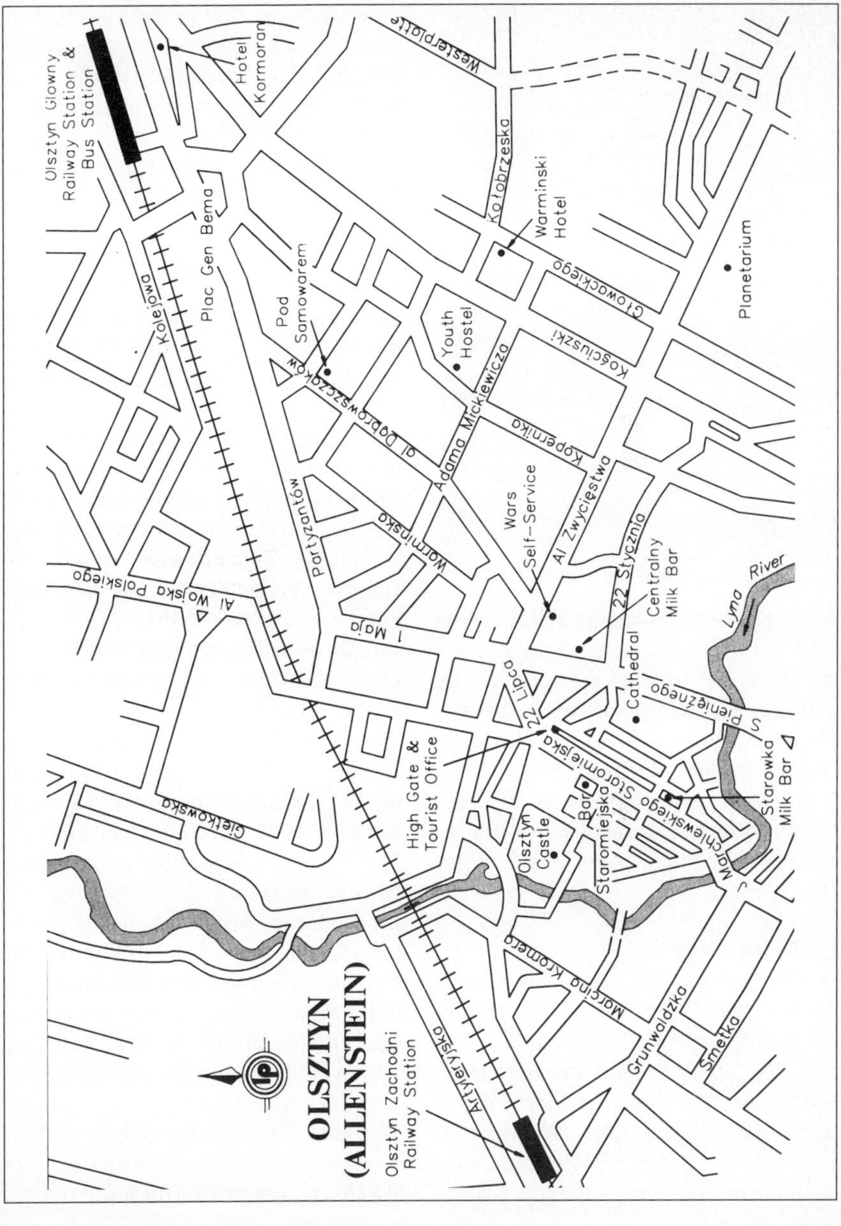

OLSZTYN
(ALLENSTEIN)
Olsztyn Glowny Railway Station & Bus Station
Hotel Kormoran
Westerplatte
Kołobrzeska
Warminski Hotel
Planetarium
Plac Gen Bema
Kolejowa
Pod Samowarem
Youth Hostel
Głowackiego
Kościuszki
al Dąbrowszczaków
Adama Mickiewicza
Kopernika
Partyzantów
Warminska
Wars Self-Service
Al Zwycięstwa
22 Stycznia
Centralny Milk Bar
Al Wojska Polskiego
1 Maja
22 Lipca
Cathedral
S Pieniężnego
Łyna River
High Gate & Tourist Office
Staromiejska
Bar
Starowka Milk Bar
Marchlewskiego
Olsztyn Castle
Giełkowska
Marcina Kromera
Grunwaldzka
Smetka
Artyleryjska
Olsztyn Zachodni Railway Station

Rathaus

dert erhalten ist. Ein kleines Stück westlich davon beherbergt die Burg ein gutes Museum (montags geschlossen), in dem einige Erklärungen auch in Englisch zu lesen sind, darunter zahlreiche über Kopernikus. Der Alte Markt in der Nähe ist von Bürgerhäusern mit Giebeln umgeben. Der Jakobsdom, ein roter Backsteinbau, stammt aus dem 16. Jahrhundert.

UNTERKUNFT

In Olsztyn (Allenstein) bieten zahlreiche große und preiswerte Hotels Übernachtungsmöglichkeiten, so daß Sie sich keine Sorgen machen müssen, wenn Sie erst spät hier ankommen. Sie finden aller Wahrscheinlichkeit nach noch ein Zimmer. Die Jugendherberge von Olsztyn (Allenstein) befindet sich in der ulica Kopernika 45. Das ist zwischen dem Bahnhof und dem Busbahnhof sowie der Stadt und ca. 8 Minuten von beiden entfernt.

Lassen Sie am besten das sterile Hotel Kormoran gegenüber vom Bahnhof außer acht. Es ist in erster Linie auf Reisegruppen eingestellt (Einzel- bzw. Doppelzimmer 34 bzw. 39 US $).

Beim Hotel Pracowniczy in der ulica Ketrzynskiego 5, das vom Bahnhof aus um die Ecke herum liegt, handelt es sich um eine ehemalige Arbeiterunterkunft, in der heute Einzel-, Doppel- und Dreibettzimmer für 4 US $ pro Person vermietet werden. Das Hauptproblem bei diesem Haus bildet der Lärm der aufgeregten polnischen Nachbarn. Trotzdem handelt es sich um die Unterkunft mit dem besten Preis-/Leistungsverhältnis in Olsztyn (Allenstein).

Im funktionalen, dreistöckigen Dom Wycieczkowy Nad Lyna in der Aleje Wojska Polskiego 14 kosten die Einzel-, Doppel- und Dreibettzimmer ohne Bad oder Frühstück 7, 8 bzw. 10 US $. Es ist nur 10 Minuten zu Fuß entlang der ulica Kolejowa vom Bahnhof entfernt (siehe Stadtplan).

Im modernen Hotel Warmiński in der ulica Glowackiego 8, ca. 10 Minuten zu Fuß vom Bahnhof und vom Busbahnhof entfernt, zahlt man für ein Einzel- oder Doppelzimmer mit Badbenutzung 10 bzw. 14 US $, mit eigener Dusche 12 bzw. 16 US $.

Wer gern im Zentrum wohnt, für den bietet sich das Dom Wycieczkowy der PTTK im Hohen Tor (ulica Staromiejska 1) an, in dem die Preise für ein Einzel- oder Doppelzimmer 7 bzw. 14 US $ pro Tag betragen (ohne Bad). Wenn Sie allein reisen und kein Einzelzimmer frei ist, können Sie fragen, ob man Ihnen ein Bett in einem Doppelzimmer vermietet.

Beim Hotel Relaks in der ulica Zolnierska 13 a, neben einem großen Sportzentrum, handelt es sich um ein komfortables, sechsstöckiges Hotel, in dem ein Einzel- oder Doppelzimmer mit Bad 11 bzw. 12 US $ pro Tag kostet. Einige wenige Räume mit Badbenutzung werden für 8 US $ angeboten.

Der PTTK-Campingplatz in der ulica Sielska, oberhalb des Krzwe-Sees (Ukiel), liegt ca. 5 km westlich der Stadt und ist mit einem Bus der Linie Nr. 7 vom Bahnhof aus zu erreichen, der am Eingangstor der Anlage vorbeifährt.

ESSEN

Das Essen im Selbstbedienungsrestaurant Wars in der Aleje Zwyciestwa 218, am Ende der Aleje Dabrowszczakow in der Innenstadt, ist nicht teuer, und in einem angrenzenden Raum sind Kaffee und Kuchen erhältlich. Die Milchbar Liwa in der ulica Pienieznego 18, vom PTTK aus gesehen gleich um die Ecke, bietet preiswertes Essen im Cafeteria-Stil. In der Mitte der Altstadt wird im Restauracja Eridu (ulica Marchlewskiego 3-4) islamische Küche serviert.

Im Pod Samowarem in der Aleje Dabrowszczakow 26, zwischen dem Bahnhof und Busbahnhof sowie der Stadt, werden ausgezeichnete preiswerte Gerichte in einem schlichten Speiseraum aufgetischt. Hier kann man auch gut etwas trinken, ohne gleich ein Essen bestellen zu müssen. Das Lokal ist uns empfohlen worden. In der Bar Staromiejski in der Altstadt wird bis 21.00 Uhr Wein ausgeschenkt.

Wer gern stilvoll zu Abend ißt, der sollte sich für das Restauracja Francuska in der ulica Dabrowszczakow, in Höhe der ulica Mickiewicza, entscheiden. Die tadellos gekleideten Kellner, eine raffinierte, moderne Einrichtung und die französische Küche tragen dazu bei, daß die Rechnung höher ausfallen kann als in jedem anderen in diesem Buch aufgeführten Restaurant. Aber da Polen Polen ist, wird sie Ihnen vielleicht immer noch niedrig vorkommen. Die Speisekarte ist vor der Tür ausgehängt.

AN- UND WEITERREISE

Direkte Zugverbindungen nach Olsztyn (Allenstein) bestehen von Gdynia (Gdingen) sowie über Malbork (Marienburg) von Gdańsk (Danzig), aber auch über Ostróda (Osterode), Ilawa (Deutsch Eylau) und Toruń (Thorn) nach Poznań (Posen) sowie über Dzialdowo nach Warszawa (Warschau). Wenn Ihnen die Zeitplanung nicht erlaubt, den Zug von Gdańsk (Danzig) aus zu nehmen, müssen Sie möglicherweise in Elblag (Elbing) und Bogaczewo umsteigen, um von Malbork (Marienburg) nach Olsztyn (Allenstein) zu gelangen. Zwischen diesen Orten bestehen auch keine direkten Busverbindungen. Um nach Frombork (Frauenburg) zu kommen, muß man in Braniewo (Braunsberg) umsteigen, nach Lidzbark

Warmiński (Heilsberg) in Czerwonka. Allerdings ist ein Bus auf dieser Strecke wesentlich schneller und fährt in kürzeren Abständen. Die Masurischen Seen erreichen Sie mit einem Zug nach Elk (Lyck), wobei Sie in Gizycko (Lötzen), Mikolajki (Nikolaiken) oder Ruciane-Nida (Rudschanny) aussteigen können. Der *Kormoran*-Express verkehrt täglich das ganze Jahr über zwischen Warszawa (Warschau) und Olsztyn (Allenstein) und benötigt für die 237 km lange Strekke 3 Stunden. Morgens fährt er in Olsztyn (Allenstein) ab und nachmittags in Warszawa (Warschau). Eine Reservierung ist erforderlich.

ELBLAG-KANAL (OBERLÄNDISCHER KANAL)

Ein ausgesprochen schöner Ausflug von Olsztyn (Allenstein) aus ist eine Fahrt auf dem Elblag-Kanal (Oberländischer Kanal), der im Jahre 1848 von Ostróda (Osterode) nach Elblag (Elbing) gebaut wurde. Der Unterschied in der Höhe des Wasserspiegels zwischen diesen beiden Städten beträgt 100 m. Um diese Distanz zu überwinden, passieren die Schiffe zwei Schleusen und werden auf fünf schiefen Ebenen mit Karren auf Schienen hinauf und herunter gezogen. Diese Schiffshebewerke sind in Europa einzigartig!

Elblag-Kanal (Oberländischer Kanal)

Theoretisch legen die Ausflugsboote täglich um 8.00 Uhr zur Fahrt von Ostróda (Osterode) nach Elblag (Elbing) ab, aber häufig lassen die Kapitäne die Fahrten ausfallen, wenn sich nicht genug Passagiere einfinden. Von Mitte Juni bis August und an den Wochenenden sollte dies jedoch nicht der Fall sein. Um sicherzugehen, können Sie sich jedoch bei Mazur-Tourist in der ulica Staromiejska 6 in Olsztyn (Allenstein) am Tag vor der Abfahrt erkundigen, um zu erfahren, ob die Fahrt am nächsten Tag auch stattfindet. Um das Schiff zu erreichen, müssen Sie sich sehr früh von Olsztyn (Allenstein) auf den Weg machen. Es gibt jedoch günstige Zugverbindungen von Olsztyn (Allenstein) in das 39 km entfernte Ostróda (Osterode) und nach Elblag/Elbing (97 km), die eine Mitfahrt ermöglichen. Sie sollten jedoch auf einen sehr langen Tag gefaßt sein. Um 6.35 Uhr müßte der Zug von Olsztyn (Allenstein) über Ostróda (Osterode) nach Gdańsk (Danzig) fahren und um 21.14 Uhr der Zug von Elblag (Elbing) zurück nach Olsztyn (Allenstein). Diese Zeiten können sich jedoch ändern!

GRUNWALD (GRÜNFELDE)

Hier trafen am 15. Juli 1410 die vereinigten Streitkräfte Polens und Litauens unter der Führung von König Ladislaus Jagiello auf die schwer bewaffneten Ritter des Deutschen Ordens unter dem Großmeister Ullrich von Jungingen in einer der größten Schlachten des mittelalterlichen Europa. Ca. 30.000 Männer kämpften an jeder Seite. Die hier erlittene Niederlage sollte die Macht des Ordens für immer brechen. 1960, am 550. Jahrestag der Schlacht, wurde ein 30 m hohes Denkmal auf einer Bergspitze in Grunwald (Grünfelde) am Tannenberg errichtet, um an die Schlacht zu erinnern. Hinter dem Denkmal befindet sich ein Museum, in dem Gruppen ein 20 Minuten langer Auszug aus einem Spielfilm über die Schlacht vorgeführt wird. Der Film wird in Polnisch mit deutschen Untertiteln gezeigt. Ein Schild im Museum trägt übrigens die Aufschrift „Grunwald 1410, Berlin 1945".

DIE UMGEBUNG VON GRUNWALD (GRÜNFELDE)

Im August 1914 schlug Feldmarschall Paul von Hindenburg die russische Armee bei der Schlacht von Tannenberg in der Nähe von Olsztynek (Hohenstein). Nach dem Ersten Weltkrieg wurde daraufhin in Sudwa, 2 km westlich von Olsztynek (Hohenstein), zwischen Olsztyn (Allenstein) und Grunwald (Grünwalde), ein monumentales Marmordenkmal errichtet, um an diesen Sieg zu erinnern. Am 2. August 1934, dem Todestag Hindenburgs, wandelte Hitler dieses Denkmal in ein Mausoleum für Hindenburg um. Gegen Ende des Zweiten Weltkrieges wurden die sterblichen Überreste Hindenburgs und seiner Frau nach Marburg (Lahn) im Westen der Bundesrepublik Deutschland gebracht und das Mausoleum von der vorrückenden Sowjetarmee 1945 in die Luft gesprengt.

Heute sind nur noch die überwachsenen Fundamente im Wald hinter einem Altenheim unweit des Hotels Zajazd Mazurski Zaprasza zu sehen. Die Ruinen sind nicht ausgeschildert, Sie können jedoch Ausschau nach den Resten einer runden Einfriedung mit einer Mauer in der Mitte halten. Sicher lohnt sich der Weg mit öffentlichen Verkehrsmitteln hierher nicht, aber falls Sie mit einem Auto unterwegs sind, besteht hier auch die Möglichkeit, in dem ausgezeichneten Hotel-Restaurant zu essen (gebratene Fische aus dem See sind die Spezialität) oder hier zu übernachten (9 US $ für ein Doppelzimmer, keine Einzelzimmer).

AN- UND WEITERREISE
Im Abstand von einigen Stunden fahren Busse direkt von Olsztyn (Allenstein) über Olsztynek (Hohenstein) nach Grunwald (Grünwalde). Falls die Fahrzeiten ungünstig liegen, ist es unproblematisch, zurück nach Olsztyn (Allenstein) zu wandern.

LIDZBARK WARMIŃSKI (HEILSBERG)

Lidzbark Warmiński (Heilsberg) ist als Sitz der Bischöfe bekannt, die das Herzogtum Ermland von 1466 bis 1772 unter der polnischen Krone beherrschten. Im 14. Jahrhundert bauten Kreuzritter hier eine mächtige Burg, die von den polnischen Bischöfen später als Residenz übernommen wurde. Im 17. Jahrhundert wurde der Anlage ein neoklassisches Schloß hinzugefügt. Der berühmteste Bewohner dieses Baus war Nikolaus Kopernikus, der hier von 1503 bis 1510 als Ratgeber seines Onkels, des Bischofs Lukasz Watzenrode, arbeitete.

SEHENSWÜRDIGKEITEN
Die riesige rote Backsteinburg in Lidzbark Warmiński (Heilsberg) ist ein bemerkenswertes Zeugnis des Mittelalters. Heute beherbergen die Zimmer mit den gewölbten Decken das Warmia-Museum (Ermland-Museum), das Weltrang hat (montags geschlossen, Erklärungen in Englisch und Deutsch vorhanden). Im großen Speisesaal des Untergeschosses sind gotische Skulpturen und Gemälde ausgestellt, während man sich oben eine große Kunstgalerie und Dokumente über die Restaurierung dieses historischen Denkmals ansehen kann. Ebenfalls zur Besichtigung offen stehen eine mit Gold verzierte Kapelle, alte Waffen im Keller und ein wunderschöner mit Arkaden versehener Innenhof.
In der Stadtmitte von Lidzbark Warmiński (Heilsberg) erhebt sich eine große, rote Backsteinkirche aus dem 14. Jahrhundert. Das Hohe Tor auf dem Weg vom Bahnhof und vom Busbahnhof in die Stadt stammt aus der gleichen Zeit.

UNTERKUNFT UND ESSEN
Das Dom Wycieczkowy der PTTK im mittelalterlichen Hohen Tor (Wysoka Brama) zwischen Busbahnhof und Bahnhof sowie der Burg bietet Unterkunft. Gleich vor dem Hohen Tor (Wysoka Brama), am Weg zurück zu den Bahnhöfen, liegt die Bar Smak, in der Sie Kaffee und Kuchen sowie richtige Mahlzeiten erhalten können.

AN- UND WEITERREISE
Zwischen Olsztyn (Allenstein) und Lidzbark Warmiński (Heilsberg) beste-

hen in kürzeren Abständen Busverbindungen, die einen Tagesauflug hierher gut ermöglichen. Züge von Lidzbark Warmiński (Heilsberg) nach anderen Orten von Interesse in dieser Gegend fahren nur in unregelmäßigen Abständen und ersparen selten ein Umsteigen. Wer von Olsztyn (Allenstein) mit einem Zug nach Lidzbark Warmiński (Heilsberg) fahren möchte, muß in Czerwonka umsteigen.

FROMBORK (FRAUENBURG)

Frombork (Frauenburg), am südöstlichen Ufer des Frischen Haffs (Zalew Wislany) zwischen Lidzbark Warmiński (Heilsberg) und Gdańsk (Danzig) gelegen, wurde im 13. Jahrhundert von Siedlern aus Lübeck gegründet. Von 1466 bis 1772 unterstand die Region der polnischen Krone, woraus sich die alten polnischen Gedenksteine in der Kathedrale aus dem 14. Jahrhundert erklären. Während dieser Epoche lebte und arbeitete der berühmte Astronom Nikolaus Kopernikus auf dem Domhügel (von 1512 bis 1516 und von 1522 bis zu seinem Tod im Jahre 1543). Achtzig Prozent der Unterstadt wurden bei den Kämpfen des Zweiten Weltkriegs zerstört, wovon der Domhügel jedoch glücklicherweise weniger betroffen war. Die mittelalterlichen Wälle, Türme und Tore, die den Hügel immer noch schützen, sind die wichtigsten historischen Zeugnisse in Frombork (Frauenburg).

PRAKTISCHE HINWEISE

Der Bahnhof, der Busbahnhof und der Fähranleger befinden sich in Frombork (Frauenburg) alle nebeneinander, ca. 5 Minuten zu Fuß vom Zentrum entfernt.

SEHENSWÜRDIGKEITEN

Die gotische Kathedrale von Frombork (Frauenburg) aus rotem Backstein (1388) beherbergt das nicht gekennzeichnete Grab von Kopernikus. Es befindet sich neben dem Seitenschiff an der zweiten Säule auf der rechten Seite, wenn man unter der Orgel steht. Auf der gegenüberliegenden Seite dieser Säule erinnert eine Statue an den Astronomen. Im Sommer werden Konzerte auf der barocken Orgel gegeben, die aus dem Jahr 1683 stammt. Das ehemalige Bischofspalais neben der Kathedrale

Kathedrale

dient heute als Kopernikus-Museum (montags geschlossen). Auf der anderen Seite der Kathedrale liegt der Radziejowski-Turm (1685), der einem kleinen Planetarium, einem Foucaultschen Pendel und einer Kunstgalerie Raum bietet. Von der Turmgalerie aus hat man einen sehr guten Blick über die Stadt und das Haff.
Direkt unterhalb des Domhügels steht ein großes Kopernikus-Standbild, das jedoch eher an Mao erinnert. Weniger Aufmerksamkeit erlangt im allgemeinen die Nikolaus-Kirche aus dem 14. Jahrhundert, die heute als Kraftwerk dient.

UNTERKUNFT UND ESSEN

In der ulica Braniewsla 14, ein Kilometer östlich der Innenstadt von Frombork (Frauenburg), befindet sich ein Campingplatz. Die Jugendherberge liegt in der ulica Elblaska 11, einige Blocks westlich der Stadtmitte.
Eine Übernachtung im Dom Wycieczkowy der PTTK im Park, gleich westlich des Domhügels, ist mit 20 US $ für ein Doppelzimmer bzw. 12 US $ für ein Bett in einem Vierbettzimmer nicht billig. Die Preise im Restaurant des Hotels sind dagegen vernünftiger, so daß Sie hier zu Mittag essen können. Die Mitarbeiter an der Rezeption im Dom Wycieczkowy sollten in der Lage sein, Ihnen die Adressen von einigen Häusern mit preiswerteren Privatzimmern zu nennen.
Im modernen, zweistöckigen Hotel Sloneczny unweit des Zentrums sind die Preise mit 28 bzw. 45 US $ für ein Einzel- bzw. Doppelzimmer weit überhöht. Ein Urlauber, der hier gewohnt hat, berichtete zudem, daß die Zimmer schmutzig gewesen seien. Im übrigen wird in der ganzen Stadt fast alles gegen 16.00 Uhr geschlossen, so daß Sie auf einen ruhigen Abend vorbereitet sein sollten.

AN- UND WEITERREISE

Frombork (Frauenburg) liegt an der Eisenbahnlinie von Elblag (Elbing) über Tolkmicko (Tolkemit) nach Braniewo (Braunsberg). Wer von Gdańsk (Danzig) mit einem Zug nach Frombork (Frauenburg) fahren will, der muß in Elblag (Elbing) umsteigen. Häufig bedeutet das mehrere Stunden Wartezeit auf Anschluß. Wenn man von Olsztyn (Allenstein) kommt, ist Braniewo (Braunsberg) der Umsteigebahnhof. Am einfachsten ist es, einen Bus von Gdańsk (Danzig) nach Frombork (Frauenburg) zu nehmen.
Als Alternative besteht die Möglichkeit, über Krynica Morska (Kahlberg) und die Frische Nehrung an der Bernsteinküste zu fahren, einen schmalen Sandstreifen, der von Gdańsk (Danzig) nach Osten in Richtung UdSSR verläuft. Mit einem Bus von Gdańsk (Danzig) nach Krynica Morska (Kahlberg) und einer Personenfähre (keine Autos) kann man das Haff von Krynica Morska (Kahlberg) nach Frombork (Frauenburg) überqueren. Der Fahrpreis beträgt einen US $. Sie sollten jedoch erst beim Fremdenverkehrsamt nach den Abfahrtszeiten fragen, bevor Sie sich für diesen Weg entscheiden.

DIE MASURISCHE SEENPLATTE

Die Masurische Seenplatte nordöstlich von Olsztyn (Allenstein) ist ein grünes, hügeliges Land, das von in der Eiszeit entstandenen Seen unterbrochen wird, mit gesunden, kleinen Bauernhöfen, verstreuten Waldstücken und vielen Städtchen. Im Norden und Süden von Mikolajki (Nikolaien) gibt es im wahrsten Sinn des Wortes Tausende von solchen Seen. Ein Fünftel der Oberfläche dieses Gebietes ist mit Wasser bedeckt, und weitere 30 % sind Waldflächen. Der Sniardwy-(Spirding-)See ist mit 110 qkm der größte See Polens. Die Oberfläche des benachbarten Mamry-Sees (Mauersees) beträgt 102 qkm. Diese großen, sauberen Seen und die zahlreichen Waldgebiete bieten eine unwiderstehliche Perlenschnur mit Paradiesen für Segler, Angler und Naturliebhaber. Polnische Urlauber kommen ebenfalls in großer Zahl hierher, auch wenn es in jedem Jahr nach dem 15. August wieder ruhiger wird.

PRAKTISCHE HINWEISE

Orientierung und Informationen: Es lohnt, sich die Karte *Jezioro Sniardwy* im Maßstab 1:60.000 oder die Karte *Wielkie Jerziora Mazurskie* im Maßstab 1:120.000 vor der Reise hierher in einer Buchhandlung zu kaufen. Diese Karten sind in der Gegend selbst nur schwer zu finden.

UNTERNEHMUNGEN

Die Masurischen Seen sind untereinander durch Kanäle, Flüsse und Bäche verbunden, die diese Gegend zu einem Paradies für Kanuten und Kajakfahrer machen. Die üblichen Kajakrouten folgen dem Krutnyia in der Nähe von Ruciane-Nida (Rudschanny) und dem Czarna Nacza in der Umgebung von Augustow. Wer mit einem Zug ein Faltboot mitnimmt, der kann sein Boot in der Krutynia in der Nähe des Bahnhofs Spychowo, zwischen Olsztyn (Allenstein) und Ruciane-Nida (Rudschanny), zu Wasser lassen. Dort gibt es am Wasser auch eine Jugendherberge (ulica Juranda 30). Sie sollten sich jedoch erst im Büro der PTTK in Olsztyn (Allenstein) erkundigen, ob sie offen ist, und dort auch nach anderen derartigen Herbergen am Ufer in Krutyn, Ukta und Nowy Most fragen. Eine andere Möglichkeit ist es, in Sorkwity, an der Eisenbahnlinie zwischen Olsztyn (Allenstein) und Mragowo (Sensburg), oder in Ruciane-Nida (Rudschanny) selbst die Fahrt zu beginnen. Segler werden wahrscheinlich die größeren Seen bevorzugen. Boote können mit oder ohne Besatzung in den Yachthäfen von Gizycko (Lötzen), Mikolajki (Nikolaiken), Ruciane-Nida (Rudschanny) und Wegorzewo (Angerburg) gemietet werden. Falls Sie Schwierigkeiten haben, selbst ein Boot zu mieten, sollten Sie in Ihrem Hotel oder in Ihrer Pension um Hilfe bitten oder sich an ein Fremdenverkehrsamt wenden.

AN- UND WEITERREISE

Die Verbindungen durch diese Region sind mit drei verschiedenen Eisenbahnstrecken in west-östliche Richtung gut. Sie führen von Olsztyn (Allenstein), dem Tor zur Masurischen Seenplatte, über Gizycko (Lötzen) nach Elk (Lyck) oder nach Mikolajki (Nikolaiken) bzw. Ruciane-Nida (Rudschanny). Busse verkehren in kürzeren Abständen zwischen den Ansiedlungen im Süden und Norden, so daß das Reisen in dieser Gegend unproblematisch ist. Nach und von Warszawa (Warschau) bestehen direkte Verbindungen mit Bussen, die schneller sind als die Züge.

NAHVERKEHR

Theoretisch verkehren täglich von Mai bis September Ausflugsboote der „Weißen Flotte" zwischen Gizycko (Lötzen), Mikolajki (Nikolaiken) und Ruciane-Nida (Rudschanny). Am verläßlichsten sind diese Verbindungen jedoch von Juni bis August. Im Mai und im September kann es passieren, daß die Fahrten abgesagt werden, nämlich dann, wenn nicht genug Passagiere mitfahren wollen. Während dieser Monate ist die Chance, ein Boot zu finden, an Wochenenden am größten, wenn polnische Gruppen von Ausflüglern auftauchen. Das Schiff von Gizycko (Lötzen) nach Wegorzewo (Angerburg) fährt nur von Juni bis August (5 US $). Die Fahrpreise für eine Fahrt von Gizycko (Lötzen) nach Mikolajki (Nikolaiken) liegen bei 7 US $ und von Mikolajki (Nikolaiken) nach Ruciane-Nida (Rudschanny) bei 8 US $. Zweistündige Rundfahrten auf dem Kisajno-See von Gizycko (Lötzen) aus (5 US $) werden ebenfalls angeboten. Ausländer zahlen auf diesen Schiffen zwar fünfmal so viel wie Polen, was aber nur gerecht ist, da die Preise sonst schon lächerlich niedrig wären und das Ganze für die Gesellschaft unwirtschaftlich wäre. Das bedeutet auch, das die Kapitäne sehr zuvorkommend sind und ausländische Besucher selbst dann an Bord lassen, wenn das Schiff für eine Gruppe gechartert wurde.

Die Fahrt von Gizycko (Lötzen) nach Mikolajki (Nikolaiken) dauert 4 Stunden und führt über verschiedenc Kanäle bis hin zum Sniardwy-(Spirding-) See. Zwischen Mikolajki (Nikolaien) und Ruciane-Nida (Rudschanny) fährt man während der dreistündigen Tour durch die Guzianka-Schleuse und macht eine kurze Rundfahrt auf dem Nidzkie-(Nieder-)See. Die Seen sind lang und schmal, so daß man einen guten Blick auf die Ufer hat. Die Schiffe sind groß mit einem offenen Deck oben und einer Kaffeestube unten. Rucksäkke und Fahrräder lassen sich ohne Probleme mit an Bord nehmen. Die gleiche Reederei bietet auch Ausflüge von Augustow aus an, das weiter im Osten von Mazury (Masuren) liegt. Die Fahrpläne sind in den Häfen von Gizycko (Lötzen) und Mikolajki (Nikolaiken) deutlich sichtbar ausgehängt oder bei Mazur-Tourist in der ulica Staromiejska 6 in Olsztyn (Allenstein) zu erfahren.

GIZYCKO (LÖTZEN)

Gizycko (Lötzen), zwischen dem Niegocin- (Löwentin-) und dem Kisajno-See und 105 km östlich von Olsztyn (Allenstein) gelegen, ist das touristische Zentrum der Masurischen Seenplatte. Trotz seines Rufes als Ferienort ist Gizycko (Lötzen) keine besonders schöne Stadt und eignet sich in erster Linie als Ausgangspunkt für eine Besichtigung des Hitler-Bunkers in Wilczy Szaniec (Wolfsschanze) oder ist deshalb interessant, um mit einem Schiff nach Mikolajki (Nikolaiken) oder Wegorzewo (Angerburg) zu fahren. Wegorzewo (Angerburg) selbst bietet ebenfalls nichts Sehenswertes, was einen Aufenthalt rechtfertigen würde, wenn nicht im Rahmen eines Tagesausfluges mit einem Schiff von Gizycko (Lötzen) aus.

PRAKTISCHE HINWEISE

Orientierung und Informationen: Der Hafen am Niegocin-(Löwentin-)See (26 qkm) befindet sich in der Nähe der Stadtmitte. Jeweils einige hundert Meter davon entfernt liegen östlich von ihm der Bahnhof und im Westen der Yachthafen.

Eine große Karte von Gizycko (Lötzen) hängt am Plac Dworcovy vor dem Bahnhof und dem Busbahnhof aus, die direkt nebeneinander liegen. Wenn Sie die ulica Armii Krajowej zur ulica Dabrowskiego hinaufgehen, gelangen Sie zu Orbis (ulica Dabrowskiego 3). Hier erhalten Sie Auskunft sowie wahrscheinlich auch einen Stadtplan. Von hier aus kommt man in Richtung Westen über die ulica Warzawaska zum Lac Grundwaldzki mitten im Zentrum.

SEHENSWÜRDIGKEITEN

Es gibt in Gizycko (Lötzen) nicht viel zu sehen, wenn man vielleicht von einer großen Festung aus dem 19. Jahrhundert im Westteil der Stadt absieht, die einst zur Kontrolle einer Landenge zwischen den Seen diente. Wer Zeit hat, der sollte hinter die Festung gehen und die Abkürzung in der Nähe des Almatur- und des Sporthotels über die Landenge bis zum Ufer des Kisajno-Sees nehmen.

UNTERKUNFT

Zelten: Im Juli und Anfang August wird Gizycko (Lötzen) von polnischen Touristen überschwemmt, wenn auch, wer ein Zelt bei sich hat, immer noch Platz finden wird. Wenn Sie vom Plac Gunwaldzki über die ulica Olsztynska in Richtung Westen gehen, dann kommen Sie zum Luczanski-Kanal, an dem sich zwei Campingplätze in der Nähe des Sees befinden. Beim ersten (Wigry Camping) kurz vor den Schienen gibt es einen kleinen Hafen, in dem Segelboote vermietet werden. Auf dem Campingplatz Yacht Club, unweit des Mazurski Yacht Clubs und direkt hinter den Schienen, werden außer den Zeltplätzen auch Zimmer in einer ehemaligen Arbeiterunterkunft für 4 US $ pro Person vermietet.

Hotels: Im modernen, vierstöckigen Hotel Wodnik in der ulica 3 Maja 2, ganz in der Nähe vom Plac Grundwaldzki in der Stadtmitte, werden für ein Einzel- oder Doppelzimmer mit Bad 13 bzw. 20 US $ berechnet, für ein Frühstück 4 $ zusätzlich. Ausländische Busreisegruppen wohnen fast immer im Wodnik. Im Biuro Zakwaterowania im Hotelgebäude werden private Zimmer vermittelt. Zwischen den Schienen und dem See, rechts vom Luczanski-Kanal auf der Seite der Innenstadt und nicht der Campingplätze, liegt das Dom Wycieczkowy der PTTK.
Direkt hinter der Brücke über den Kanal befindet sich das Motel Zamek (ulica Moniuszki 1) mit Doppelzimmern mit Bad für 23 US $. Wenn es draußen kalt wird, wärmt in der kleinen Bar an der Rezeption ein Holzfeuer. Falls der Preis Ihren Vorstellungen entspricht, handelt es sich bei diesem Hotel um das schönste in Gizycko (Lötzen).
Ein oder zwei Kilometer weiter westlich zweigt eine Straße vom Stadion aus nach rechts ab zum Kisajno-See und zu zwei Hotels. Das Sporthotel in der ulica Moniuszki 22 bietet Einzelzimmer für 5 US $ ohne Bad und Doppelzimmer mit Bad für 9 US $. Im Juli und August liegen die Preise allerdings höher. Hier besteht auch die Möglichkeit, in seinem eigenen Zelt oder in einem der Bungalows zu übernachten. Außerdem ist die Lage ruhiger als in den beiden oben beschriebenen Häusern. Das Almatur-Hotel ist ganz in der Nähe. Außerhalb der Saison schließen die Rezeptionen jedoch früh, so daß Sie nicht zu spät ankommen sollten, wenn Sie noch ein Zimmer möchten. Es werden auch Boote vermietet.

ESSEN

Bei der Omega-Bar in der ulica Olsztynska 4 handelt es sich um ein Selbstbedienungsrestaurant. In der Stadtmitte bietet das Restaurant Mazurska in der ulica Warszawska 6 die Möglichkeit, sich am Tisch bedienen zu lassen. Das Essen ist ganz gut, aber nicht ausgezeichnet, zumal die Portionen klein sind. Abends wird hier häufig Live-Musik geboten.

WILCZY SZANIEC (WOLFSSCHANZE)

Wer sich für den Zweiten Weltkrieg interessiert, wird sicher das „Führerhauptquartier" Hitlers während des Krieges, die Wolfsschanze (im Polnischen Wilczy Szaniec), besuchen wollen, die in Gierloz, 30 km von Gizycko (Lötzen) und 10 km östlich von Ketrzyn (Rastenburg), erbaut wurde. Hitler verbrachte vom 24. Juni 1941 bis zum 20. November 1944 den größten Teil seiner Zeit hier. Die Anlage besaß einen eigenen Bahnhof und einen Flugplatz, umgeben von Minenfeldern sowie Luftabwehrgeschützen und bestens getarnt. Die Deutschen sprengten die Wolfsschanze am 24. Januar 1945 in die Luft. Nur die rissigen Betonbunker erinnern noch an die Anlage. Sie haben jedoch besondere Bedeutung, da hier am 20. Juli 1944 das Attentat von Oberst Graf von Stauffenberg auf Hitler verübt wurde. Ein schwerer Holztisch rettete dem Diktator das Leben. Die Folge war, daß im letzten Jahr des Krieges so viele Menschen wie in den ersten fünf Jahren starben und genauso große Zerstörungen angerichtet wurden.

SEHENSWÜRDIGKEITEN

Über 70 verstärkte Bunker liegen im Wald verstreut. Eine große Karte der Gegend hängt am Eingang, auf der alle Bunker deutlich numeriert sind: Bormann Nr. 11, Hitler Nr. 12, Göring Nr. 16 usw. Die Dächer der acht wichtigsten Schutzbauten sind 8 m dick! Sie sollten eine Taschenlampe mitbringen, falls Sie die Bunker innen besichtigen wollen (auch wenn auf großen Schildern vor der Gefahr eines solchen Vorhabens gewarnt wird). Es paßt irgendwie, daß diese düstere Anlage das greifbarste persönliche Überbleibsel des Diktators ist, das dieser hinterlassen hat.

Ein Film über Hitler wird im Kino an der Anlage gezeigt, allerdings nur für Gruppen. Wenn Sie 20 Karten für insgesamt 6 US $ kaufen, wird man für Sie mit Freude eine Privatvorstellung veranstalten.

UNTERKUNFT UND ESSEN

In dem Dom Wycieczkowy bei der Bunkeranlage werden Einzel- und Doppelzimmer für 6 bzw. 9 US $ vermietet. Und im Restaurant Lesna hinter diesem Hotel ist die Küche recht ordentlich. Ein einfacher Campingplatz befindet sich ebenfalls in der Nähe.

AN- UND WEITERREISE

Ketrzyn (Rastenburg), eine große Stadt an der Eisenbahnlinie von Olsztyn (Allenstein) über Gizycko (Lötzen) nach Elk (Lyck), bildet den Ausgangspunkt für die meisten Besucher, die die Wolfsschanze besichtigen. Die Züge von Ketrzyn (Rastenburg) nach Wegorzewo (Angerburg) fahren zwar direkt an der Anlage vorbei, halten jedoch erst in Parcz, zwei Kilometer östlich. Von hier aus kann man über eine befestigte Landstraße in Richtung Ketrzyn (Rastenburg) zurückgehen. Die Busse auf dem Weg von Ketrzyn (Rastenburg) über Radzieje nach Wegorzewo (Angerburg) halten direkt vor dem Tor der Anlage. Sowohl vom Zug als auch von der Straße aus sieht man den Göring-Bunker Nr. 16.

MIKOLAJKI (NIKOLAIKEN)

Im Sommer ist Mikolajki (Nikolaiken), 86 km östlich von Olsztyn (Allenstein) und an der Eisenbahnlinie nach Elk (Lyck) gelegen, der beste Ausgangspunkt für Wanderer und Besucher mit Zelt, um die Seen kennenzulernen. Malerisch an einem schmalen Teil des Sees gelegen, der von drei Brücken überspannt wird, bietet sich von allen Seiten ein schöner Blick auf diese Perle von Masuren. Die rot gedeckten Häuser von Mikolajki (Nikolaiken) ziehen sich am Ufer des schmalen Mikolajki-(Nikolaiken-)Sees gleich nördlich des Masurischen Landschaftsparks und des Sniardwy-(Spirding-)Sees entlang. In den Wäldern südlich der Stadt leben noch Wildpferde. Der Rynskie-See, der Talty-See, der Mikolajski-(Nikolaiken-)See und der Beldany-(Beldahn-)See füllen ein Tal von 35 km Länge.

PRAKTISCHE HINWEISE

Der Busbahnhof liegt neben einer großen protestantischen Kirche in der Nähe der Brücke ins Zentrum der Stadt. Einige Blocks weiter östlich in der ulica Kolejowa befindet sich der Bahnhof.

Das Fremdenverkehrsamt SMPT Wigry findet man nicht weit vom Busbahnhof entfernt in der ulica Kolejowa. Ende Juli sollten Sie sich nach dem Internationalen Festival der Country-Musik, dem „Country-Picnic" im nahegelegenen Mragowo (Sensburg), erkundigen.

SEHENSWÜRDIGKEITEN

Die größte noch lebende Gruppe wilder Schwäne in Europa findet auf dem Luknajno-(Luknainer-)See in der Nähe in einem Naturschutzgebiet Lebensraum. 1.200 bis 2.000 Tiere nisten im April und im Mai hier und bleiben den ganzen Sommer. Die Jungvögel sind braun, die ausgewachsenen Tiere weiß. Das Naturschutzgebiet Luknajno liegt ca. 4 km östlich von Mikolajki (Nikolaiken), hinter dem Vorort Osiedle Labedzia. Mehrere Aussichtstürme neben dem See machen es möglich, die Schwäne zu beobachten.

UNTERNEHMUNGEN

Mikolajki (Nikolaiken) selbst ist ein wichtiges Zentrum für die Segler, in dem das neue Schronisko Zeglarskie (Herberge am Ufer) einen schönen Blick auf den Yachthafen bietet. Im Büro des Bootsverleihs neben dem Schronisko können Sie ab 14 US $ pro Tag ein Boot für bis zu vier Personen mieten.

UNTERKUNFT

Zelten: Der Campingplatz Wagabunda in der ulica Lesna 2 befindet sich vom Zentrum aus gesehen auf der anderen Seite der Brücke und ist von diesem etwa 2 km entfernt. Neben Zeltplätzen kann man hier auch einen der zahlreichen sauberen, kleinen Bungalows mit 4 Betten ab 6 US $ mieten.

Privatzimmer: Das Biuro Zakwaterowania (Vermittlung für Zimmer in Privathäusern) finden Sie im Fremdenverkehrsamt Wigry. Hier erhält man auch Auskunft über Übernachtungsmöglichkeiten im Schronisko Zeglarskie (die Herberge am Ufer) mit Blick auf den Yachthafen.

Pensionen: Am preiswertesten ist das Pensjonat Mazury in der ulica Ogrodowa 1, ein großes Haus, zwei Block vom Bahnhof entfernt, in dem die Einzel- bzw. Doppelzimmer 4 bzw. 8 US $ pro Tag kosten. Dieses Quartier bleibt das ganze Jahr über geöffnet.
Das Pensjonat Nikolaiken (Tel. 1 64 37) in der ulica Kajki 18, unweit der Stadtmitte, ist das neueste in der Stadt (Einzel- bzw. Doppelzimmer 8 bzw. 14 US $). Die Doppelzimmer haben sogar ein eigenes Bad. Ein großes Frühstück kostet hier zusätzlich 3 US $. Daneben sind auch Mittag- und Abendessen erhältlich, und die Küche hier bietet vielleicht die beste Hausmannskost in ganz Polen. Da erstaunt es nicht, daß das Haus häufig ausgebucht ist. Da der Eigentümer perfekt Englisch spricht, sollten Sie deshalb vorher telefonisch reservieren. Geöffnet ist das Haus jedoch nur von April bis Mitte Oktober.
Das Pensjonat Na Skarpie in der ulica Kajki 96 liegt einen Kilometer hinter dem Pensjonat Mikolajki. Von einigen der Zimmer aus hat man einen ausgezeichneten Blick über den See.
Wer mit einem Auto unterwegs ist und wem es nichts ausmacht, etwas mehr auszugeben, der kann im Pensjonat Wodnik in der ulica Kajki 130, ca. 3 km außerhalb des Zentrums von Mikolajki (Nikolaiken), wohnen. Das Haus liegt schön hinter einem auf Milchviehhaltung spezialisierten Bauernhof direkt am Mikolajski- (Nikolaiken-) See. Vom treibenden Anleger aus kann man schwimmen gehen oder ein kleines Boot mieten und auf dem See rudern. In jedem der 12 Zimmer kostet eine Übernachtung mit Frühstück 25 US $ pro Person und Tag. Es besteht auch die Möglichkeit zu zelten. Die Pension ist allerdings nur von Juni bis September geöffnet.
Im Juli und August verdoppeln sich alle Preise in Mikolajki (Nikolaiken).

ESSEN

Alle Reisegruppen essen im Restaurant Portowa, gleich am Anleger für die Ausflugsboote, die über den See fahren. Die Küche bietet nichts Besonderes, aber die Preise sind vernünftig.

AN- UND WEITERREISE

Es besteht zwar keine Busverbindung nach Ruciane-Nida (Rudschanny), aber es fährt stündlich ein Bus nach Mragowo (Sensburg) und mehrmals täglich einer nach Gizycko (Lötzen). Mit einem Zug können Sie von Mikolajki (Nikolaiken) nach Olsztyn (Allenstein) und Elk (Lyck) fahren.

RUCIANE-NIDA (RUDSCHANNY)

Von Mikolajki (Nikolaiken) führen Wanderwege in Richtung Süden durch den Wald und vorbei an zahlreichen Zeltplätzen am Seeufer bis zum 23 km entfernten Ruciane-Nida (Rudschanny) im Herzen des Pisz-Waldes zwischen dem malerischen Beldany-(Beldahn-)See und dem genauso schönen Nidzkie-(Nieder-)See. Der Nidzkie-(Nieder-)See mit einer Fläche von 18,3 qkm gilt aufgrund seiner kleinen, bewaldeten Inseln als der schönste der masurischen Seen. Ruciane-Nida (Rudschanny) ist der richtige Ort, um einen Besuch der Masurischen Seenplatte zu beenden, sei er mit einem Kajak, einem Segelboot, einem Fahrrad oder zu Fuß unternommen worden, da von hier aus eine gute Zugverbindung nach Olsztyn (Allenstein) besteht.

PRAKTISCHE HINWEISE

Der Bahnhof und der angrenzende Busbahnhof sind ca. fünf Minuten zu Fuß vom Anleger entfernt.

UNTERKUNFT

Das Dom Wycieczkowy der PTTK in der ulica Mazurska 16 und das Pensjonat Beldan, beide nördlich des Bahnhofs, sowie das teurere Pensjonat Kowalijik von Orbis auf der anderen Seite der Brücke bieten in Ruciane-Nida (Rudschanny) Unterkunft. Das Kowalijik liegt in Richtung Süden zum Nidzkie-(Nieder-) See hin. Der PTTK-Campingplatz befindet sich am Nidzkie-(Nieder-)See, 20 Minuten zu Fuß südwestlich vom Bahnhof.

AN- UND WEITERREISE

Im Abstand von einigen Stunden fahren Züge nach Olsztyn (Allenstein) und Elk (Lyck). Eine Busverbindung besteht über Ukta nach Mikolajki (Nikolaiken).

LITERATUR-VERZEICHNIS

REISEBERICHTE

Blohm, Franek (Hrsg.):
Kommst du je nach Polen – Fast ein Reisebuch
Reinheim: Jugend und Politik, 1982

Dohrn, Verena:
Reise nach Galizien – Grenzlandschaften des alten Europa
Frankfurt: S. Fischer, 1991

Ignée, Wolfgang:
Masurische Momente – Reiseskizzen aus Ost- und Westpreussen
Frankfurt: S. Fischer, 1988
(Fischer Taschenbuch Band 5656)

Ruge, Elisabeth und Peter:
Nicht nur die Steine sprechen deutsch
Berlin: Ullstein
(Ullstein Taschenbuch Band 34401)

GESCHICHTE

Fuhrmann, Rainer W.:
Polen – Abriß der Geschichte
Hannover: Fackelträger

Hoensch, Jörg K.:
Geschichte Polens
Stuttgart: Uni Taschenbuch Band 1251, 1983

Meyer, Enno:
Grundzüge der Geschichte Polens
Darmstadt: Wissenschaftliche Buchgesellschaft, 1977

Ross, Hans:
Geschichte der Polnischen Nation 1918 bis 1985
Stuttgart: Kohlhammer, 1986

Schickel, Alfred:
Deutsche und Polen – Ein Jahrtausend gemeinsamer Geschichte
Bergisch Gladbach: Lübbe, 1984

POLITIK, ZEITGESCHEHEN

Ascherson, Neal:
Polen – Kampf einer Nation
Köln: vgs

Bremer, Jörg:
Polen
Braunschweig: Westermann

LITERATUR-VERZEICHNIS

Kapala, Alice:
Polen
Stuttgart: Klett, 1988

Kramer, Friedrich Wilhelm:
Unbekannter Nachbar Polen
Aarau, Stuttgart: AT, 1990

Landeszentrale für politische Bildung Baden-Württemberg (Hrsg.):
Polen
Stuttgart: Kohlhammer, 1986
(Kohlhammer Taschenbuch Band 1076)

Schaff, Adam:
Polen heute
Wien: Europa, 1984

Walesa, Lech:
Ein Weg der Hoffnung
Bergisch Gladbach: Lübbe
(Bastei Lübbe Taschenbuch Band 61152)

ROMANE, ERZÄHLUNGEN, GEDICHTE

Andrzejewski, Jerzey:
Asche und Diamant
Frankfurt: Suhrkamp, 1984
(Sammlung Luchterhand Band 936)

Berent, Waclaw:
Wintersaat
Frankfurt: Suhrkamp, 1985

Bergius, C. C.:
Schakale Gottes
München: Goldmann, 1980
(Goldmann Taschenbuch Band 3863)

Dedecius, Karl (Hrsg.):
Bube, Dame, König – Geschichten und Gedichte aus Polen
Frankfurt: Suhrkamp, 1990
(Suhrkamp Taschenbuch Band 1709)

Hlasko, Marek:
Der achte Tag der Woche – Erzählungen
Köln: Kiepenheuer & Witsch, 1990
(KiWi Taschenbuch Band 221)

Janosch:
Polski Blues
München: Goldmann, 1991

Ketman, Per/Malicka, Ewa (Hrsg.):
Geschichten aus der Geschichte Polens
Frankfurt: Luchterhand, 1989
(Sammlung Luchterhand Band 856)

Kruczkowski, Leon:
Rebell und Bauer
Frankfurt: Suhrkamp, 1984

Libera, Zdzislaw (Hrsg.):
Polnische Aufklärung – Ein literarisches Lesebuch
Frankfurt: Suhrkamp

Michener, James A.:
Mazurka
München: Droemer Knaur
(Knaur Taschenbuch Band 1513)

Ossowski, Leonie:
Weichselkirschen
München: Heyne
(Heyne Taschenbuch Band 7954)

Reymont, Wladyslaw:
Das gelobte Land
Leipzig: Dieterich

Staemmler, Klaus (Hrsg.):
Die Federn des weißen Adlers – Polnische Erzählungen aus vierzig Jahren
Frankfurt: Suhrkamp
(Suhrkamp Taschenbuch Band 1271)

Zeindler, Peter:
Widerspiel
Wien, Darmstadt: Zsolnay, 1987
(Heyne Taschenbuch Band 7941)

Zeromski, Stefan:
In Schutt und Asche
Zürich: Manesse

Zeromski, Stefan:
Vorfrühling
Frankfurt: Suhrkamp, 1983

MÄRCHEN, SAGEN

Dedecius, Karl (Hrsg.):
Der Monarch und die Dichter – Polnische Märchen und Legenden
Frankfurt: Suhrkamp, 1983

KUNST

Fleckhaus, Willy (Hrsg.):
Aus der Kunst des polnischen Volkes – Stücke aus der Sammlung Ludwig Zimmerer
Frankfurt: Insel, 1979
(Insel Taschenbuch Band 448)

BILDBÄNDE

Ahrens, Ela und Uwe:
Traumstraßen in Polen – Reisen in einem unbekannten Land
München: Süddeutscher Verlag, 1989

Barbey, Bruno/Dedecius, Karl:
Polen
Hamburg: Hoffmann und Campe, 1982

Bednarz, Klaus:
Masuren
Hamburg: Ellert und Richter

Bednarz, Klaus/Hirth, Peter:
Polen
München, Luzern: Bucher, 1989

Holzner/Kunzenmann:
Polen – Landschaft, Geschichte, Kunst
Berwang: Steiger, 1984

SPRACHFÜHRER, WÖRTERBÜCHER

Kauderwelsch Sprechführer:
Polnisch für Globetrotter
Bielefeld: Rump

Langenscheidts Sprachführer:
Polnisch
Berlin: Langenscheidt

Polyglott-Sprachführer:
Polnisch
München: Polyglott

LITERATUR-VERZEICHNIS

Reise-Sprachführer:
Polnisch
Köln: Hayit

Langenscheidts Taschenwörterbuch:
Deutsch-Polnisch, Polnisch-Deutsch
Berlin: Langenscheidt

Langenscheidts Universal-Wörterbuch:
Polnisch
Berlin: Langenscheidt

Pons Praxiswörterbuch:
Polnisch-Deutsch, Deutsch-Polnisch
Stuttgart: Klett

LANDKARTEN, STADTPLÄNE

1:1.250.000
Ravenstein Taschenkarte Polen
Bad Soden: Ravenstein

1:1.000.000
Hallwag Straßenkarte Ungarn, Tschechoslowakei, Polen
Bern: Hallwag

1:800.000
RV Länderkarte Polen
München: Reise- und Verkehrsverlag

1:750.000
Freytag & Berndt Autokarte Polen
Wien: Freytag-Berndt

1:750.000
Hildebrand's Urlaubskarte Polen
Frankfurt: Karto + Grafik

1:750.000
Ravenstein Reisekarte Polen
Bad Soden: Ravenstein

1:750.000
Shell Autokarte Polen
Ostfildern: Mairs

1:18.000-25.000
Falk Stadtplan Warschau
Hamburg: Falk

1:15.000
Euro-City Stadtplan Warschau
München: Reise- und Verkehrsverlag

REGISTER

REGISTER

USA-Handbuch

Hrsg. David Stone

ca. 800 Seiten
mit zahlreichen
Landkarten und Stadtplänen

Format: 19 x 13 cm
Gewicht: ca. 600 g
3. überarbeitete Auflage 1991

ISBN 3-923550-10-3

Sie planen eine Reise in die Vereinigten Staaten? Dann gehört das USA-HANDBUCH in Ihr Reisegepäck. In diesem Reiseführer finden Sie viele Tips für die Vorbereitung, ausführliche Informationen über die verschiedenen Flugmöglichkeiten in die USA, Beschreibungen von Land und Leuten sowie umfangreiche Erläuterungen der unzähligen Sehenswürdigkeiten in allen 50 Staaten. Hinzu kommen detaillierte Angaben über Unterkünfte, Verpflegungsmöglichkeiten und Verkehrsverbindungen mit aktuellen Preisangaben.

Ganz gleich, ob Sie das „Land der unbegrenzten Möglichkeiten" mit einem Pkw, einem Wohnmobil oder mit öffentlichen Verkehrsmitteln kennenlernen wollen, das USA-HANDBUCH ist immer ein zuverlässiger und überaus nützlicher Reisebegleiter.

„Ich glaube nicht, daß es gegenwärtig auf dem deutschen Markt etwas Besseres gibt." (Reisefieber)

Westkanada- und Alaska-Handbuch

von David Stanley
und Deke Castleman

496 Seiten mit über 60 Landkarten und Stadtplänen sowie vielen Fotos und Illustrationen

Format: 19 x 13 cm
Gewicht: ca. 400 g

2. überarbeitete Auflage 1989

ISBN 3-923550-03-0

Alle, die eine Reise nach Alberta, British Columbia, in den Yukon oder nach Alaska planen, sollten auf das WESTKANADA- UND ALASKA-HANDBUCH nicht verzichten. Nach dem Südsee-Handbuch hat David Stanley ein weiteres Reisehandbuch für das Gebiet im Westen Kanadas und des 49. Staates der USA geschrieben, das sich insbesondere an die Globetrotter wendet, die auf eigene Faust reisen wollen. Der Autor beschreibt nicht nur, wie man sich auf eine solche Reise vorbereitet und wie man preisgünstig zur Westküste des nordamerikanischen Kontinents gelangt, sondern verrät seinen Lesern auch viele praktische Tips für den Aufenthalt. Das WESTKANADA- UND ALASKA-HANDBUCH enthält ausführliche Beschreibungen der Sehenswürdigkeiten, gibt Ratschläge für Wanderungen in den Nationalparks und bringt viele Hinweise zu den Übernachtungsmöglichkeiten sowie Verkehrsmitteln mit genauen Preisangaben.

Ungarn-Handbuch

von David Stanley

150 Seiten mit vielen
Landkarten, Stadtplänen
und Illustrationen

Format: 19 x 13 cm
Gewicht: ca. 200 g

1. Auflage 1989

ISBN 3-923550-18-9

Wer bei einer Reise nach Ungarn nur Zigeunermusik, Gulasch und die Gräfin Mariza vor Augen hat, übersieht, daß im Land der Magyaren die Zeit nicht stehengeblieben ist. Ungarn bietet weit mehr: abwechslungsreiche Landschaften mit vielen Möglichkeiten zur Urlaubsgestaltung, beeindruckende Sehenswürdigkeiten und die hautnahe Teilnahme an einer Entwicklung wie in keinem anderen sozialistischen Land.

Wenn Sie Budapest, die „Perle der Donau", den Plattensee, die Pußta und weitere Gegenden kennenlernen wollen, ist das UNGARN-HANDBUCH ein unentbehrlicher Begleiter. Dieses Reisehandbuch beschreibt nicht nur, was eine Besichtigung wert ist, sondern enthält auch umfangreiche Informationen über Land und Leute sowie unzählige praktische Hinweise für die Anreise und den Aufenthalt mit aktuellen Preisangaben. Insbesondere für Individualreisende, die auf eigene Faust nach Ungarn reisen wollen, wird sich dieses Buch als sehr hilfreich erweisen.

Wanderhandbuch Türkei

von Marc Dubin und Enver Lucas

ca. 200 Seiten mit über 20 Landkarten sowie vielen Fotos und Illustrationen

Format: 19 x 13 cm
Gewicht: ca. 220 g

1. Auflage 1989

ISBN 3-923550-17-0

Immer mehr Besucher kommen an die türkische Mittelmeerküste, aber nur wenige wissen, daß schon kurz hinter den Buchten der Ägäis jahrhundertealte Wanderwege vom Tourismus noch weitgehend unberührte Dörfer mit historischen Stätten verbinden. Von Tageswanderungen entlang der Küstenberge am Mittelmeer bis zu ausgedehnten Trekking-Touren durch verschiedene Gebirgszüge im Binnenland bietet die Türkei eine einzigartige Gelegenheit, ein sehr interessantes Land mit einer ausgeprägten Gastfreundschaft kennenzulernen.

Das WANDERHANDBUCH TÜRKEI beschreibt die besten Wanderwege und Trekking-Routen im ganzen Land - vom Mittelmeer zum Schwarzen Meer, vom Marmarameer bis zu den spektakulären Bergen im Osten der Türkei. Es enthält detaillierte Routenbeschreibungen mit Wanderkarten, aber auch ausführliche Informationen über Land und Leute. Praktische Hinweise für die Anreise und den Aufenthalt mit aktuellen Preisangaben fehlen ebenfalls nicht.

Israel-Handbuch

von Neil Tilbury

470 Seiten mit über
60 Landkarten und Stadtplänen sowie über 30 Fotos
und Illustrationen

Format: 19 x 13 cm
Gewicht: ca. 400 g
1. Auflage 1990
ISBN 3-923550-16-2

Israel ist ein Land, in dem wichtige Ereignisse der Geschichte stattfanden und in dem 3 Weltreligionen Spuren hinterließen. Für Besucher bietet das Land heute eine unvergleichliche Vielfalt in einem relativ kleinen Gebiet: bedeutende religiöse Stätten, die beeindruckende Negev-Wüste, die seltsame Schönheit des Toten Meeres, die angenehm warme Mittelmeerküste, das Leben in einem Kibbuz, arabische Dörfer und vieles mehr.

Dieser umfassende Reiseführer beschreibt ausführlich die Geschichte, Kultur sowie Religion in Israel und gibt Ratschläge für Rundreisen im Land. Er enthält außerdem umfangreiche Hinweise darüber, was sehenswert ist, was man unternehmen kann, wo man gut übernachtet und ißt, mit welchen Verkehrsmitteln man herumreisen kann, und viele weitere praktische Tips.

Damit beweist der Autor, daß es sich lohnt, Israel nicht nur im Rahmen einer Pauschalreise zu besuchen. Das Heilige Land kann ausgezeichnet auch ganz individuell bereist werden.

Jemen-Handbuch

von Pertti Hämäläinen

308 Seiten

Format: 19 x 13 cm
Gewicht: ca. 350 g

1. Auflage 1989

ISBN 3-923550-15-4

Selbst im Zeitalter der Interkontinental-Flüge und des Massentourismus ist der Jemen eines der wenigen Gebiete auf der Erde mit einer eigenständigen Kultur geblieben, in dem schon vor Tausenden von Jahren mächtige Königreiche entstanden. Zwar war der Jemen bis in die sechziger Jahre dieses Jahrhunderts kaum zugänglich, aber heute bereitet es keine Schwierigkeiten mehr, das für Europäer immer noch fremdartige Land der Königin von Saba kennenzulernen.

Das JEMEN-HANDBUCH beschreibt nicht nur Geschichte und Gegenwart dieser Region, sondern erläutert auch ausführlich alle Sehenswürdigkeiten in beiden jemenitischen Staaten. Unzählige praktische Hinweise für die Vorbereitung und den Aufenthalt im Nord- und Südjemen mit aktuellen Preisangaben fehlen ebenfalls nicht. Zugleich beweist der Autor, daß der Jemen auch für Individualreisende durchaus ein erschwingliches und lohnendes Reiseziel ist.

„Das »Jemen-Handbuch« öffnet Augen und ebnet Wege."
(Tiroler Tageszeitung)

Südsee-Handbuch

von David Stanley

672 Seiten mit über 150 Landkarten und Stadtplänen sowie vielen Fotos und Illustrationen

Format: 19 x 13 cm
Gewicht: ca. 550 g
3. überarbeitete Auflage 1988
ISBN 3-923550-13-8

Der unentbehrliche Führer für Reisen nach Tahiti, Bora Bora, Pitcairn, Osterinsel, Galapagos-Inseln, Cook-Inseln, Niue, Tonga, Samoa, Tuvalu, Wallis und Futuna, Fidschi, Neukaledonien, Vanuatu und auf die Salomonen. Das SÜDSEE-HANDBUCH enthält neben ausführlichen Informationen über Geographie, Klima, Zeitgeschehen, Kultur sowie Sitten und Bräuche in Polynesien und Melanesien unzählige praktische Tips für Reisen in diesem Gebiet, z. B. über preisgünstige Unterkünfte, Verkehrsverbindungen, Trekking-Touren und vieles andere mehr.

Kein anderer Reiseführer beschreibt so ausführlich die Inselwelt im Pazifik!

„Ein echter Bestseller des kleinen Verlages ist das dickleibige »Südsee-Handbuch«, ein 600-Seiten-Schmöker, perfektes Nachschlage- und Lesebuch über die Inselwelt im Pazifik. Kritisch und flott geschrieben und randvoll mit Informationen geht der Wälzer weit über einen Reiseführer hinaus." (DM)

„Der mit Abstand beste Reiseführer für das größte Inselrevier der Welt." (DIE ZEIT)

Fidschi-Handbuch

von David Stanley

ca. 220 Seiten mit zahlreichen Landkarten und Stadtplänen sowie vielen Fotos und Illustrationen

Format: 19 x 13 cm
Gewicht: ca. 220 g
3. überarbeitete Auflage 1990
ISBN 3-923550-11-1

Mit dem FIDSCHI-HANDBUCH liegt der erste und bisher einzige deutschsprachige Reiseführer für dieses Urlaubsparadies in der Südsee vor. Der Band enthält außer einem Kapitel über Land und Leute viele praktische Tips für die Vorbereitung einer Reise nach Fidschi und ausführliche Beschreibungen aller Sehenswürdigkeiten. David Stanley, der Autor, verschweigt auch nicht, an welchen tropischen Traumstränden man sich hervorragend erholen kann. Hinzu kommen detaillierte Informationen über Unterkunfts- und Verpflegungsmöglichkeiten mit aktuellen Preisangaben. Wandervorschläge für Routen durch noch weitgehend unberührte Gebiete runden das FIDSCHI-HANDBUCH ab.

„Vorbildlich recherchiertes und konzipiertes Werk über die Südsee-Trauminseln." (Globetrotter-Magazin, Zürich)